Hibridismo

O GEN | Grupo Editorial Nacional – maior plataforma editorial brasileira no segmento científico, técnico e profissional – publica conteúdos nas áreas de ciências sociais aplicadas, exatas, humanas, jurídicas e da saúde, além de prover serviços direcionados à educação continuada e à preparação para concursos.

As editoras que integram o GEN, das mais respeitadas no mercado editorial, construíram catálogos inigualáveis, com obras decisivas para a formação acadêmica e o aperfeiçoamento de várias gerações de profissionais e estudantes, tendo se tornado sinônimo de qualidade e seriedade.

A missão do GEN e dos núcleos de conteúdo que o compõem é prover a melhor informação científica e distribuí-la de maneira flexível e conveniente, a preços justos, gerando benefícios e servindo a autores, docentes, livreiros, funcionários, colaboradores e acionistas.

Nosso comportamento ético incondicional e nossa responsabilidade social e ambiental são reforçados pela natureza educacional de nossa atividade e dão sustentabilidade ao crescimento contínuo e à rentabilidade do grupo.

Hibridismo

A **Evolução** dos **Modelos de Gestão** para a *Agilidade nos Negócios*

Edivandro Carlos **Conforto**
Michael Jordan **Bianchi**
Carolina **Reigado**
Paulo **Botelho**
Daniel Capaldo **Amaral**

- Os autores deste livro e a editora empenharam seus melhores esforços para assegurar que as informações e os procedimentos apresentados no texto estejam em acordo com os padrões aceitos à época da publicação, e *todos os dados foram atualizados pelos autores até a data de fechamento do livro*. Entretanto, tendo em conta a evolução das ciências, as atualizações legislativas, as mudanças regulamentares governamentais e o constante fluxo de novas informações sobre os temas que constam do livro, recomendamos enfaticamente que os leitores consultem sempre outras fontes fidedignas, de modo a se certificarem de que as informações contidas no texto estão corretas e de que não houve alterações nas recomendações ou na legislação regulamentadora.

- Data do fechamento do livro: 06/03/2023

- Os autores e a editora se empenharam para citar adequadamente e dar o devido crédito a todos os detentores de direitos autorais de qualquer material utilizado neste livro, dispondo-se a possíveis acertos posteriores caso, inadvertida e involuntariamente, a identificação de algum deles tenha sido omitida.

- **Atendimento ao cliente: (11) 5080-0751 | faleconosco@grupogen.com.br**
  Direitos exclusivos para a língua portuguesa
  Copyright © 2023 by
  Editora Atlas Ltda.
  Uma editora integrante do GEN | Grupo Editorial Nacional
  Travessa do Ouvidor, 11
  Rio de Janeiro – RJ – 20040-040
  www.grupogen.com.br

- Reservados todos os direitos. É proibida a duplicação ou reprodução deste volume, no todo ou em parte, em quaisquer formas ou por quaisquer meios (eletrônico, mecânico, gravação, fotocópia, distribuição pela Internet ou outros), sem permissão, por escrito, da Editora Atlas Ltda.

- Capa: Bruno Sales Zorzetto

- Editoração eletrônica: Padovan Serviços Gráficos e Editoriais

- Ficha catalográfica

CIP-BRASIL. CATALOGAÇÃO NA PUBLICAÇÃO
SINDICATO NACIONAL DOS EDITORES DE LIVROS, RJ

H535

Hibridismo : a evolução dos modelos de gestão para a agilidade nos negócios / Edivandro Carlos Conforto ... [et al.]. - 1. ed. - Barueri [SP] : Atlas, 2023.

Apêndice
Inclui bibliografia
ISBN 978-65-5977-497-5

1. Administração de projetos. 2. Desenvolvimento ágil de software. 3. Inovações tecnológicas. 4. Sucesso nos negócios. I. Conforto, Edivandro Carlos.

23-82521
CDD: 658.404
CDU: 005.8

Meri Gleice Rodrigues de Souza - Bibliotecária - CRB-7/6439

In Memoriam *de Edivaldo de Jesus Conforto.*

Sobre os autores

Edivandro Carlos Conforto é especialista reconhecido internacionalmente em Agilidade e Transformação dos Negócios com mais de 16 anos de experiência. Atuou no Brasil e no exterior como consultor estratégico de executivos *C-Level* em empresas de grande porte de diferentes setores. Atualmente, é Diretor Executivo e líder para a América Latina da área de *Business Agility & Transformation* na Accenture. Possui Mestrado e Doutorado em Engenharia de Produção com foco em Agilidade nos Negócios, Inovação e Desenvolvimento de Produtos pela Escola de Engenharia de São Carlos da Universidade de São Paulo (EESC/USP). Entre 2013 e 2015, morou em Boston, EUA, onde fez um Pós-Doutorado no Massachusetts Institute of Technology (MIT) com foco em *Business Agillity, System Engineering* e *Program Management*, sendo responsável por programas globais inéditos nessas áreas. É o primeiro brasileiro a receber prêmios internacionais na área de agilidade de instituições como Project Management Institute Educational Foundation (PMIEF), International Project Management Association (IPMA) e Production and Operations Management Society (POMS). É coautor do primeiro livro sobre gerenciamento ágil desenvolvido e publicado no Brasil em 2011, e contribuiu para outros livros de referência publicados internacionalmente. Escreveu mais de 50 artigos, alguns deles publicados nas principais revistas de gestão do mundo, que são referência na área de agilidade e transformação.

Michael J. Bianchi é especialista em gestão de projetos com *expertise* avançada em métodos ágeis, modelos híbridos, estratégia e transformação. Atualmente, é consultor na área de *Business Agility & Transformation* na Accenture. Obteve o título de Doutor pela EESC/USP em 2022, desenvolvendo soluções para a customização de modelos híbridos e *tailoring* por meio de recomendações de práticas de gestão de projetos baseadas em algoritmos e evidências. Seus interesses de pesquisa incluem desenvolvimento de novos produtos, gerenciamento de projetos, gerenciamento ágil de projetos e modelos híbridos. Atuou como professor do MBA em Gerenciamento de Projetos da Escola Superior de Agricultura Luiz de Queiroz da USP (Esalq/USP) e no curso de Engenharia de Produção do Centro Universitário

Moura Lacerda. Tem experiência como consultor em gerenciamento de projetos e desenvolvimento de produtos, atuando em diferentes setores da indústria, incluindo *software*, produtos manufaturados, telecom e P&D. Ministra palestras sobre esses temas em eventos nacionais e internacionais, e já orientou diversos alunos de pós-graduação em gerenciamento de projetos e desenvolvimento de produtos da EESC/USP e Esalq/USP.

Carolina Reigado é especialista em gestão de projetos com *expertise* em times ágeis. É engenheira de produção pela Universidade Federal de Minas Gerais (UFMG) e cursou um ano na University of Strathclyde, no Reino Unido. É Mestre pela EESC/USP e ministrou aulas de gestão híbrida de projetos no MBA em Gestão de Projetos da Esalq/USP.

Paulo Botelho é engenheiro graduado pela Unicamp e executivo da Robert Bosch Ltda. há mais de 30 anos, com experiência nos setores automotivo, bens de consumo e industrial. Foi Diretor das áreas de Marketing, Vendas, Novos Negócios, Inovação, Melhorias Contínuas, Transformação Ágil e Desenvolvimento Organizacional, área que atua até este momento. Em 2005, conduziu projeto global na matriz da Robert Bosch GmbH em Stuttgart, na Alemanha, nos primórdios do hibridismo, para a definição de plataformas de soluções na área automotiva com times auto-organizáveis. Tais times trabalhavam em rede distribuída na Ásia, Europa e Américas. Em 2007, tornou-se o CEO para a América Latina do Industrial Business Packaging Technology. Possui diversas certificações como *Coaching* (ICI Brasil) e posteriormente em *Change Management* (Prosci EUA), além de formação em *Business Agility* pelo Bosch Training Center (BTC) no Brasil e na Alemanha. É professor convidado para cursos e MBAs (FIA, FGV, Poli-USP e FACAMP), bem como realiza palestras em fóruns temáticos (*Amcham, Lean Digital Summit, Lean Institute, Agile Trends, Lean 6 Sigma*) explorando o conceito de *Business Agility*. Realiza trabalho voluntário na plataforma LinkedIn com jovens talentos. É conselheiro, consultor de negócios, *coach* e mentor de executivos no âmbito de *Business Agility*.

Daniel Capaldo Amaral é Professor Titular da EESC/USP e atua desde 1994 como pesquisador e especialista em gestão da inovação, criando métodos e ferramentas para o desenvolvimento de tecnologias, produtos e serviços. É coautor dos livros *Gestão de Desenvolvimento de Produtos* e *Gerenciamento Ágil de Projetos*. Desenvolveu novos métodos e ferramentas como o Modelo Unificado de Desenvolvimento de Produto, métodos para gestão da visão e planejamento iterativo de produtos manufaturados, ferramentas de diagnóstico, customização e *tailoring* de modelos híbridos de gestão. Aplicou seu conhecimento no desenvolvimento de inovações tecnológicas em produtos, especialmente na área de sistemas de informação, assim como no desenvolvimento de ferramentas e métodos para o ensino em inovação. Suas pesquisas foram publicadas nas mais prestigiadas revistas científicas internacionais como *PMJ, IJPM, Sloan Management Review, Technovation* e outras, além de serem internacionalmente reconhecidas por sociedades como PMI, IPMA e o PMIEF. É professor responsável pelas disciplinas de Gerenciamento de Projetos e Desenvolvimento de Produto na EESC/USP.

Apresentação

O maior desafio da nossa geração e talvez o período mais turbulento desde o fim das guerras mundiais, assim nos encontramos. Um momento que pode ser visto como sombrio, desafiador, repleto de barreiras, mas também um momento de oportunidades. É sob o olhar das oportunidades que decidimos "dar vida" a este livro, na esperança de contribuir para a evolução das práticas de gestão que moldarão o futuro das organizações.

A sociedade e as organizações empresariais encontravam-se em transformação antes da pandemia de Covid-19, era o início da transformação digital, que estava ganhando "tração", alterando a realidade das arenas de competição na maioria dos setores industriais. Muitos dos programas de transformação digital tinham prazos de cinco anos, alguns mais e outros menos urgentes, mas nem tanto. Eis que se inicia um período de provação que certamente marcou a carreira de toda uma geração de gestores. Surge, de maneira inesperada, uma das maiores pandemias do século. O que era para ser feito em cinco anos, considerado um desafio, precisou ser acelerado e entregue em menos de cinco meses.

A pandemia alterou profundamente a nossa rotina diária, a vida em centros urbanos e o ambiente para as operações fabris. Em um piscar de olhos, nos vemos repletos de projetos urgentes. A estratégia definida no final de 2019, em questão de semanas, já não valia mais nada e precisou ser descartada, literalmente. Da noite para o dia, muitos se viram obrigados a trabalhar de forma remota (para aqueles que tinham essa possibilidade). Movidas pelo instinto de sobrevivência, as organizações tiraram da gaveta os planos de longo prazo (em muitos casos um sonho), como o trabalho remoto (*home-office*), e transformaram-no em realidade, quase um milagre.

Haja projeto para transformar as operações, alinhando-as às novas restrições de distanciamento social, higiene etc., reconfigurar cadeias produtivas, aprimorar processos e adaptar produtos e serviços, além do desafio de entregar para o mercado as soluções de saúde necessárias para a sobrevivência frente ao novo inimigo, como o desenvolvimento recorde de vacinas.

Todos esses projetos precisaram ser conduzidos de maneira totalmente nova, distribuídos, *on-line*, com pessoas distantes e imensas barreiras físicas e de comunicação com clientes, usuários e fornecedores. Como nós, gestores, podemos ajudar toda a comunidade de especialistas em projetos? O que podemos esperar para os próximos anos de evolução dessa disciplina? Quais caminhos trilhar? Aliás, será que precisamos mesmo de novos caminhos?

Como especialistas em gestão da inovação e transformações, sentimo-nos na obrigação de ajudar a responder a essas questões, humildemente contribuindo para a nossa comunidade. São questões, aliás, que estavam em nosso radar há pelo menos uma década antes da pandemia chegar. Os sinais de mudança eram evidentes, e as iniciativas de nossos leitores ganharam urgência e prioridade quando a emergência sanitária apareceu.

O grupo de autores que assina esta obra atuou de forma colaborativa entre 2011 e 2019, compartilhando experiências e acompanhando a evolução da abordagem e métodos do gerenciamento ágil. Interessante é que dialogávamos, mas refletíamos sobre esses problemas de maneira distinta. Alguns auxiliando organizações na forma de consultoria, outros aplicando essa abordagem na prática, ajudando executivos na transformação de organizações complexas e de manufatura, e outros ainda se dedicando a coletar todas as experiências relatadas para desenvolver e testar novos modelos, utilizando métodos científicos. Independentemente da forma, todos buscavam soluções para os dilemas entre as abordagens preditiva e ágil, e todos dispostos a compartilhar seu aprendizado, com a mente aberta para aprender a partir da experiência diversa de seus parceiros, o que permitiu uma síntese própria, original e rica.

As abordagens preditiva e ágil eram tidas nessa época como contraditórias ou, no mínimo, alternativas, repelentes entre si, em um efeito hidrofóbico, como misturar água e óleo. A experiência dos autores, porém, nos mostrava o contrário. Sabíamos que, em um contexto de transformação digital com desafios cada vez mais complexos e dinâmicos, o direcionamento estava pautado por uma competência que transcendia as práticas de qualquer uma das abordagens específicas. Ficou claro para nós que o foco deveria ser a agilidade nos negócios, ou mais conhecida com o termo em inglês *Business Agility*.

O gerenciamento ágil iniciou o movimento nessa direção e contribuiu para a transformação na comunidade de gerenciamento de projetos que vem se consolidando com o **hibridismo**. Ele nos fez repensar conceitos básicos, premissas consolidadas e abrir os nossos olhos para novas formas e métodos mais orgânicos de gestão, com maior foco nas pessoas e beneficiando-se das novas tecnologias de comunicação, repositórios e ferramentas de trabalho colaborativo, bem como as estruturas organizacionais horizontais e criativas que foram avançando nas organizações.

De imediato, os métodos ágeis mostraram-se particularmente úteis nos ambientes de pequenas equipes, projetos inovadores e indústrias criativas (como tecnologia e desenvolvimento de *software*), áreas que inicialmente provaram o seu

APRESENTAÇÃO

valor. Ao longo do tempo, porém, foi além e adentrou em terrenos inexplorados. Grandes projetos, com elevado risco, com equipes distribuídas e em grandes organizações, e projetos de natureza distintas.

Quanto maior era a necessidade de flexibilidade, como no caso da transformação digital, mais e mais empresas buscavam os benefícios dos métodos da abordagem ágil. E, quando não podiam utilizá-los na íntegra, começaram a combiná-los com as comprovadas técnicas da abordagem que neste livro chamaremos de "preditiva", originando o fenômeno que mais tarde batizamos como "hibridismo".

Acompanhamos as origens desse fenômeno desde o início, com consultoria e pesquisa na área de agilidade, especialmente com aplicações além da indústria de *software*. Desde 2007, nos dedicamos ao entendimento do que hoje é conhecido como hibridismo. Entre os membros da equipe de autores, há os que vivenciavam realidades emergentes, provando o uso desse conceito nas suas organizações e compartilhando a sua experiência real e prática, "do olho do furacão". Outros ficaram ocupados em coletar evidências por meio de pesquisas científicas, resultando em rica troca de experiências. Juntos, compartilhamos discussões em parceria com um grupo seleto de profissionais que participaram de alguns dos mais renomados cursos de MBA do Brasil, o que certamente foram as primeiras turmas de cursos sobre gerenciamento híbrido de projetos realizados no país.

A ideia de transformar este conhecimento em um livro, tornando-o acessível para um público maior, era natural e foi fomentada durante bons anos. As ideias estavam lá, mas faltava o tempo e, principalmente, a urgência. A pandemia nos trouxe este último ingrediente. O tempo, ao contrário, tornou-se ainda mais escasso. Mas a vontade de compartilhar o que acumulamos ao longo desses anos para chamar a atenção da comunidade de gestão para esse debate e humildemente colaborar com algumas ideias era enorme.

Assim surgiu esta obra, a união de autores com perfis distintos e complementares, pesquisadores e profissionais experientes, comprometidos com um propósito, unidos em torno de um mesmo assunto, novo e desafiador e com muita paixão para discutir o futuro das abordagens de gestão. Esta equipe de autores trouxe para o livro as experiências obtidas por meio de esforços significativos realizados na última década. Isso sem dúvida exigiu um sacrifício de todos os autores.

A primeira fonte de experiências sobre hibridismo originou-se de um programa de pesquisa sobre agilidade realizado no Grupo de Engenharia Integrada (EI2), da Escola de Engenharia de São Carlos da Universidade de São Paulo (EESC/USP). Iniciado em 2005, esse programa gerou os primeiros escritos sobre escritórios de projetos ágeis (em 2007), passando pelo desenvolvimento de um dos primeiros modelos voltados para o uso de gestão ágil na manufatura, o IVPM2 (*Iterative & Visual Project Management Method*), o qual carrega em seu DNA a mistura de práticas da abordagem preditiva como modelos de referência em desenvolvimento de produtos, com práticas e técnicas do gerenciamento ágil.

Este foi o embrião desta abordagem híbrida, antes que déssemos conta do fato. Esse modelo, aliás, foi apresentado no congresso do Project Management

Institute (PMI) Global Congress 2008 – Latin America, realizado na cidade de São Paulo, e recebeu o prestigiado reconhecimento internacional, o prêmio James R. Snyder Award, International Student Paper of the Year, promovido pelo Project Management Institute Educational Foundation (PMIEF).

O trabalho dos autores que construíram o modelo IVPM2 também foi reconhecido por mais duas instituições de renome mundial, o International Project Management Association (IPMA), com o prêmio IPMA Young Research Award Honor, e a Production and Operations Management Society (POMS), com o prêmio Emerging Economies Young Researcher Award (EEYRA). O que aconteceu em seguida foram longos anos de trabalho com a temática de levar a transformação da agilidade muito além do que imaginado.

Essa repercussão foi muito importante para o grupo. Por meio de parcerias com empresas, desenvolvemos conceitos e métricas para medir a agilidade, identificamos os habilitadores (*enablers*), chamados de "fatores críticos da agilidade" para o ambiente organizacional (*Agility Critical Factors*), e procuramos os seus indícios em todo o tipo de indústria.

Em 2014, num estudo global conduzido no Massachusetts Institute of Technology (MIT-CEPE), identificamos que pelo menos 7% dos respondentes autodeclararam que estavam utilizando uma combinação de práticas de uma abordagem preditiva e práticas da abordagem ágil. Chamavam a tal combinação de "modelos híbridos".

Dedicamo-nos então à compreensão do tema, desenvolvendo atividades de pesquisa para a definição de modelos híbridos, artigos para a divulgação do fenômeno, e investigamos o processo de combinação de práticas. Todas essas experiências estão presentes aqui e, em especial, tivemos a oportunidade de ter a contribuição de um dos parceiros que conhecemos no decorrer desta jornada: a segunda fonte de experiência que compõe o livro.

A Bosch, como veremos no Capítulo 4, desenvolveu e adotou de maneira muito peculiar o hibridismo para transformar áreas e processos e desenvolver a competência em agilidade, o que gerou uma série de iniciativas e aprendizados. Sem dúvida nenhuma, mostrou um pensamento avançado e estava na frente de seus pares e concorrentes no que tange à agilidade nos negócios. Uma parte desse conhecimento está presente neste livro. Outros muitos profissionais da Bosch, que se envolveram nos projetos cujas práticas são relatadas aqui, também contribuíram de maneira indireta, aos quais gostaríamos de prestar nossos sinceros agradecimentos e reconhecimento.

No momento em que estamos finalizando esta obra, temos mais de duas décadas da publicação do manifesto para desenvolvimento ágil de *softwares*, um documento publicado na internet em 2001 que ficou mundialmente conhecido por listar os valores e princípios da abordagem ágil em projetos de *software*. Desde então, inúmeros métodos e propostas surgiram. A quantidade de modelos, práticas, cursos e certificações é tamanha, que hoje as organizações têm enorme dificuldade em entender e escolher quais métodos ou práticas são mais apropriadas

APRESENTAÇÃO

para as diferentes demandas e características das suas iniciativas, e como adequar as estruturas e processos da organização para alcançar os resultados desejados.

Uma lista contendo as principais publicações e pesquisas que fundamentaram esta obra estão detalhadas no final deste livro (Apêndice A). E, de fato, o livro estava quase pronto, no início da emergência sanitária de Covid-19. E o que aconteceu no ano de 2020 só fez acelerar a necessidade e urgência do assunto. Projetos complexos e inovadores nunca foram tão importantes como agora, em um cenário em que o digital se tornou essencial, e qualquer dúvida sobre sua relevância foi eliminada com o engajamento das pessoas no mundo do trabalho virtual ou semipresencial.

Esperamos que este livro seja um guia, sem a pretensão de conter todas as respostas ou detalhar de forma exaustiva os diversos modelos híbridos que existem. Focamos no essencial e no equilíbrio, não ser raso, ou superficial, e nem complexo, ou inacessível, exagerado nos detalhes. Evitamos os dois polos. O livro foi escrito para ajudar na compreensão dos pilares do hibridismo, movimento que hoje impacta muitos projetos e programas de desenvolvimento de produtos e serviços, mas também toda e qualquer iniciativa que visa contribuir para a transformação digital das organizações, sejam elas com foco em melhoria, manutenção ou inovação. A beleza desse movimento é que ele se estende para todo e qualquer setor da indústria, não importando seu porte ou localização.

Essa década pós-pandemia iniciada em 2020 até 2030 será a década da agilidade, um período em que as organizações precisarão se transformar de fato e tratar essa competência como um tema estratégico. Esperamos que esta obra possa ajudar os executivos e as suas organizações a entenderem os fundamentos e como os modelos de gestão evoluíram para apoiar as transformações digitais dos negócios. Só assim poderão encontrar o seu caminho próprio, único e, por que não, inovador, em direção à agilidade necessária nesta nova era da digitalização.

Desejamos-lhe uma agradável leitura e que este conteúdo possa contribuir para o seu desenvolvimento e crescimento profissional.

Os Autores

Prefácio

Como novas abordagens e práticas de gestão surgem, são úteis e fazem sucesso? Os caminhos são diversos. Por exemplo, um gestor ou profissional de determinada empresa de sucesso relata em uma publicação um problema e quais foram as abordagens e práticas aplicadas para solucioná-lo. Depois de um tempo, várias empresas adotam essas práticas e têm sucesso. Pesquisadores da academia sistematizam os conhecimentos com base nessas experiências e os divulgam.

Associações de profissionais, depois de muito debate, organizam os princípios e práticas nos conhecidos BOKs (*Body of Knowledge*), corpos de conhecimentos que muitas vezes viram padrões de fato. Finalmente, quando os conhecimentos são consolidados, alguns organismos de normatização, como a Associação Brasileira de Normas Técnicas (ABNT) ou a International Standardization Organization (ISO), criam normas.

Em alguns casos, organismos de certificação criam procedimentos de auditoria, baseados nas normas, para comprovar que determinada organização ou profissional segue os padrões com excelência. Nesse meio tempo, consultorias e MBAs, presenciais e cada vez mais virtuais, oferecem serviços e cursos para propagar essas abordagens e práticas.

Qual o diferencial competitivo, se todas as empresas adotarem as mesmas abordagens e práticas? Nenhum. É o que Teece chama de capabilidades ordinárias, ou seja, é a empresa ser capaz de aplicar com excelência as práticas estabelecidas e consagradas. Ser capaz significa definir, desdobrar, negociar, alinhar e executar suas estratégias e objetivos orientados pelo propósito; aplicar a tecnologia apropriada; construir a infraestrutura adequada; executar processos e projetos com eficiência e eficácia e, assim, conseguir inovar e possuir excelência operacional; ter pessoal competente com o repertório necessário (que envolve capacitação, habilidade e *soft skills*), com uma cultura organizacional que apoie essas práticas; entre outras características.

Nenhum diferencial competitivo então? Não é bem assim. Nem toda empresa está no limiar dos exemplos de sempre, como Google, Amazon, Airbnb, Uber e

Meta, que são exemplos de *winner-takes-all*. Conseguir aplicar e atingir a excelência nas práticas existentes já traz um diferencial, desde que as empresas busquem a melhoria contínua, com momentos de saltos, ao aplicarem novas abordagens emergentes para se diferenciar.

Ou seja, ter as capacidades dinâmicas para estar constantemente se reinventando em uma jornada sem fim. Isso porque novas abordagens surgem a todo o momento. Nos mercados atuais, nenhuma empresa pode ficar parada com as suas competências essenciais, que a curto prazo garantem seu sucesso, mas que ao mesmo tempo engessam a empresa e comprometem o futuro. É o chamado paradoxo das competências essenciais.

Por isso, a busca deve ser constante e a leitura de bons livros nos inspiram e trazem *insights* sobre novos caminhos para que possamos mudar de patamar de competitividade. Como selecionar um bom livro?

Encontramos muitas publicações de autores que tiveram experiências e publicam as lições aprendidas para que mais pessoas e empresas possam adotar os princípios e práticas descritas. Elas são baseadas em evidências anedóticas, ou seja, refletem um caráter pessoal, específico, com interpretação subjetiva. Qual a credibilidade desses livros? Geralmente, a credibilidade está na autoridade do autor ou autores, ou mesmo da empresa na qual eles foram acumulando essas experiências. Este é o caso de consultores e dirigentes de empresas de sucesso.

Outros livros são baseados em evidências científicas resultantes de uma análise rigorosa de muitos casos ou pesquisas quantitativas, nas quais muitas empresas foram analisadas. As práticas descritas derivam de análises estatísticas para serem generalizadas.

Existem ainda publicações de firmas de consultorias, fornecedores de produtos e provedores de serviços, que associam princípios de práticas de gestão às suas ofertas. Assim, os leitores aprendem e os contratam.

Não podemos esquecer de outras mídias disponíveis, que simplificam o consumo desses conhecimentos como vídeos, *podcasts*, mensagens instantâneas e *posts* em *blogs* e redes sociais.

Diante de tantas alternativas, como separar o trigo do joio? Ou seja, o que ler, ouvir ou assistir? Novamente, a autoridade e a credibilidade dos autores são determinantes. Além da fama, que hoje "diz" muito.

É raro encontrar uma publicação que combine essas características, como neste livro sobre gestão híbrida. É um grupo de autores que combina o rigor da academia com a experiência prática: pesquisadores atuantes com viés prático e muita experiência; ex-pesquisadores, que mantêm a curiosidade, os questionamentos, e aplicam o método científico ao atuarem como consultores e vivenciarem muitos casos; e um gestor, que implementou os princípios e práticas apresentados no livro. Todos atuam em empresas e instituições acadêmicas de renome e elevada credibilidade.

PREFÁCIO

Só esses fatores já seriam suficientes para você se sentir tranquilo em aprender com este livro. Mas ele traz mais. Não é um livro que traz evidências anedóticas. São experiências comprovadas por meio de trabalhos de pesquisa. São propostas testadas. E são novas. Não é uma compilação do que existe.

Você não vai encontrar neste livro "eu fiz isso". Todos os princípios e práticas possuem referências, que passaram pelo crivo de comunidades científicas até serem aprovadas por revistas de elevada reputação. As propostas foram publicadas pelos próprios autores deste livro. Sim, as novidades testadas já foram aprovadas internacionalmente por seus pares.

Alguns autores são oriundos e ainda contribuem com um grupo de pesquisa da USP, que atua na área de gestão de projetos há mais de 20 anos. Eles foram pioneiros na gestão ágil de projetos inovadores, quando a gestão ágil ainda estava restrita ao desenvolvimento de *softwares*. Como descrito na Apresentação escrita pelos autores, as suas propostas sobre agilidade foram premiadas em congressos de associações de gestão de projetos, foram comprovadas em pesquisas realizadas em conjunto com o famoso MIT dos EUA e aplicadas em várias empresas. Um dos autores trabalha na Bosch e traz um relato detalhado de como aplicar e quais os resultados da gestão híbrida. Uma empresa que se reinventa sempre e está à frente na aplicação das novas abordagens de gestão.

Eles consolidaram de forma bem didática e equilibrada a teoria e a prática neste livro.

A gestão de projetos já pode ser considerada uma disciplina clássica, reconhecida como uma competência necessária em toda empresa. Durante anos, alguns padrões de fato foram sendo estabelecidos e ensinados. Por falta de maturidade, repertório e experiência, muitas aplicações foram *"by the book"*, sem as adaptações necessárias, o que engessou muitas empresas e não trouxe os ganhos esperados. Aí surgiu um contraponto: a gestão ágil de projetos. Começou na área de desenvolvimento de *softwares*. Um dos primeiros trabalhos sobre agilidade, fora da área de *softwares*, foi realizado pelos autores deste livro, que em sua Apresentação contam essa história.

Quando a gestão ágil se tornou popular, todos ensinavam e as consultorias começaram a vender seus serviços para apoiar a sua aplicação. Qual é a empresa hoje que não fala em *Sprint* ou não possui *squads*? É incrível. Observamos muitas empresas estruturadas de forma matricial, com colaboradores que dedicam umas duas horas por semana a alguns *squads*, que desenvolvem projetos preditivos, planejáveis, de longa duração e com poucas incertezas. Pois é, nesses casos, mudaram o nome de times para *squads* sem aplicar os princípios da agilidade, porque não são necessários.

A gestão híbrida veio como uma evolução natural e necessária, e neste livro você vai conhecer os princípios e práticas desta nova abordagem. Eles não trazem um modelo rígido para você seguir. Pelo contrário. Mostram como sua empresa deve incorporar a capacidade de analisar as características de um projeto, considerar os fatores contextuais envolvidos e, assim, selecionar e combinar a aplicação das práticas mais apropriadas para a execução daquele projeto específico. Para isso, são discutidos conceitos que tratam de algumas perspectivas relacionadas com estratégia, visão sistêmica, criatividade e experimentação com ênfase na improvisação. Aliás, essa é uma contribuição que você não vai encontrar em outros livros. A discussão sobre improvisação no contexto da gestão de projetos traz muitos *insights*.

A agilidade está baseada na combinação ideal entre antecipação das tendências e visão do futuro, com adaptação diante das surpresas inerentes de todos os negócios e a capacidade de reação no tempo (*timing*) correto.

A gestão híbrida combina esses princípios da agilidade com a possibilidade de customizar e estruturar um conjunto de práticas para cada projeto específico, combinando com práticas preditivas (por alguns chamadas de tradicionais), quando for mais apropriado.

Os autores partem da teoria, quando discutem princípios da gestão híbrida e qual foi a evolução deste novo paradigma. Uma revisão bibliográfica extensa e bem fundamentada mostra as escolas de pensamento existentes e como está a difusão da gestão ágil no mundo, o que inclui muitos exemplos de modelos híbridos. Esses modelos são caracterizados para você poder aplicar na sua empresa.

Neste livro, você encontra ainda uma proposta bem detalhada de como criar um modelo híbrido de gestão na sua empresa. Foi uma proposta acadêmica, fundamentada na teoria e nos anos de experiência dos autores, que foi testada em aplicações de sucesso em empresas. Essa proposta traz três atividades e métodos que, normalmente, não estão associados à gestão de projetos: o diagnóstico para conhecer as condições de aplicação específicas de um projeto; a inferência para propor recomendações de gestão com base no diagnóstico; e o *feedback* e aprendizado para garantir a melhoria contínua da gestão híbrida de projetos.

Associado a essa proposta de criação de um modelo híbrido de gestão, os autores construíram um caso de aplicação em que misturaram a realidade de uma situação que necessita da gestão híbrida com casos de outras experiências. Conseguimos assim acompanhar a construção de um modelo híbrido, que serve de inspiração para a aplicação da proposta.

O exemplo já citado da aplicação da gestão híbrida na empresa Bosch é bem detalhado. São diversos aspectos que ilustram, neste caso real, como algumas iniciativas devem ser orquestradas para viabilizar a aplicação desse paradigma. Passa pela criação da mentalidade híbrida, articulação com a melhoria contínua, mudanças organizacionais, adequação das instalações e com reflexões sobre as implicações gerenciais. Esse exemplo mostra que é possível implementar a gestão híbrida com sucesso. Após ler esse exemplo, ficamos bem animados em trilhar este caminho.

Para completar essa visão sistêmica e abrangente, o livro traz a discussão mais aprofundada de como preparar a organização para a gestão híbrida. Mostra a evolução e o novo papel do escritório de projetos (PMO), que se torna um centro

PREFÁCIO

de excelência em gestão híbrida, que vai muito além das funções tradicionais de um PMO. Você poderá vislumbrar a evolução da formação de times, bem mais flexíveis e adaptáveis do que os *squads*. Essa articulação, como toda proposta do livro, potencializa os ganhos da gestão ágil com a aplicação da gestão híbrida em novas arquiteturas organizacionais. Novamente, aqui são apresentados exemplos e evidências que não ficam naqueles relatos anedóticos e pessoais.

A síntese dos fatores críticos de sucesso da gestão híbrida, junto com a discussão de como aplicar esses conceitos em segmentos regulamentados, complementa as propostas anteriores.

Para completar toda a riqueza de diferentes perspectivas da gestão híbrida apresentadas, os autores mostram o impacto desse novo paradigma na profissão de gestor de projetos. Adicionalmente, apresentam o desafio dos CEOs, a influência da digitalização, quais são os novos profissionais da agilidade, assim como as oportunidades na área de educação para formar esses novos profissionais, mais flexíveis, que conseguem combinar os princípios e práticas.

O livro é de uma leitura dinâmica, a cada ponto paramos para anotar *insights* para a nossa vida profissional. É mais do que uma inspiração, traz elementos que podemos começar a aplicar amanhã.

Se você deseja estar preparado para o futuro, nessa jornada sem fim da inovação na gestão de projetos para obter um diferencial competitivo e não ficar congelado "sem mexer no time que pode estar ganhando hoje", a leitura desta obra vai marcar a sua vida profissional.

Dr. Henrique Rozenfeld
Professor Titular – Professor Sênior
do Departamento de Engenharia de Produção
Escola de Engenharia de São Carlos da
Universidade de São Paulo (EESC/USP).

Agradecimentos

Escrever a seção de agradecimentos é sempre uma tarefa bem difícil. Menos pela complexidade do texto, e mais pela dificuldade em mencionar e lembrar de todas e todos que contribuíram para a realização desta obra, e aqueles e aquelas que diretamente ou indiretamente nos apoiaram, compartilhando suas experiências, conhecimentos ou simplesmente oferecendo a solidariedade, energia e compreensão diante das ausências necessárias para a escrita deste livro.

Iniciamos pelo nosso maior agradecimento, a Deus, nossas famílias, amigos e amigas pela compreensão e todo suporte para que esse livro pudesse ser escrito. Nosso muito obrigado também ao Prof. Dr. Henrique Rozenfeld por ter aceito escrever o Prefácio da obra e oferecendo ensinamentos ao longo de mais de uma década, de compartilhamento de conhecimentos e experiências durante suas aulas e encontros. Queremos também agradecer ao Prof. Dr. Maicon Gouvêa de Oliveira, à Profa. Dra. Janaina Mascarenhas Hornos da Costa e ao Prof. Dr. Sérgio Luis da Silva, pelas inúmeras oportunidades de trabalho e troca de experiências que tivemos ao longo dos anos.

Queremos também dizer nosso muito obrigado e especial consideração ao Paulo Botelho e à empresa Bosch, pela parceria de longa data e por ter contribuído com a construção desta obra, compartilhando experiências e boas práticas conosco. Nosso muito obrigado também às empresas nas quais os autores deste livro tiveram a oportunidade de interagir e ajudar nas transformações, no Brasil e no exterior, onde implementamos e comprovamos as ideias, os conceitos e as práticas apresentadas.

Nosso agradecimento especial ao Felipe Barreto Silva, MSc., que fez parte do time de pesquisadores sobre modelos híbridos de gestão de projetos do Núcleo de Manufatura Avançada (NUMA). Ele realizou a primeira pesquisa com foco na criação de modelos híbridos, quando o tema era um completo "desconhecido", entre pesquisadores e profissionais da área. O Felipe também auxiliou com sugestões na estrutura inicial do livro, ainda nos seus primeiros passos. Agradecemos também ao pesquisador Herua Luiz Soares da Silva, MSc., que pesquisou o uso de modelos híbridos em ambientes regulados, reunindo informações citadas ao longo do texto.

Este livro é mais uma prova de que a combinação de métodos científicos com experiência prática de profissionais reconhecidos é a rota certa para a excelência. Em função do anonimato e quantidade de empresas, não é possível citar todos os envolvidos, mas tenho certeza de que muitos estarão lendo esta passagem, e a eles dirigimos nossa maior gratidão. Graças a vocês, profissionais e empresários comprometidos com o avanço científico, pudemos acumular conhecimentos e experiências, transmitindo-as ao público em geral. Em nome do Paulo e da Bosch, estendemos nossos agradecimentos a todas as empresas que abriram suas portas, permitindo-nos descrever a gestão híbrida. Obrigado pela dedicação e apoio à causa, de extrema valia para o avanço do conhecimento em gestão de projetos.

Nosso reconhecimento e gratidão à Escola de Engenharia de São Carlos da Universidade de São Paulo (EESC/USP), por fornecer a infraestrutura necessária para realizar pesquisas e trabalhos avançados e de altíssima qualidade. Ao Grupo de Engenharia Integrada (EI2) e ao NUMA, que são reconhecidos centros de excelência em inovação e desenvolvimento de produtos e possibilitaram a condução dos trabalhos aqui mencionados, que ajudaram a introduzir o problema dos modelos híbridos em pesquisa e foram o alicerce para a construção dos modelos e práticas de gestão apresentados na obra.

Expressamos aqui também nossos sinceros agradecimentos às instituições de fomento à pesquisa científica do Brasil e do Estado de São Paulo, CNPq, CAPES e FAPESP, que viabilizam o desenvolvimento de pesquisas de ponta como esta, e contribuem diretamente para o desenvolvimento de profissionais do mais alto nível para o nosso país.

Por fim, nosso muito obrigado a todos alunos e alunas da USP e dos diversos cursos e treinamentos liderados pelos autores do livro, no Brasil e no exterior, pela troca de ideias e experiências que certamente enriqueceram a construção do conhecimento apresentado na obra.

Lista de abreviaturas

ANPEI	–	Associação Nacional de Pesquisa e Desenvolvimento das Empresas Inovadoras
AMCHAM	–	Câmara de Comércio Brasil Estados Unidos
AS	–	Área Suporte
ASD	–	*Adaptative Software Development*
AIoT	–	*Artificial Inteligence of Things* (inteligência artificial e internet das coisas)
BANI	–	*Brittle, Anxious, Non-linear, Incomprehensible*
BI	–	*Business Intelligence*
ChM	–	*Change Management* (Gerenciamento de Mudanças)
CID	–	Canvas de Indicadores de Desempenho
CIMP	–	Canvas *Input* da Matriz de Práticas
CIP	–	*Continuous Improvement Process*
CRE	–	Canvas de Resultados Esperados
CSDP	–	Canvas Síntese do Diagnóstico do Projeto
DAD	–	Desenvolvimento Ágil Distribuído
EBE	–	Empresa Brasileira de Energia
EEYRA	–	*Emerging Economies Young Researcher Award*
ERP	–	*Enterprise Resource Planning*
FDD	–	*Feature Driven Development*
H-PMO	–	*Hybrid Project Management Officer*
IoT	–	*Internet of Things* (Internet das coisas)
IPMA	–	International Project Management Association
IVPM2	–	*Iterative & Visual Project Management Method*
IWC	–	*Inspiring Working Conditions* (condições de trabalho inspiradoras)

MGPC	–	Modelo de Gestão de Projetos Customizado
MIT	–	Massachusetts Institute of Technology
MPE	–	Matriz de Práticas da Empresa
N	–	Negócio [composto por várias Unidades de Negócios (UN)]
NPD	–	*New Product Development*
PM	–	*Project Management*
PMBOK	–	*Project Management Body of Knowledge*
PMI	–	Project Management Institute
PMO	–	*Project Management Office*
PO	–	*Product Owner*
POMS	–	Production and Operations Management Society
QCMH	–	Questionário para Customização de Modelos Híbridos de Gestão
RBLA	–	Robert Bosch Latin America
RPA	–	*Robotic Process Automation*
RUP	–	*Rational Unified Process*
SM	–	*Scrum Master*
SSADM	–	*Structured Systems Analysis & Design Method*
TI	–	Tecnologia e Informação
UN	–	Unidade de Negócio
VANTs	–	Veículos Aéreos Não Tripulados
VUCA	–	*Volatility, Uncertainty, Complexity* e *Ambiguity*
WBS	–	*Work Breakdown Structure*
WIP	–	*Work in Progress*
XP	–	*Extreme Programming*
XPrince	–	*eXtreme Programming in controlled environments*

Sumário

Capítulo 1 Introdução ao hibridismo 1
    1.1 O cenário atual de gestão 1
    1.2 A nova era de negócios digitais 2

Capítulo 2 Hibridismo e agilidade 7
    2.1 Da agilidade ao hibridismo 7
    2.2 O hibridismo como abordagem de gestão 11
    2.3 Os princípios do hibridismo 15
    2.4 Do hibridismo aos modelos híbridos 16

Capítulo 3 Evolução dos modelos híbridos 19
    3.1 A evolução dos modelos híbridos 20
        3.1.1 Escolas de pensamento e tipos 22
        3.1.2 Definições 24
        3.1.3 Uso de modelos híbridos no mundo 27
        3.1.4 Exemplos de modelos híbridos 28
        3.1.5 Definição e características universais 32
        3.1.6 Definindo modelos híbridos de gestão 32
        3.1.7 Características dos modelos híbridos 34

Capítulo 4 Um caso de sucesso de hibridismo 37
    4.1 Uma organização comprometida com a mudança 37
    4.2 Mudança, melhoria contínua e mentalidade híbrida .. 39
        4.2.1 Um novo *framework* de melhoria contínua 40
    4.3 Implementando a mentalidade híbrida 46
        4.3.1 Redes de trabalho 50
        4.3.2 Blocos da transformação 52

		4.3.3	Área de apoio – Incubadora *CIP & Agile*	58
		4.3.4	A transformação para a gestão híbrida no setor de mobilidade	60
		4.3.5	Sala de gestão do negócio (N)........................	61
		4.3.6	Reflexo da transformação híbrida para outros sistemas fora da organização	65
		4.3.7	Visão sistêmica da gestão em rede distribuída.	66
	4.4	Implicações gerenciais do caso		66
Capítulo 5	Criando um modelo híbrido de gestão			69
	5.1	Modelos distintos para projetos distintos		69
	5.2	Visão geral do processo para construção de modelos híbridos...		72
	5.3	Cenários de aplicação		75
	5.4	Detalhamento das fases e ferramentas para construção de modelos híbridos		78
		5.4.1	Fase 1 – Diagnóstico do gerenciamento de projetos da organização..................................	78
		5.4.2	Fase 2 – Análise dos dados e criação da Matriz Morfológica de Práticas de Gestão de Projetos ...	80
		5.4.3	Fase 3 – Proposição do modelo híbrido de gestão	91
		5.4.4	Fase 4 – Implementação, aprendizado e melhoria contínua	99
Capítulo 6	Exemplo: um caso de aplicação			103
	6.1	A empresa		103
	6.2	A motivação		104
	6.3	O projeto		106
	6.4	A aplicação do método		108
	6.5	Considerações sobre a aplicação................................		124
Capítulo 7	Preparando a organização para o hibridismo			127
	7.1	Organizações híbridas e o novo normal		127
	7.2	Papéis e responsabilidades no hibridismo...................		131
	7.3	Características das equipes no hibridismo		138
	7.4	Improvisação para apoiar a adaptação no hibridismo...		140
		7.4.1	O fenômeno da improvisação........................	141
		7.4.2	Estratégias para aprimorar a adaptação considerando a improvisação..................................	142

	7.4.3 Hábitos para aprimorar a adaptação por meio de improvisação	144
	7.4.4 Síntese da competência da improvisação para o hibridismo	145
7.5	Modelos híbridos para ambientes regulados	147
7.6	Fatores críticos de sucesso para o hibridismo..............	150
Capítulo 8	A gestão na era do hibridismo...	153
8.1	A profissão de gestão de projetos	154
8.2	O desafio para a alta gestão...	155
8.3	Os novos profissionais para agilidade nos negócios....	156
8.4	Os desafios para a educação	158
Capítulo 9	Comentário final e despedida...	161
Apêndice A	As pesquisas que embasam este livro	163
Apêndice B	Roteiro para levantamento das práticas de gerenciamento de projetos..	169
1	Iniciação	169
2	Planejamento	170
3	Execução...	171
4	Monitoramento e controle...	171
5	Encerramento	172
Apêndice C	Exemplos de práticas de gerenciamento de projetos............	173
Apêndice D	Questionário de Customização de Modelos Híbridos (QCMH)...	177
Apêndice E	Aplicação do Questionário de Customização de Modelos Híbridos (QCMH) para o caso exemplo do projeto do drone...	185
Referências	....	193

CAPÍTULO 1
Introdução ao hibridismo

1.1 O cenário atual de gestão

Há uma parcela de profissionais de gerenciamento de projetos que estão vivenciando uma nova era na gestão das organizações, com transformações que vão além dos produtos e serviços. Eles estão reinventando a forma como as pessoas trabalham e se organizam para gerar valor.

Esses líderes, que nos acompanharam ao longo da escrita deste livro, se destacam justamente pela preocupação e ação inovadora diante das mudanças, antevendo as oportunidades e desenhando as organizações do amanhã.

A pandemia que vivemos apenas acelerou e está evidenciando essa transformação, rumo a um novo mundo, que exige novas formas de se pensar a gestão. Diversos fatores contribuem, como novas formas de interação com a tecnologia, novas formas de trabalho em equipe, novas formas de conectar pessoas e novas formas de resolver problemas.

Além disso, soluções que antes pareciam complexas demais, ou até impossíveis, foram construídas em tempo recorde, a exemplo das primeiras vacinas. Tudo isso graças à urgência que a crise nos trouxe, mas também pela competência somada à tecnologia. São inúmeras as conquistas e desafios vencidos nos quatro cantos do mundo.

Claro que esse cenário exige um modelo mental diferente. Não assumimos que se trata de uma forma de se pensar totalmente nova. Pelo contrário, devemos reconhecer a evolução histórica dos modelos de gestão de projetos e programas. Mas, no caso da gestão de projetos, precisamos reconhecer que as mudanças são mais profundas, afetando paradigmas. Por exemplo, o pressuposto que a adoção de técnicas ou ferramentas dos chamados "métodos ágeis" irão automaticamente conferir agilidade para equipes de projeto e suas organizações. Ou ainda, de que a abordagem ágil seria apropriada somente para projetos de determinado tipo e indústria, projetos de desenvolvimento de *software*. E, por fim, o pressuposto de que a adoção de um único modelo de gestão como referência para todos os projetos é suficiente para as necessidades da organização.

Neste capítulo introdutório, apresentamos evidências de que há mudanças na economia e na forma como as organizações entregam valor. Tais mudanças requerem um modelo mental apropriado, capaz de torná-las mais ágeis, adaptando-se ao ambiente de forma a manterem-se relevantes para seus clientes e sociedade.

1.2   A nova era de negócios digitais

Em um passado não muito distante, para pedir um táxi tínhamos que ligar em um telefone fixo. Hoje, praticamente não temos mais telefones fixos e o serviço tradicional de táxi diminuiu sobreposto por diversas modalidades de transporte, como Uber, compartilhamento de carona e veículos, dentre tantas outras soluções para necessidade primária do ser humano: locomover-se do ponto A para o ponto B. Fazíamos o pedido de comida direto ao restaurante, não pensávamos em ficar hospedados em casas de pessoas estranhas, e para ouvir música tínhamos que adquirir um artefato físico, um "pedaço de plástico". Tudo mudou.

Essas mudanças não aconteceram do dia para a noite, mas nós as percebemos somente quando impactam a rotina, massificando-se até se tornarem naturais, como se fosse desse jeito desde o início dos tempos. Se quisermos ter a real percepção, impacto e velocidade, precisamos sair do nosso microcosmos, nossa rotina, nossa sala ou mesa. Nos dirigir aos locais onde elas nascem e ver com nossos próprios olhos o que está acontecendo mundo afora.

Vamos a um exemplo simples. Se fizermos um experimento mental e passarmos um tempo em uma região considerada um celeiro de inovações, e aqui citamos um exemplo que todos conhecem, o Vale do Silício, ao conversar com as pessoas, empreendedores, investidores, pesquisadores e profissionais empenhados em resolver os problemas complexos, fronteira do conhecimento em suas áreas, ficará evidente a distorção de percepção sobre a velocidade das mudanças. A realidade de fato é outra. Talvez devêssemos multiplicar a nossa percepção de velocidade no mínimo por dez. Isso sim, a velocidade mais próxima do real.

Saudamos o mundo VUCA, este acrônimo para os termos em inglês *Volatility*, *Uncertainty*, *Complexity* e *Ambiguity*, que, sendo bem claro, sempre foi realidade para nós da América Latina e chega a ser clichê. Muitas vezes, porém, nos esquecemos o quão próximo do dia a dia da gestão de projetos ele está. Como impacta tão diretamente na forma como a gestão de projetos é feita nas organizações.

As mudanças nas necessidades dos clientes, a competição, os avanços tecnológicos, as turbulências econômicas, as crises em diversos setores que não puderam ser antecipadas exigem novas práticas de gestão.

O termo VUCA, conhecido há décadas, também se transformou por conta da pandemia, que fez nascer o BANI (*Brittle, Anxious, Non-linear, Incomprehensible*). Segundo relatos, o termo foi cunhado pelo historiador e antropólogo Jamais Cascio, da Universidade da Califórnia, em um artigo chamado *Facing the age of chaos* (2020). Independentemente de qual sigla seguir, ou são opcionais ou complementares, o que importa é que nós já percebemos que o ambiente de negócios é simplesmente cada vez mais incerto e dinâmico. Mudança e instabilidade são as novas regras, e não mais a exceção.

O desejo de manter um ambiente de negócios previsível e estável, infelizmente, está com os dias contados. A realidade será a de organizações prontas para se reinventar, quebrar paradigmas e criar novas oportunidades.

Outra fonte de pressão para a transformação das organizações é consequência de tecnologias digitais, *Big Data*, computação em nuvem, inteligência artificial, 5G, metaverso, e a lista é grande. Transformar uma empresa "tradicional" em "digital" é enfrentar múltiplos desafios: cultura, liderança, governança, talento e conhecimento, processos e práticas. Ou seja, toda a operação precisa ser revisada para que se possa usufruir dessas novas tecnologias em sua plenitude. Em especial, aquelas de grande porte e que atuam em setores tradicionais e que enfrentam *startups* com propostas de valor diferenciadas, e até disruptivas. Em último caso, o próprio modelo de negócio da organização pode ser totalmente alterado após uma transformação digital. *Vide*, por exemplo, o setor automobilístico, adotando o foco de serviços de mobilidade no lugar da venda de ativos físicos.

Poderíamos chamar esta nova era de *Agile Economy*, em que as organizações adotam novas formas de geração de valor para enfrentar a dinâmica maior, seja nos mercados consumidores, seja na sociedade e no comportamento dos consumidores. Note, por exemplo, a velocidade com que as organizações responderam às demandas da pandemia. Em poucos meses, fabricantes de carro produziram respiradores, novas tecnologias saíram do papel direto para os leitos das UTIs e vacinas foram desenvolvidas em prazos nunca antes imaginados. Os antigos protocolos de planejamento e controle desses projetos certamente foram revistos, incluindo novas práticas.

Dentre essas mudanças está a "projetização" do trabalho. Há algumas décadas, o conceito de projetos era aplicado a um número reduzido de atividades da organização, aquelas para desenvolver novos produtos, implementar melhorias, geralmente empreendimentos de maior escala. A gestão de operações representava uma parcela maior do esforço total da organização, compreensível em ambientes padronizados e de inovações predominantemente incrementais. O maior dinamismo e intensificação da automação nas operações fará com que dediquemos uma parcela cada vez maior da jornada de trabalho aos projetos. Na rotina das organizações, hoje, é possível verificar mais projetos do que no passado recente, com tendência à ampliação.

Adicione nesse cenário a nova realidade de empresas atuando em rede e/ou de modelos de negócios dependentes de ecossistemas, como os da digitalização. O fato é que, explorando os recursos de comunicação a distância e as novas redes logísticas munidas da IoT, 5G e de soluções digitais (como Indústria 4.0), cada vez mais será possível transferir processos de negócio internos para a rede, fortalecendo os ecossistemas.

Já imaginou o impacto que isso significa para a sua gestão? Processos de negócio repetitivos, gerenciados com técnicas de gestão de operações, tornar-se-ão também projetos; empreendimentos concluídos a partir de vários projetos sequenciais, empreitadas temporárias, com metas de médio prazo, poderão ser transformados na gestão de programas complexos, conduzidos em curto espaço em um ecossistema; ou projetos desafiadores, conduzidos por equipes distribuídas geograficamente, com grande quantidade de interessados (*stakeholders*) e parceiros.

Exemplos como esses são uma realidade que impactará significativamente na gestão de projetos das organizações. Lembremos que muitas organizações preservavam dois mundos. De um lado suas operações, geridas por meio de fortes padrões, melhoria contínua, técnicas de logística, qualidade, entre outras; e informatização, em busca da excelência operacional. De outro, os projetos com foco em desenvolvimento de novos produtos, serviços, processos e melhorias, e a construção de novas operações.[1] Observamos agora, especialmente nas organizações digitalizadas, uma transformação de operações e grandes projetos rumo aos *squads*, da gestão de operações padronizadas para *clusters* de projetos.

Somam-se a isso os conceitos de "produtização", "servitização" e orientação por fluxo de valor (ou do inglês *Value Streams*), e temos uma ampla gama de opções para escolher e adaptar a forma como organizamos uma empresa e gerenciamos as suas iniciativas estratégicas. Novos desenhos organizacionais serão necessários, e esses conceitos irão afetar, dentre outras coisas, a forma como as equipes colaboram, os papéis e responsabilidades das pessoas envolvidas nas iniciativas, a forma como acompanhamos a entrega de valor e resultados para o negócio e clientes.

Teremos que descobrir como utilizar as ferramentas de *software* para a observação em tempo real, uso de grande volume de dados e coleta de informações mais rápidas para a tomada de decisões. Isso já está gerando a necessidade por novos padrões de gestão, fazendo com que as organizações repensem a forma como definem e desenvolvem projetos dos mais variados tipos.

O cenário influencia não só o modelo de gestão das organizações, mas também os gestores de projetos, equipe de projeto e demais envolvidos. A colaboração nunca esteve tão em alta como agora, e desenvolver a agilidade é sinônimo de sobrevivência nesse novo ambiente. A questão não é se sua empresa irá sentir todos esses sintomas, mas sim quando. Essa condição exige novas competências, dentre elas, a capacidade de adotar o hibridismo como abordagem e adotar modelos híbridos de gestão.

O problema é que não é fácil acompanhar tantas mudanças, ou mesmo estar por dentro de todos os modelos e práticas disponíveis. Por isso, estamos juntos neste desafio. Começamos esta jornada com o Capítulo 2, onde descrevemos como a abordagem do hibridismo suporta o conceito de agilidade nos negócios (ou *Business Agility*). Em seguida, você verá uma síntese da situação atual da ges-

---

[1] Estamos aqui contrapondo os termos **gestão de projetos** e **gestão de operações** como na bibliografia clássica de gestão de projetos. Caso deseje mais informação, consulte Rozenfeld *et al.* (2006, cap. 2).

Capítulo 1 · INTRODUÇÃO AO HIBRIDISMO

tão de projetos para facilitar a percepção crítica e toda a extensão da abordagem do hibridismo como uma nova forma de pensar a gestão das mais diversas iniciativas nas organizações. Finalizamos com uma lista contendo os princípios que norteiam o hibridismo.

No Capítulo 3, apresentamos uma síntese dos modelos híbridos de gestão mais conhecidos e relevantes até a presente data de publicação deste livro. Apresentamos dados de pesquisas sobre a adoção desses modelos no mundo, exemplos de modelos híbridos e encerramos com uma definição e as principais características dos modelos híbridos. Temos como objetivo nesse capítulo equipar os leitores com uma sólida análise da teoria e propostas existentes para que sejam capazes de julgar e avaliar as práticas e ferramentas disponíveis e assim fazer melhor proveito do método para criar modelos híbridos que apresentamos no Capítulo 5.

Como forma de não ficar apenas na teoria, apresentamos um caso muito especial no Capítulo 4. Uma grande e inovadora organização que assumiu a iniciativa de trazer o tema da agilidade aos negócios, por meio do desenvolvimento organizacional continuado. Narramos em detalhes esta jornada real, a adoção do *mindset* e o modo de trabalhar segundo a abordagem do hibridismo. O objetivo aqui é mostrar os desafios, caminhos e resultados aos executivos, líderes e times de projetos. Um caso emblemático e inspiração aos que desejem introduzir o hibridismo nas suas organizações.

Se no Capítulo 4 apresentamos um método particular de como chegar ao hibridismo, usado por uma empresa específica e dentro de um contexto particular, no Capítulo 5 apresentamos uma proposta geral. Ele foi escrito como um guia para auxiliar qualquer organização a criar um modelo de gestão híbrido para um ou mais projetos. O capítulo apresenta passos para a criação de modelos híbridos de gestão e um conjunto amplo de documentos e ferramentas auxiliares. Pode ser utilizado diretamente ou servir como inspiração na busca de solução própria.

O Capítulo 6 complementa o anterior, traz um exemplo de aplicação do método no formato de estudo de caso, para que todos possam compreender seu funcionamento: o processo de criação de modelos híbridos.

Chegaremos, então, na reta final da obra. Após conhecer o que é hibridismo, ter acesso a um exemplo e aprendermos a criar um modelo híbrido, no Capítulo 7, abordaremos como preparar a sua organização para a abordagem do hibridismo. Note que, tal como na gestão ágil, estamos operando no nível de mudança de abordagem. Alterar um único projeto pode ser bom, mas nunca o bastante. Mudanças precisam ser feitas na organização e neste capítulo descrevemos as principais delas. Apresentamos papéis e responsabilidades, características dos times, abordamos o conceito da improvisação aplicada na gestão, as diferenças na forma como integrar equipes, a cultura, e, por fim, os fatores críticos de sucesso.

O Capítulo 8 encerra a discussão com considerações sobre o futuro da gestão na era do hibridismo, a profissão de gestão de projetos, dicas e desafios para a alta gestão das organizações, uma visão sobre os novos profissionais da agilidade e breve discussão dos impactos na educação sobre gestão de projetos. No Capítulo 9, nos despedimos do leitor com comentários finais.

CAPÍTULO 2
Hibridismo e agilidade

2.1 Da agilidade ao hibridismo

O conceito de agilidade não é novo. Ao contrário do que muitos imaginam, não teve origem com o movimento dos métodos e práticas ágeis. Uma das primeiras definições do termo **agilidade** como um conceito de gestão foi observada na área de manufatura, disseminado como *agile manufacturing*, antes, portanto, da difusão deste conceito a partir do ano de 2001 por meio do manifesto para desenvolvimento ágil de *software*.

Este termo foi usado no relatório intitulado *21st Century Manufacturing Enterprise Strategy – an industry-led view*[1] (NAGEL; DOVE, 1991). O relatório é fruto de um esforço de 15 executivos, 13 empresas, em parceria com pesquisadores do Iaccoca Institute, da Universidade de Lehigh, nos Estados Unidos, na década de 1990, coordenado pelos pesquisadores Roger Nagel, Rick Dove, Steven Goldman e Kenneth Preiss.

Em um trabalho publicado na revista *International Journal of Project Management* (CONFORTO *et al.*, 2016), apresentamos uma análise do conceito de agilidade segundo diferentes aplicações em áreas do conhecimento distintas, incluindo desenvolvimento de produtos, manufatura, suprimentos e desenvolvimento de *software*. Usando uma técnica da área de linguística, adaptada para o contexto do trabalho, definimos os elementos essenciais do conceito de agilidade. O conceito foi testado e validado em um conjunto de projetos e a conclusão é resumida na Figura 2.1.

---

[1] O primeiro volume deste relatório contém uma introdução sobre o estudo, oportunidades, justificativas e uma síntese das etapas e tarefas a serem executadas. Foi publicado em 1991, com o título *21st Century Manufacturing Enterprise Strategy – an industry-led view*, pelo Iaccoca Institute.

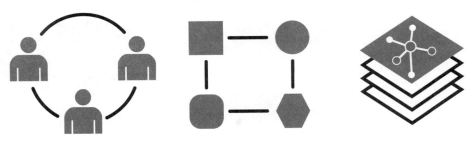

| É uma competência, mais que um método | Depende de uma combinação de fatores | Possui diferentes níveis |

Figura 2.1 Elementos essenciais do conceito de agilidade aplicado aos negócios.
Fonte: Conforto *et al.* (2016).

Em essência, agilidade é uma competência, a capacidade ou habilidade para mudar, se adaptar (CONFORTO *et al.*, 2016). Neste livro, adotamos a seguinte definição de agilidade nos negócios:

> *Business Agility* é a capacidade da organização em se **antecipar**, **adaptar** e **acelerar** consistentemente frente às oportunidades e mudanças, para alcançar os objetivos estratégicos de negócio.

Um dos fatores críticos para se tirar vantagem da agilidade nos negócios é o fator "prontidão": "Em muitos casos não é possível antecipar a decisão correta, assim, agilidade será uma competência estratégica para toda e qualquer organização e time de projetos".[2] As organizações ágeis buscam ser capazes de entregar resultados de alto impacto e valor para seus clientes de forma mais rápida e efetiva. Essas organizações têm as competências necessárias para:

- responder rapidamente às mudanças em consumo;
- responder rapidamente aos movimentos dos concorrentes;
- responder rapidamente às mudanças tecnológicas; e
- adaptar rapidamente sua estratégia e sua proposta de valor.

Como resultado, as organizações que investiram e desenvolveram a agilidade como competência para todo o negócio possuem características comuns, tais como:

- reduzem o *time to market* para lançar novos produtos, serviços, melhorando o retorno sobre investimento;

---

[2] CONFORTO, E. C. Especialista internacional convidado para comentar a pesquisa sobre agilidade organizacional na publicação: PROJECT MANAGEMENT INSTITUTE. Capturing the value of project management through organizational agility. *PMI's Pulse of the Profession*, PMI, USA, set. 2015. p. 07; p. 11.

Capítulo 2 · **HIBRIDISMO E AGILIDADE**

- maximizam o uso de recursos, seus talentos, otimizam processos, conseguem ser mais eficientes que os seus concorrentes;
- fomentam uma cultura para inovação entre todos os colaboradores. A mentalidade *startup*, a experimentação e o aprendizado contínuo;
- investem em capacitação contínua para desenvolver a agilidade como uma competência estratégica.

Para as organizações desenvolverem agilidade como uma competência, existem três pilares fundamentais, ilustrados na Figura 2.2, para desdobrar o conceito de agilidade no que chamamos de "os três As da Agilidade": **Antecipar**; **Adaptar**; e **Acelerar**. Desenvolvemos esse conceito por meio de mais de uma década de pesquisas e trabalhos com organizações e executivos.

Figura 2.2 Os três As da Agilidade.

O primeiro pilar é **Antecipar**. A capacidade da organização de antecipar tendências, eventos e riscos. As organizações precisam investir em tecnologias, processos e pessoas para serem capazes de identificar tendências e oportunidades, riscos ou mudanças em consumo, movimentação dos competidores, avanços da tecnologia e mercado que irão impactar suas operações e negócio.

Conseguir enxergar para onde seu mercado está caminhando, quais tecnologias irão impactar o negócio e a proposta de valor da organização não é um exercício simples e tampouco de responsabilidade apenas da alta gestão. Mas os líderes precisam prover recursos e condições para que todos os colaboradores da organização, independentemente do nível hierárquico, possam ajudar nessa tarefa complexa.

O segundo pilar é **Adaptar**. De nada adianta conseguir enxergar o futuro ou antecipar potenciais mudanças de curso, se a organização não for capaz de se adaptar e estar preparada para aproveitar essas oportunidades ou responder às mudanças. É preciso desenvolver altos níveis de flexibilidade. Enganam-se aqueles que pensam que essa competência se dá na execução ou operação. Não é simplesmente um problema tático. É estratégico. Se a liderança não desenhar uma estratégia calcada na capacidade de adaptação, com elementos que proporcionem flexibilidade e rápidas mudanças ou correções, as chances de sucesso são bem limitadas.

O terceiro e último pilar é **Acelerar**. Não menos relevante que os outros dois primeiros pilares, este representa a capacidade de executar ações e implementar iniciativas com maior velocidade e eficiência possível. Muito mais do que ter velocidade na execução da sua estratégia, portfólio, projetos, o tempo adequado de execução é extremamente importante. De nada adianta a organização ter maior velocidade do que seus competidores em alguns aspectos da sua cadeia de valor, se em outros ela possui gargalos e dependências que geram complexidade, atrasos, retrabalho e desperdícios.

Mas o que agilidade nos negócios tem a ver com o hibridismo? A resposta é simples. Os três pilares da agilidade só podem ser desenvolvidos de forma eficiente se aplicados os princípios do hibridismo. Quando as organizações estão diante de desafios de transformação do negócio, transformação digital, seus processos, práticas de gestão, ferramentas, operações, cultura e estrutura, precisam ter elementos que contribuam para a rápida mudança na forma de criar valor, desenvolver produtos e serviços, definir e implementar projetos de melhoria.

Imagine a quantidade de iniciativas e projetos que as organizações tradicionais precisam identificar e implementar em tempo de responderem às ameaças oriundas das mudanças nas tecnologias, mudanças no padrão de consumo de seus produtos e principalmente a ameaça vinda de seus concorrentes. Com certeza não são poucos projetos, tampouco projetos e iniciativas com as mesmas características. Aqui a premissa é simples, para transformar um negócio tradicional em um negócio digital, não podemos adotar as mesmas formas e modelos de gestão. Parece óbvio quando se lê, mas com certeza fazer isso na vida real de uma organização não é tarefa trivial.

Já dizia o professor e pensador em gestão Prof. Clayton Christensen, em seu livro *The innovator's dilemma* (2013, p. 165), "As estratégias e planos que os gestores e executivos formulam para confrontar mudanças tecnológicas disruptivas deveriam ser planos para aprender e descobrir ao invés de planos para a execução". Isto é, não se trata de usar a mesma abordagem ou método para projetos ou iniciativas que possuem características e grau de incerteza ou inovação distintos.

Os reais benefícios da agilidade para os negócios só podem ser conquistados quando se tem sucesso na adoção da abordagem do hibridismo. Prova disso são os métodos para ter agilidade em toda a organização, também conhecidos como modelos para "agilidade em escala", modelos esses que possuem práticas e ferramentas de diferentes abordagens combinadas de forma que possam trazer escala e robustez para os processos de criação de valor e as operações que sustentam um negócio digital.

Veja o caso da Volkswagen. Como parte do seu plano estratégico "Together", reconheceram a necessidade de mais agilidade em algumas áreas da organização. Em algumas áreas estão fazendo a reengenharia da sua estrutura e processos para adotar uma abordagem que chamam de *two speed model* ou, como tradução livre, "um modelo de duas velocidades". Enquanto algumas áreas irão focar em processos que já foram testados exaustivamente, são seguros e em até alguns casos "menos ágeis", mas que produzem produtos de alta confiabilidade, em outras partes que requerem processos ágeis e flexíveis, a organização está adotando uma combinação de práticas da abordagem ágil, operando de forma bem similar a *startups*.[3]

Como transformar as organizações para se beneficiar da competência da agilidade por meio da adoção da abordagem do hibridismo? A solução passa por combinar as abordagens e diferentes métodos existentes, cujo resultado é denominado "modelos híbridos de gestão". Um estudo recente conduzido em diferentes indústrias com 477 projetos comprovou esse movimento, demonstrando que os modelos híbridos não são apenas uma solução parcial, como inicialmente proposto, mas talvez a melhor opção, melhor do que o uso de métodos ágeis ou preditivos puros (GEMINO; HORNER REICH; SERRADOR, 2021).

Bem-vindo à era do hibridismo.

2.2   O hibridismo como abordagem de gestão

Para desenvolver a agilidade nos negócios como uma competência estratégica que contribua para inovação, crescimento e desempenho organizacional é preciso considerar diversos aspectos. Um deles está relacionado com a adoção do hibridismo como abordagem de gestão, um movimento que leva ao desenvolvimento de modelos híbridos para o gerenciamento de iniciativas, programas e projetos.

O hibridismo inaugura uma nova abordagem, novas formas de pensar e agir, que direcionarão a evolução dos modelos de gestão e que resultará em uma nova geração de especialistas e profissionais de gerenciamento de projetos. Mas o que é uma abordagem? Anthony (1963) define que abordagem é um conjunto de pressuposições que descreve a natureza de um assunto a ser ensinado. Um novo ponto de vista sobre uma questão, a visão de um assunto, uma filosofia, uma maneira de interpretar algo. Como exemplos, temos já bem estabelecidas a abordagem ágil e a abordagem preditiva, e com certeza se enquadra nesse conceito a abordagem *Lean*.

Veja que estamos propondo algo muito além dos próprios modelos híbridos, também uma forma particular de interpretar o fenômeno da gestão de projetos.

---

[3]   Para ler o caso na íntegra, consulte: Closing the gap – designing and delivering a strategy that works, *The Economist Intelligence Unit*, Brightline Initiative Special Report, 2017.

A abordagem do hibridismo está para os modelos híbridos assim como a abordagem ágil está para os modelos ágeis, e a abordagem preditiva está para os modelos e métodos preditivos.

O início desta discussão se dá quando os modelos ágeis ganham escala nos anos entre 2000 e 2010. Os *frameworks* e métodos se multiplicaram e vimos surgir modelos para "escalar o ágil", isso é, levar as práticas para agilidade em todos os níveis, não somente no nível de times e desenvolvimento.

Hoje temos um "mar" de métodos e modelos, que compartilham princípios e práticas oriundas da agilidade, com algumas particularidades e diferenças nos níveis de detalhamento. Isso torna a vida de um gestor e executivo de agilidade bem difícil. Por exemplo, como escolher o melhor modelo para sua organização ou projeto? Quais práticas desses modelos irão resolver os problemas de negócio da minha organização? Será que é preciso usar todo o modelo para ter melhores resultados? Como adequar esses modelos ao contexto de negócio e necessidades da minha organização?

Esta última pergunta é sem dúvida uma das mais críticas, uma vez que o sucesso e os benefícios para o negócio dependem de uma combinação de fatores. É nesse cenário que estamos atualmente e, por isso, a abordagem do hibridismo é tão relevante.

Paralelamente a esse desafio, mesmo com a variedade de *frameworks*, surgiam relatos de situações que não eram contempladas pelos modelos existentes. Exemplos são os ambientes de projetos complexos, com muitos *stakeholders*. Outros são os ambientes de projetos regulados, como o de equipamentos médicos e a indústria aeronáutica, para os quais a flexibilidade do ágil trazia incertezas na segurança e atendimento à normalização. Nesses casos, surgiram também adaptações, muitas vezes com o uso de práticas estabelecidas do paradigma preditivo.

Ambos os caminhos, proliferação de modelos e adaptações, levavam ao hibridismo. Assim, sob a ótica de evolução dos modelos de gestão, não resta dúvida de que a abordagem do hibridismo é o próximo passo além da abordagem ágil e abordagem preditiva. Na evolução dessas abordagens, entende-se que um dos grandes desafios sempre foi a customização e adequação de práticas e ferramentas para cada contexto de negócio. Isso é algo que até então recebeu muitas críticas e que pouco se avançou no sentido de ter guias e modelos de referência.

Resta então oferecermos uma definição clara da abordagem do hibridismo que auxilie a interpretação do fenômeno de evolução dos modelos de gestão:

> O hibridismo é uma abordagem, uma forma de pensamento e comportamento, que direciona a busca pela máxima customização, adequação e aderência de modelos e práticas de gestão para atender de forma sistêmica e plena as necessidades de negócio.

O hibridismo surge como complemento às escolas de pensamento e aos movimentos de *Lean Thinking* e *Agile Thinking*, mas principalmente como uma evolução das abordagens e modelos ágeis e preditivos, que poderá ser chamada de Pensamento do Hibridismo, ou do inglês *Hybridism Thinking*. Nesse sentido, o próprio Gartner sugere uma definição para o termo *Hybrid Thinking*, que pode complementar essa nossa proposta. Em uma tradução livre significa uma disciplina orgânica para lidar com problemas complexos por meio da implementação de mudanças transformativas, inovadoras e estratégicas seguindo a partir de experiências de cocriação e centradas no ser humano que tenham significado cultural, tecnicamente viáveis e economicamente sustentáveis.[4]

Sabemos que os modelos e métodos ágeis por si só não são capazes de transformar a organização para um estado de maior agilidade. Adaptar seus modelos operacionais para serem capazes de orquestrar diferentes tipos de iniciativas, algumas mais orientadas por projetos, e outras mais orientadas por fluxo de valor, é uma meta atual.

Por exemplo, em uma pesquisa sobre agilidade nos negócios com empresas brasileiras, publicada em outubro de 2022, conduzida pelo IDC e patrocinada pela Accenture, dentre as 200 empresas pesquisadas de diversos setores, apenas 24,5% das empresas disseram estar se organizando por fluxo de valor, 25,5% estão se organizando por projetos, 18,5% por áreas funcionais, 14,5% estão combinando diferentes formas conforme a necessidade, 8,5% estão se estruturando por produtos e 8,5% mantiveram a mesma estrutura após a transformação. Esses resultados indicam que muitas empresas ainda precisam equilibrar novas formas de desenvolvimento de produtos e serviços com a visão clássica de projetos.

A abordagem do hibridismo, portanto, visa o desenvolvimento da agilidade nos negócios, e ajuda com o "modelo de convivência" entre essas diferentes propostas, conforme indicado pela pesquisa do IDC. Ainda precisamos avançar na combinação com outras abordagens e formas de estruturar as organizações para estarem aptas para esse novo contexto digital de negócios. Nossa proposta aqui é que o hibridismo contribua com essa discussão de como desenvolver e implementar modelos para alcançar níveis superiores de agilidade (antecipação, adaptação e aceleração).

A Figura 2.3 ilustra o relacionamento entre as abordagens ágil e preditiva e a abordagem do hibridismo, e sua conexão com a agilidade nos negócios (*Business Agility*). Em nosso entendimento, a abordagem do hibridismo é o "guarda-chuva" que falta atualmente para se obter a agilidade, especialmente no contexto da digitalização. Ela tem como objetivo guiar o desenvolvimento de modelos híbridos de gestão e a sua aplicação combinada com os conhecimentos e *frameworks* das abordagens ágil e preditiva. É o caminho para a *Business Agility*.

---

[4] Tradução livre da definição do conceito de pensamento híbrido ou *Hybrid Thinking* proposta por Gartner. Disponível em: https://www.gartner.com/en/information-technology/glossary/hybrid-thinking. Acesso em: 18 dez. 2022.

Sem dúvida, há outras abordagens que contribuem para o desenvolvimento de *Business Agility* que também poderão ser incorporadas nos modelos e métodos híbridos, como, por exemplo, *Design Thinking*, Visão por Jornada de Valor (ou *Value Streams*), dentre outras. E, à medida que o conhecimento sobre a construção de modelos híbridos avança, será natural incorporar outras abordagens, modelos e métodos, para atender às diferentes demandas das organizações. Por exemplo, como ter um modelo de gestão que atenda às necessidades de projetos e de *Value Streams*, tanto para a gestão de portfólio quanto para a sua execução? A resposta poderá ser encontrada por meio do hibridismo (Figura 2.3).

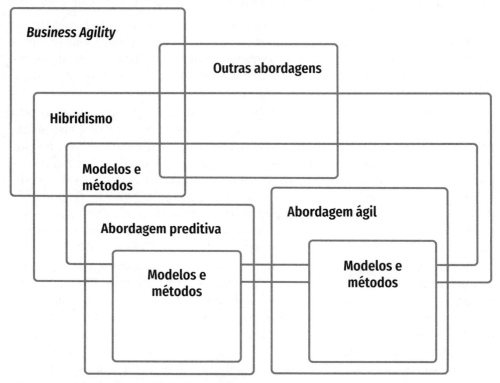

Figura 2.3 Posicionamento do hibridismo em relação ao *Business Agility*.

Dessa forma, o pensamento do hibridismo poderá ajudar profissionais, capacitando-os quanto ao processo de criação de novos modelos e métodos de gestão, a partir das práticas e exemplos, seja combinando o que já existe e foi testado, ou até mesmo desenvolvendo novas práticas, técnicas e ferramentas de gestão, de acordo com a necessidade de seus projetos e objetivos estratégicos do negócio.

Ao longo deste livro, descrevemos como superar esse desafio, preparando profissionais para a nova realidade mundial dos modelos de gestão com o objetivo de entregar agilidade para os negócios.

Como toda abordagem de gestão, precisamos de um conjunto de princípios norteadores, assunto da próxima seção.

2.3 Os princípios do hibridismo

O ponto de partida para elicitar princípios do hibridismo é reconhecer que a solução não está em ferramentas e modelos predefinidos, mas sim na capacidade de analisar as particularidades de um projeto e seu contexto organizacional, e assim tomar a decisão sobre as melhores opções de práticas de gestão; descobrir como optar por aquelas que satisfaçam as necessidades individuais dos projetos, times e áreas de negócio de uma organização, contribuindo para o nível adequado de agilidade nos negócios, elevando as capacidades de antecipação, adaptação e aceleração das organizações.

Este pode então ser considerado o primeiro princípio. Também pode ser considerado um princípio primevo, na medida em que origina os demais. Dele derivam o conjunto que orienta as complexas decisões que norteiam a criação de um modelo de gestão híbrido, de forma transparente e que ajude a garantir resultados satisfatórios.

O resultado é o seguinte conjunto de princípios:

1. Fornecer uma solução customizada para as necessidades do negócio. Não existe a melhor prática, e sim a melhor combinação de boas práticas para cada situação.
2. A meta principal é contribuir para o atingimento dos objetivos e, consequentemente, entregar o valor percebido pelo cliente; o foco deve ser nos resultados e não no modelo.
3. É preciso capacitar a organização para encontrar soluções customizadas, no lugar de oferecer modelos de referência ou *templates* apenas.
4. Trabalhar uma visão sistêmica e dinâmica, de todo o horizonte de planejamento e desenvolvimento, e como cada parte impacta o resultado final do projeto.
5. Criar um ambiente que estimule a criatividade e a experimentação, e ao mesmo tempo que atenda às regulamentações e particularidades de cada indústria.
6. Priorizar a transparência e a colaboração. Deixar claro as responsabilidades e atribuições de todos e as ações a serem colocadas em prática.
7. Maximizar o uso de recursos e talentos. Evitar atividades que não agregam valor, questionando, de forma constante, quais realmente precisam ser parte integrante do modelo de gestão.

Esses princípios são a manifestação de algo mais fundamental, estrutural, e fornecem a sustentação para a criação de modelos híbridos de sucesso. Obviamente, nesse novo paradigma, não existe uma receita única de sucesso para todos os tipos de projetos e, por isso, os princípios dessa abordagem se voltam mais para a capacitação da organização do que prescrição de modelos e *templates*.

Também não temos a pretensão de dizer que esses princípios são exaustivos ou que não precisam ser aprimorados. Vejam os princípios do manifesto para desenvolvimento ágil de *software*, criados há duas décadas. Sabemos que muitos deles precisam ser revisados para atender às novas demandas de negócios dessa década.

Em várias situações, discutindo melhorias com empresas, a impressão que tínhamos era que o processo e modelo de gestão era mais importante que os resultados. Em outras situações, ouvimos que a organização se considerava "ágil" simplesmente porque adotava algumas práticas ou método da abordagem ágil em alguns projetos de TI, ou pelo simples fato da existência de alguns "times ágeis" (ou *squads*[5]). Sabemos que não é bem por aí.

Frequentemente, nos deparamos com discursos que supervalorizam os padrões de práticas e modelos comerciais disponíveis, sugerindo que sejam adotados de forma prescritiva, com o mínimo de desvios possível. Será mesmo? Ou ainda, muitas organizações tentam desesperadamente adotar um modelo (muitas vezes "goela abaixo") que deu certo na empresa do lado, ou que ficou famoso porque era o modelo daquela *startup* ou empresa de música que obteve sucesso.

Nesse mesmo sentido, diversas organizações tentam adotar os modelos da Netflix, da Google, da Amazon ou de qualquer outra grande empresa de sucesso, mas se esquecem que esses mesmos modelos são construções customizadas, experimentadas e aprimoradas ao longo de anos para atender às necessidades daquele negócio, estratégias e diferentes tipos de projetos.

Em resumo, tentar copiar o modelo e esperar que irá funcionar dentro da sua realidade é uma estratégia arriscada, que pode trazer consequências negativas para a organização, e é o oposto do que preconizamos com os princípios do hibridismo.

Por esses motivos, entendemos que a solução é ter conhecimento e método para ajudar na construção de modelos mais apropriados para cada ambiente de negócio. Mas, antes, é preciso compreender como traduzimos a abordagem do hibridismo em modelos híbridos de gestão.

2.4 Do hibridismo aos modelos híbridos

Os primeiros modelos de gestão de projetos tinham como premissa um processo preditivo, sequencial (não iterativo). Cada fase do ciclo de vida do projeto deveria ocorrer em sequência. Por exemplo, o time de desenvolvimento iniciava a fase de definição de requisitos do projeto e, após um levantamento detalhado e documentação completa de um conjunto desses requisitos, seguia para a fase de planejamento do trabalho a ser realizado, que após finalizada dava espaço para a fase de

---

[5] O termo *squads* foi disseminado a partir da estrutura de organização dos times adotada pela empresa Spotify, que ficou conhecido no mundo empresarial como "modelo Spotify", mas que, segundo a própria definição de modelo, não poderia ser compreendido como um exemplo replicável a qualquer tipo de indústria.

Capítulo 2 • HIBRIDISMO E AGILIDADE

execução e controle do progresso, e posteriormente o encerramento do projeto, culminando na entrega do resultado final ao cliente.

Pelo seu caráter sequencial, alto nível de detalhe e cumprimento do plano preestabelecido, esse tipo de modelo é caracterizado como prescritivo, ou preditivo, em que muita informação é gerada antes mesmo de se dar o primeiro passo ou executar de fato uma atividade para gerar algum resultado real ou tangível. A premissa é que não ocorra a sobreposição de fases e que o escopo do projeto sofra poucas ou nenhuma modificação ao longo de seu desenvolvimento.

Como contraponto surgiram modelos e métodos de desenvolvimento conhecidos como métodos ágeis. Esses modelos trouxeram uma mudança na forma de se planejar os projetos, inserindo o conceito de ciclos de planejamento e execução de curto prazo, amplamente conhecidos como "iterações". Esses ciclos ou iterações permitiam o planejamento, execução, teste e validação de resultados parciais ou incrementais, buscando a entrega de valor de forma contínua e consistente. Além disso, permitiam algo pouco explorado na abordagem preditiva, o *feedback* frequente e participação ativa dos clientes ao longo do desenvolvimento. Isso permitia avaliar se o time de projeto estava de fato focando na entrega de valor, eliminando riscos e testando hipóteses continuamente.

Mais recentemente, amparadas pela crescente demanda das organizações por soluções mais flexíveis e capazes de lidar com incertezas e mudanças rápidas, surgiram práticas combinadas. Eram soluções de gestão em que ferramentas típicas da abordagem preditiva, como cronogramas e WBS, eram incluídas em modelos de gestão ágeis, atuando em conjunto, por exemplo, com *backlogs* e iterações.

Com o tempo, foram sistematizadas, surgindo os chamados modelos híbridos de gestão. Esses modelos, conforme discutiremos ao longo deste livro, foram criados para equilibrar a previsibilidade e flexibilidade por meio do uso combinado de princípios e práticas provenientes tanto da abordagem preditiva quanto da abordagem ágil de gestão de projetos.

Em estudo realizado por autores deste livro como parte dos trabalhos conduzidos no Massachusetts Institute of Technology (MIT), Consortium for Engineering Program Excellence (CEPE), que contou com parceria de pesquisadores do grupo Engenharia Integrada (EI) da Escola de Engenharia de São Carlos da Universidade de São Paulo (EESC/USP), intitulado *Project Management Agility Global Survey* (*PM Agility Global Survey*), descrevemos as primeiras evidências da relação entre modelos híbridos e a agilidade.

O estudo contou com 856 participantes de 76 países e 17 setores da indústria e indicou que 7 em cada 10 modelos de gestão (69,6%) poderiam ser caracterizados como "mais ágeis" pelo fato de terem apresentado mais características que contribuem para a agilidade como uma competência nas empresas que adotavam modelos híbridos. Esse estudo também comprovou a necessidade que identificamos, já em 2008, quando desenvolvemos uma versão de um modelo híbrido de gestão de projetos para atender às especificidades e aos desafios de empresas que desenvolviam produtos inovadores e combinavam *hardware* e *software*.

A Tabela 2.1 mostra indícios relevantes da relação entre a agilidade e o hibridismo quando observamos os modelos de gestão adotados nas organizações pesquisadas.

Tabela 2.1 Análise dos modelos de gestão segundo as características que contribuem para a agilidade

Método de gestão adotado (autodeclarado)	Menos agilidade	Mais agilidade
Ágil	18,6%	81,4%
Preditivo	62,2%	37,8%
Híbrido	30,4%	69,6%

Fonte: Conforto et al. (2014).

Uma das principais evidências deste estudo global foi o potencial dos modelos híbridos para ajudar diferentes indústrias e uma variedade de projetos quando o objetivo é construir a agilidade como uma competência para toda a organização, conforme destacaram os autores:

> O desenvolvimento de modelos híbridos pode se tornar o próximo desafio estratégico das organizações assim como desenvolver competências para a agilidade de forma que os times de projeto sejam capazes de atuar e obter sucesso em ambientes de projetos dinâmicos e incertos (CONFORTO; REBENTISCH; AMARAL, 2014, p. 22).

Esse cenário é o resultado do nível de complexidade e diferenciação dos projetos que as organizações possuem em seus portfólios estratégicos, algo encontrado hoje na maioria das organizações, independentemente do porte ou setor da indústria. É fato que grande parte das organizações tem dificuldade em saber quais são os projetos e iniciativas em desenvolvimento, de que forma essas iniciativas estão gerando resultado e se de fato elas irão contribuir para a estratégia do negócio.

Outro problema comum é a ausência de mecanismos e rotinas para se definir a melhor abordagem de gestão para diferentes tipos de projetos e iniciativas. O que é comumente feito pelas organizações é ter um modelo de gestão único, ao qual os projetos e iniciativas precisam estar aderentes, independentemente das suas diferenças ou particularidades. A questão, portanto, não seria optar pelo uso de um método *y* ou *z*, mas sim ter a habilidade de criar modelos híbridos e adaptá-los de acordo com a necessidade da organização e de acordo com sua estratégia e portfólio de projetos e iniciativas.

No próximo capítulo, vamos aprofundar a discussão sobre como os modelos híbridos evoluíram ao longo dos anos, citar alguns exemplos e entender um pouco sobre as escolas de pensamento que embasam a abordagem do hibridismo. Ficará claro como esses modelos deram sustentação para a criação dessa abordagem.

CAPÍTULO 3

Evolução dos modelos híbridos

A crescente demanda global por conhecimento sobre modelos híbridos de gestão de projetos é impulsionada pela necessidade de melhores soluções para os desafios e características dos diferentes tipos de projetos nas organizações.

As particularidades de um projeto ou programa são diretamente influenciadas pela nova economia da informação e avanços tecnológicos, o que resulta na necessidade de antecipação, adaptação e aceleração.

Identificamos cinco fatores que influenciaram o desenvolvimento de modelos híbridos:

1. Toda e qualquer organização no mundo está buscando desenvolver a "agilidade como uma competência estratégica do negócio". A agilidade organizacional depende de inúmeros fatores, e os modelos híbridos de gestão se apresentam como uma solução mais adequada para o desenvolvimento desta competência.
2. As organizações têm cada vez mais projetos de diferentes tipos em seu portfólio, muitos deles envolvendo uma solução de *software* e, por isso, precisam encontrar maneiras eficientes de gerenciar e integrar diferentes equipes, requisitos e soluções.
3. A complexidade e a inovação dos projetos estão cada vez maiores devido a diversos fatores que envolvem desde o trabalho com diferentes parceiros, trabalho no formato híbrido (remoto e presencial), integração com fornecedores até o envolvimento ativo de clientes e usuários, independentemente se o resultado final do projeto seja um produto, *software*, serviço ou tecnologia.
4. O crescente desafio das organizações e profissionais para identificar o modelo, as práticas e as ferramentas mais adequadas para conduzir os projetos e os programas de seus portfólios em diferentes ambientes de negócios.
5. As críticas de profissionais e estudiosos do tema no que se refere ao uso de modelos ou métodos como soluções que devem ser implementadas por

completo e de forma "pura", não considerando as peculiaridades e necessidades da organização, características do negócio, estrutura de times, recursos, conhecimento etc.

Nas últimas duas décadas, houve um crescimento significativo da oferta de modelos (*frameworks*) e ferramentas para gerenciar projetos, tanto para a abordagem preditiva quanto, em especial, para a abordagem ágil, incluindo modelos com foco no nível de times e modelos para implementar "agilidade em escala". No entanto, tais modelos seguem a mesma lógica: são "receitas" e soluções "prontas", desenhadas segundo certas características que são tomadas como premissas, e, portanto, podem não funcionar ou não trazer os resultados esperados para qualquer ambiente ou tipo de projeto.

Além disso, muitos desses modelos "prontos" ou prescritivos possuem dezenas ou até uma centena de práticas e técnicas, e muitas vezes não endereçam de forma direta e clara todas as variáveis e complexidades de organizações de grande porte no que tange a adoção dessas práticas.

Por esses motivos, os modelos híbridos de gestão vêm ganhando cada vez mais adeptos e se tornaram uma realidade nas organizações de todos os setores e geografias. Trata-se da nova era dos modelos ágeis e do gerenciamento de projetos. As organizações estão buscando formas mais adequadas e soluções específicas para gerenciar os diferentes tipos de projetos e programas em seus portfólios, aumentando a agilidade e a inovação, sem deixar de lado a produtividade e a eficiência das suas unidades de negócio, áreas, processos e operações.

3.1 A evolução dos modelos híbridos

A ideia de combinar práticas de gestão de diferentes escolas ou abordagens não é nova na área de gerenciamento de projetos. Existem trabalhos publicados a esse respeito desde o tempo em que as práticas ágeis estavam ganhando mais adeptos, e logo após a disseminação do Manifesto para Desenvolvimento Ágil de *Software*.

O trabalho de Boehm e Turner (2003), ainda no início dos anos 2000, mencionava a importância de se avaliar as necessidades e as características dos projetos a fim de identificar a melhor forma de gerenciá-los. Esses autores compararam as abordagens de gestão e perceberam que poderia haver uma personalização de acordo com as características de um projeto. Eles defenderam a combinação entre abordagens, afirmando que seria não apenas possível, mas preferível, quando comparado ao uso de abordagens isoladas. Sem, porém, terem conseguido demonstrá-lo de forma detalhada, também sem exemplos ou casos.

Outros trabalhos posteriores ao de Boehm e Turner mantiveram a proposição de combinar as abordagens de gestão de projetos como uma forma de obter as vantagens que cada uma pode oferecer, como a possibilidade de equilibrar maior nível de controle e previsibilidade com a capacidade de responder às mudanças no escopo do projeto. Chegaram a propor uma matriz, ainda assim, sem detalhes ou exemplos de aplicação.

Capítulo 3 · EVOLUÇÃO DOS MODELOS HÍBRIDOS

Em seguida, outros autores enveredaram por esta linha como Vinekar, Slinkman e Nerur (2006), Galal-Edeen, Riad e Seyam (2007), e Batra *et al.* (2010). Nessa nova fase, a motivação era mais específica. Eram esforços originados de situações, ambientes de projeto com características específicas, nas quais nenhuma das duas abordagens conseguia, individualmente, atender às necessidades de modo eficaz. Ou seja, tipos de projetos para os quais nenhuma abordagem, isoladamente, conseguia atender às suas necessidades eficazmente.

Por exemplo, quando tratamos de projetos de produtos complexos,[1] envolvendo o desenvolvimento de *hardware* e *software*, abrange grandes equipes de projeto, distribuídas geograficamente, entrega rápida de valor para o cliente e mudanças constantes de requisitos, percebemos que utilizar as abordagens de gestão de maneira isolada ou de forma "pura" não é eficaz para lidar com todos os desafios que esse tipo de projeto apresenta.

Se utilizarmos uma abordagem puramente preditiva, encontraremos dificuldades em listar todos os requisitos necessários logo no início do projeto, principalmente para as partes do projeto com maior nível de incerteza. Podemos mencionar também a falta de flexibilidade para lidar com mudanças nos requisitos ao longo do projeto. Por outro lado, se utilizarmos apenas o modelo ágil encontraremos limitações como a integração e dependências entre as funções do produto, a gestão das informações e documentos necessários, e o gerenciamento de ambientes com múltiplas equipes.

Outro tipo de exemplo comumente encontrado se dava em projetos de produtos com inovação em setores chamados regulados, isto é, ambientes de forte regulação. Como é o caso de indústrias que envolvem riscos como o setor aeronáutico e de equipamentos médicos. Nesses casos, flexibilizar o escopo pode significar não atendimento a requisitos mandatórios que inviabilizam o projeto ou causam diminuição grave na segurança da operação com os produtos.

Foi assim que surgiram os primeiros modelos híbridos, como resposta a um contexto específico de projeto, para um ambiente regulado. Os primeiros modelos de gestão híbridos no Brasil foram propostos com este foco específico por Conforto e Amaral (2010) na indústria de robótica e Silva (2015) para a indústria aeronáutica.

Apesar desse estágio de evolução ter representado um avanço, o reconhecimento da necessidade de modelos híbridos, algo não estava funcionando como deveria. Analisando os modelos de gestão híbridos gerados nesta fase, observamos que eles forneciam ciclos de vida únicos e estruturados, como uma referência para os projetos da organização. O paradigma, o *mindset*, mantinha o ideal de busca por um modelo de gestão único como referência a todos os projetos da organiza-

---

[1] A complexidade é entendida nessa pesquisa como as dificuldades e incertezas impostas pelo número de tecnologias, componentes e funções nos esforços de desenvolvimento e natureza organizacional das atividades que os indivíduos e organizações encaram ao desenvolver novos produtos (KIM; WILEMON, 2003).

ção. Porém, identificamos casos em que novos projetos surgiam tal que o modelo híbrido específico voltava a apresentar limitações (SILVA, 2015).

Observamos que os modelos híbridos propostos até então forneciam fases e grupos de atividades para uso na organização como um todo (SILVA; BIANCHI; AMARAL, 2019). Uma forma de pensar típica das abordagens preditiva e ágil, com os seus *frameworks* e cerimônias, respectivamente. Contrário à ideia de foco na customização. Assim, o problema que originou as novas propostas de modelos híbridos não era totalmente solucionado, uma vez que os modelos híbridos assim criados poderiam não funcionar para outros projetos.

A maioria das organizações possui uma diversidade grande de tipos de projetos, cada um com suas particularidades, como níveis de complexidade, grau de inovação, tecnologia envolvida, estratégias, clientes distintos, culminando em ciclos de vida distintos. Assim, mesmo customizações podem se tornar obsoletas com o passar do tempo.

Reconhecia-se, assim, que os modelos híbridos de gestão[2] foram um avanço, mas era preciso ir além, surgindo a próxima evolução, a ideia do hibridismo.

Dentro do hibridismo, não optamos por uma ou outra abordagem. Também não propomos um modelo de gestão híbrida específico como referência para todos os projetos. Altera-se o foco do modelo de gestão para o processo de customização de modelos gerenciais. O objetivo é capacitar a organização para personalizar constantemente os modelos de gestão, de forma a garantir um equilíbrio entre os diferentes tipos de práticas, técnicas e ferramentas, a partir de sua combinação, adaptação, redução e customização, para melhor atender às características e necessidades dos projetos e ambiente de negócios.

3.1.1 Escolas de pensamento e tipos

Ao longo da primeira década após o surgimento do Manifesto para Desenvolvimento Ágil de *Software*, vários autores discutiram a importância da combinação de práticas de diferentes abordagens de gestão. Em nossas pesquisas, identificamos três linhas de pensamento.

A **primeira** é voltada para a implementação de práticas da abordagem ágil em ambientes de projetos classificados como "preditivos" ou que seguem uma abordagem sequencial de desenvolvimento (BOEHM; TURNER, 2005; KARLSTROM; RUNESON, 2005; FERNANDEZ; FERNANDEZ, 2008; PORT; BUI, 2009; ZAKI; MOAWAD, 2010; BARLOW et al., 2011; SPUNDAK, 2014). Esses autores buscaram analisar formas de conduzir práticas ágeis em ambientes predominantemente do tipo preditivo, a fim de adequar a gestão de acordo com as características do projeto.

---

[2] A ideia de combinação entre abordagens ganhou cada vez mais atenção nos últimos anos, como podemos observar nos trabalhos científicos de Sommer *et al.* (2015), Conforto *et al.* (2015) e Cooper (2016).

Capítulo 3 • EVOLUÇÃO DOS MODELOS HÍBRIDOS

A **segunda** escola de pensamento é voltada para a aplicação de práticas e métodos da abordagem ágil em grandes projetos, projetos com elevado grau de complexidade ou projetos distribuídos (RAMESH et al., 2006; YADAV et al., 2009; BATRA et al., 2010). Esse grupo é conhecido por modelos que propõem a aplicação de práticas da abordagem ágil em projetos de maior porte com equipes distribuídas geograficamente, em diferentes fusos horários e culturas organizacionais, buscando solucionar os desafios impostos por esse contexto.

A distribuição geográfica das equipes de projeto pode dificultar a coordenação e aumentar a complexidade do gerenciamento. Entre as maiores dificuldades estão a sincronização das equipes de projeto; colaboração entre membros; canais de comunicação efetivos; ferramentas de suporte; e múltiplas unidades de desenvolvimento (HOSSAIN; BABAR; PAIK, 2009).

A **terceira** linha de pensamento trata das "organizações ambidestras" que são apoiadas em modelos de gestão criados a partir da fusão de diferentes abordagens, e que são usadas em conjunto com outras práticas na organização (LEE; DELONE; ESPINOSA, 2006; RAMESH; MOHAN; CAO, 2012). A Ambidestria Organizacional é definida como a capacidade da organização de adotar e balancear, ao mesmo tempo, uma abordagem emergente e uma deliberada, eliminando a necessidade de escolha (BODWELL; CHERMACK, 2010). Em gestão de projetos, seria como uma empresa possuir duas equipes de projetos, uma seguindo a abordagem ágil e uma outra equipe seguindo uma abordagem preditiva, separadas fisicamente, porém dentro da mesma estrutura organizacional (VINEKAR; SLINKMAN; NERUR, 2006).

Nessa estratégia, cada equipe é responsável por desenvolver e sustentar a respectiva abordagem, adotando os princípios, práticas, técnicas e ferramentas. Alguns desafios nesse contexto são a limitação da colaboração e aprendizagem entre as diferentes equipes, conflitos entre comunicação, compartilhamento de documentos e o alto investimento em recursos humanos e treinamento em cada abordagem. Os autores que abordam esse tema procuram apresentar formas de superar tais desafios.

Essa terceira escola de pensamento está alinhada com o dilema que confronta os líderes das organizações (O'REILLY; TUSHMAN, 2004). No curto prazo precisam a todo tempo ajustar processos e operações alinhando com a estratégia na busca por melhorias incrementais de forma contínua. Trata-se da gestão com foco na mudança evolutiva. No longo prazo, esses mesmos líderes precisam desconstruir o próprio alinhamento que tornou suas organizações bem-sucedidas e eficientes para que a inovação aconteça e a transformação seja bem-sucedida. Em parte do tempo, operam em um ambiente caracterizado por períodos de relativa estabilidade e inovações incrementais, em outra parte, operam em um mundo caracterizado por mudanças revolucionárias (O'REILLY; TUSHMAN, 2004). Esse é o contexto em que se emerge o hibridismo.

3.1.2 Definições

Definições são importantes, pois oferecem a linha de base para discussões em torno de um tema. Nesse caso, os termos permitem identificar e rotular o fenômeno de combinação de práticas de gestão de projetos.

O Quadro 3.1 traz uma síntese não exaustiva das várias definições encontradas na literatura organizadas por ordem cronológica de publicação.

Quadro 3.1 Síntese dos termos e definições sobre modelos híbridos de gestão de projetos

Autor	Termo	Definição	Classificação
Boehm e Turner (2002)	Projeto Híbrido	Combinam ambos os métodos de gestão, são viáveis e necessários para projetos que combinam um *mix* de características ágeis e preditivas.	Combinação de práticas e princípios
Boehm e Turner (2003)	Projeto Híbrido	Aplicação seletiva de métodos ágeis dentro de uma estrutura de plano global para enfrentar os riscos do plano orientado e combinar a rápida mudança, a necessidade de uma resposta rápida e as exigências emergentes.	Combinação de práticas e princípios
Chin (2004, p. 16)	*Mix* Preditiva e Ágil	Equilibrar a necessidade de criatividade com a disciplina requerida para lançar o produto e manter o sucesso dos produtos.	Definição limitada ou redundante
Boehm e Turner (2005)	Projeto Híbrido	Mistura de métodos ágeis e métodos preditivos de gerenciamento de projetos.	Definição limitada ou redundante
Vinekar, Slinkman e Nerur (2006)	Abordagem Ambidestra	Combinação de uma unidade ágil e outra unidade preditiva.	Definição limitada ou redundante
Rahimian e Ramsin (2008)	Metodologia Híbrida de *Design*	A combinação entre ASD (*Adaptive Software Development*) e o NPD (*New Product Development*).	Combinação de práticas e princípios
Galal-Edeen, Riad e Seyam (2007)	Abordagem Híbrida ou Ágil	Combinação entre abordagens para encontrar um meio-termo que combine as vantagens e corrija as deficiências de ambas (preditiva e ágil).	Combinação de abordagens
Fernandez e Fernandez (2008)	Abordagem Híbrida	Ambas as práticas (preditivas e ágeis).	Definição limitada ou redundante

(Continua)

(Continuação)

Autor	Termo	Definição	Classificação
Port e Bui (2009)	Abordagem Híbrida	A combinação das estratégias de priorização de requisitos do preditivo com a ágil, considerando o custo-benefício de adicionar um novo requisito e variando o tamanho das iterações.	Combinação de práticas e princípios
Pieczko (2010)	Abordagem Híbrida ou Ágil	Combinação da abordagem preditiva com a ágil.	Definição limitada ou redundante
Zaki e Moawad (2010)	Modelo Híbrido	A estrutura ágil e os problemas correspondentes são disciplinados com práticas preditivas.	Combinação de práticas e princípios
Batra *et al.* (2010)	Abordagem Híbrida	Os princípios estruturados agem como um guarda-chuva de disciplina sob o qual o desenvolvimento ágil pode prosperar.	Combinação de práticas e princípios
Seyam e Galal-Edeen (2011)	Abordagem Híbrida	Combinação de diretrizes e práticas preditivas com práticas e princípios ágeis.	Combinação de práticas e princípios
Cobb (2011, p. 68)	Abordagem Híbrida	Compromisso entre um ambiente preditivo e um ágil puro.	Definição limitada ou redundante
Barlow *et al.* (2011)	Metodologia Híbrida	Decompor tarefas do projeto em módulos, de forma mais independente possível. Utilizar técnicas preditivas para o(s) módulo(s) com tarefas com interdependências sequenciais, e técnicas ágeis para o(s) módulo(s) com interdependência recíproca.	Combinação de práticas e princípios
Ramesh, Mohan e Cao (2012)	Abordagem Ambidestra	Incorporar metodologias preditiva e ágil para facilitar a distribuição e a flexibilidade (alinhamento e adaptabilidade).	Combinação de práticas e princípios
Binder, Aillaud e Schilli (2014)	Abordagem Híbrida	Combinação da gestão ágil com a estrutura global da ISO 21500 – Guia de Gestão de Projetos.	Combinação de práticas e princípios
Sommer *et al.* (2015)	Método Híbrido	Combinam elementos dos modelos ágeis e do *Stage-Gate*, oferecendo uma alternativa mais flexível aos sistemas convencionais.	Combinação de práticas e princípios

Um dos primeiros desafios é o uso de diferentes termos para ilustrar o mesmo conceito. Exemplo: *plan-driven*, *waterfall* ou "tradicional", que representam uma abordagem preditiva de gestão de projetos. O segundo aspecto importante de se notar é que as definições classificadas como "combinação de abordagens" apresentam alto nível de abstração e subjetividade. Elas não conseguem explicar todo o fenômeno.

As definições que indicam a "combinação de princípios e práticas" demonstram um nível de subjetividade menor devido ao fato de que práticas e princípios podem ser incorporados em determinada abordagem visando melhorar a gestão do projeto. Por exemplo, o princípio comum na abordagem ágil – priorizar a satisfação do cliente por meio de entregas contínuas e rápidas de valor – pode ser incorporado à gestão preditiva para melhorar o fluxo de desenvolvimento, teste e validação de requisitos e especificações de um produto ou serviço.

Nessa linha de raciocínio, cinco autores destacam-se pela definição sugerida, conforme ilustrado na linha do tempo da Figura 3.1. Apesar disso, a análise das definições permite concluir que uma definição completa e robusta é necessária para compreendermos de fato o que são modelos híbridos de gestão, visando à discussão e à evolução desses modelos.

Na seção 2.2, apresentamos a nossa definição de modelos híbridos de gestão que adota elementos essenciais das definições encontradas.

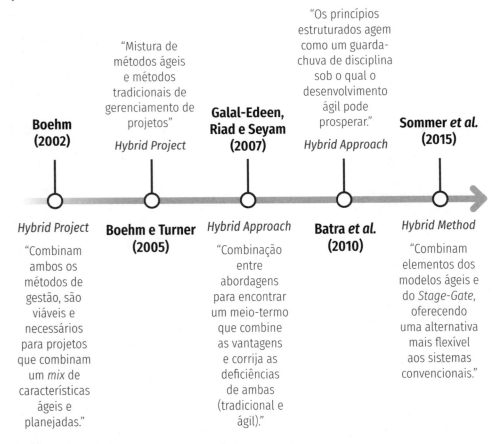

Figura 3.1 Principais definições de modelos híbridos de gestão.

3.1.3 Uso de modelos híbridos no mundo

Estudos comprovam o crescimento no uso de modelos híbridos de gestão no mundo. Em 2014, por exemplo, conduzimos um estudo em nível global que pode ser considerado uma das primeiras comprovações de uso de modelos híbridos; 7% dos gerentes de projeto entrevistados confirmaram combinar práticas de diferentes abordagens no gerenciamento de seus projetos. A amostra considerava diferentes tipos de projetos em diferentes setores da indústria, em escala global.

O estudo não foi capaz de dizer a porcentagem de projetos em que os modelos híbridos eram adotados nessas organizações, apenas que eles estavam colocando esta proposta em prática, em alguma proporção em seu portfólio de projetos. Mesmo assim, chamou a atenção o número de respondentes indicando espontaneamente o uso de modelos híbridos.

Em 2018, um outro estudo conduzido pelo Project Management Institute (PMI, 2018) identificou que 23% dos entrevistados de um total de 4.455 utilizam modelos híbridos de gestão de projetos, combinando práticas de uma abordagem preditiva com práticas de uma abordagem ágil de gestão. Esse estudo identificou outro dado relevante: 8% dos respondentes disseram utilizar modelos híbridos quase sempre em seus projetos; 24% utilizavam frequentemente; 35% dos respondentes utilizavam às vezes; e 15% raramente; sendo que apenas 10% disseram não utilizar.[3]

Esses estudos comprovam a tendência na adoção desses modelos de gestão no mundo. Se considerarmos os números, mesmo com as diferentes amostras e contextos das pesquisas, estamos falando em um aumento de mais de 328% quando comparamos a porcentagem de utilização desses modelos desde o ano de 2014 até 2018 (Figura 3.2).

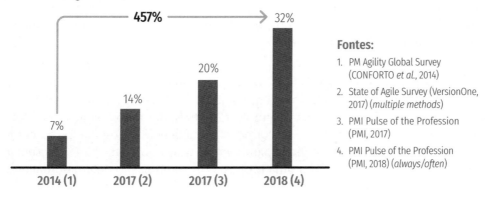

Compilação de diversas pesquisas desde 2014.

Figura 3.2 Aumento no uso de modelos híbridos de gestão.

---

[3] O relatório de pesquisa indica que a soma das porcentagens pode não resultar em 100% devido à possibilidade de múltipla escolha e/ou arredondamentos.

Até o início do ano de 2023, pesquisas indicam que o modelo de gestão mais adotado nas organizações é o modelo híbrido, em que há a combinação de práticas, técnicas e ferramentas advindas de diferentes abordagens.

Interessante ressaltar que ao apresentar estes dados em eventos, cursos de especialização e palestras, nos idos de 2015, previamos essa tendência. Estávamos no caminho certo da discussão sobre a evolução dos modelos de gestão de projetos.

As organizações estão precisando de soluções customizadas para seus projetos. Existe o foco na agilidade dos negócios como competência, a demanda pela agilidade e um crescimento na complexidade e tipos de projetos. A inovação está presente em todo projeto.

A questão, portanto, não seria optar entre uma ou outra abordagem, este ou aquele método, mas sim ter um equilíbrio entre as diferentes abordagens e poder combinar práticas e ferramentas para atender às características específicas do projeto e da organização (AMARAL *et al.*, 2011). Dessa forma, o hibridismo pode ser a solução mais adequada para diferentes indústrias e tipos de projetos no mundo, e será protagonista no desenvolvimento de competências essenciais para a inovação, crescimento e sustentabilidade das organizações.

3.1.4 Exemplos de modelos híbridos

Nesta seção, apresentamos uma síntese de alguns exemplos de modelos híbridos encontrados na literatura internacional de gerenciamento de projetos, juntamente com uma análise de suas principais características. Evitamos fazer qualquer tipo de julgamento ou recomendação pois defendemos neste livro que não existem modelos híbridos que são melhores que outros. Existem modelos híbridos que atendem diferentes características de projetos e circunstâncias de negócio, por isso, todo modelo proposto ou publicado pode ser útil no processo de conhecimento e aprendizado dessa abordagem.

Essa síntese consiste em um conjunto de 12 propostas identificadas por meio de extensa pesquisa bibliográfica realizada pelos autores no período entre 2013 e 2017. Para este estudo, utilizamos um conjunto de critérios para a seleção dessas 12 propostas. Esses critérios foram: (1) discutir sobre a combinação entre as abordagens (preditivo e ágil); (2) discorrer sobre os benefícios esperados ao combiná-las; (3) pontuar fatores críticos para combinar as abordagens; (4) apresentar modelo, método, *framework* ou uma proposta de combinação entre abordagens. Apresentamos os modelos selecionados em ordem cronológica de publicação.

O primeiro modelo é proposto por Nawrocki *et al.* (2006). Eles publicaram o XPrince (*eXtreme Programming in controlled environments*), combinando o *Extreme Programming* (XP), PRINCE2 e o *Rational Unified Process* (RUP). O modelo propõe a criação de um plano de projeto indicando todos os *releases* e funcionalidades principais e análise da arquitetura a ser desenvolvida, aliada a um desenvolvimento iterativo e entregas parciais.

Rahimian e Ramsin (2008) apresentam o chamado *Mobile Software Development Methodology*, baseado no *Adaptive Software Development* (ASD) e no Desenvolvimento de Novos Produtos (NPD), apresentando um desenvolvimento com caráter iterativo e incremental.

Cho (2009) propôs um modelo que combina o RUP com o método Scrum para projetos grandes e complexos. A cada nova iteração do projeto, ocorre o planejamento da iteração (*Sprint Meeting*), em que as quatro fases provenientes do RUP são realizadas em sequência. Ao final da iteração, ocorre a revisão da mesma.

Conforto e Amaral (2010) apresentam o chamado IVPM2 (*Iterative & Visual Project Management Model*), que combina elementos de uma abordagem preditiva como revisões de fases, marcos do projeto (*milestones*), documentos de referência padronizados e entregas definidas em alto nível organizadas por fase do projeto, em conjunto com o desenvolvimento iterativo, rituais e governança característicos da abordagem ágil, estruturados em múltiplos níveis de planejamento e controle.

Outro modelo, proposto por Zaki e Moawad (2010), é chamado de modelo híbrido disciplinado, combinando práticas como o desenvolvimento iterativo, *user stories* e *product backlog*, em conjunto com um planejamento por fases detalhado e bem documentado (uso de ferramentas estatísticas e relatórios).

Seyam e Galal-Edeen (2011) apresentam um modelo denominado *Tragile*. A proposta dos autores combina práticas orientadas ao plano com uma arquitetura de alto nível e documentação de certos elementos, e princípios e práticas da abordagem ágil com diferentes níveis de planejamento, além de uma documentação simples, mas que seja suficiente para atender às necessidades do projeto de sistemas de informação.

Um modelo denominado *Disciplined Agile Delivery* foi proposto por Ambler (2013). Esse modelo consiste em um método que combina elementos de métodos ágeis como XP, Scrum, *Lean Software Development*, entre outros, com um ciclo de vida de desenvolvimento. Além do desenvolvimento iterativo e uso do *Product Backlog*, *Sprint Backlog*, *Daily Meeting* e *Retrospective Meeting*, o modelo preza por um desenvolvimento com objetivos claros.

Binder, Aillaud e Schilli (2014) apresentam o chamado modelo *Cocktail*, o qual correlaciona os princípios da abordagem ágil com os grupos de processos da estrutura da norma ISO 21500 de gestão de projetos, a qual segue os princípios da gestão tradicional, em que realiza-se um detalhamento de alto nível do projeto que guia a execução deste ao longo do tempo.

Outro modelo apresentado por Ahmad, Soomro e Brohi (2014) combina os métodos Scrum, XP e RUP com o intuito de aumentar a capacidade e qualidade de produção de *softwares*, sendo denominado *XSR Model*. O modelo busca a combinação de práticas eficazes de engenharia, com um planejamento iterativo, ao mesmo tempo em que enfatiza o plano do projeto e sua documentação.

Cooper (2014) apresenta o chamado *Agile-Stage-Gate*. É uma reformulação do seu famoso modelo de estágios, introduzindo princípios de agilidade. O modelo contém fases de desenvolvimento bem definidas. Em cada fase, incentiva o uso de várias iterações, que consistem em construir algo para mostrar para o cliente um protótipo rápido, um modelo de trabalho bruto, uma versão beta, um incremento, ou uma funcionalidade.

O *Industrial Scrum Framework* proposto por Sommer *et al.* (2015) combina o modelo *Stage-Gate*® (COOPER, 1990), em um nível estratégico, com o método Scrum proveniente da abordagem ágil. O modelo proposto é dividido em três níveis de planejamento: *Strategic project management, Value-Chain/project portfolio coordination* e *Project execution.*

Silva (2015) realizou um dos primeiros esforços científicos no país em busca de modelos combinados. O autor propôs um modelo para projetos no setor aeroespacial, com um planejamento de tempo combinado, defendendo a criação de um planejamento macro, que identifica as principais entregas e marcos do projeto, em conjunto com um gráfico de Gantt, além de um planejamento de curto prazo, denominado **iteração**, contendo o *Product Backlog* e o Quadro Scrum, em que procura-se desenvolver os requisitos do produto a fim de gerar valor para o cliente em um período de tempo curto e preestabelecido.

Esses são alguns exemplos de modelos híbridos encontrados na literatura específica. Não pretendemos mostrar uma lista exaustiva, apenas alguns dos modelos para ilustrar os principais conceitos utilizados. O Quadro 3.2 apresenta um conjunto de elementos que servem para classificar e diferenciar os exemplos de modelos híbridos apresentados.

Quadro 3.2 Modelos híbridos identificados na literatura

Autores	Nome do modelo	Quais abordagens combinam	Quais métodos/ modelos englobam	Área de aplicação
Nawrocki *et al.* (2006)	XPrince	Ágil + Preditiva	*Extreme Programming* (XP), PRINCE2 e o *Rational Unified Process* (RUP)	Desenvolvimento de *software*
Rahimian e Ramsin (2008)	*Mobile Software Development Methodology*	Ágil + Ágil	*Adaptative Software Development* (ASD) e Desenvolvimento de Novos Produtos (NPD)	Desenvolvimento de *softwares* para celulares
Cho (2009)	*Hybrid Software Development Method For Large-Scale Projects*	Preditiva + Ágil	RUP e Scrum	Projetos grandes e complexos

(Continua)

(Continuação)

Autores	Nome do modelo	Quais abordagens combinam	Quais métodos/modelos englobam	Área de aplicação
Zaki e Moawad (2010)	A Hybrid Disciplined Agile Software Process Model	Ágil + Preditiva	Scrum, XP, *Feature Driven Development* (FDD) e RUP	Desenvolvimento de *software*
Seyam e Galal-Edeen (2011)	Tragile	Ágil + Preditiva	Scrum, XP, *Crystal Family*, *Structured Systems Analysis & Design Method* (SSADM), STRADIS	Sistemas de informação
Ambler (2013)	Disciplined Agile Delivery	Ágil + Ágil	XP, Scrum, *Lean Software Development*, entre outros	Desenvolvimento de *software*
Binder, Aillaud e Schilli (2014)	Cocktail Model	Ágil + Preditiva	Práticas ágeis e a ISO 21500	Desenvolvimento de *software*
Ahmad, Soomro e Brohi (2014)	XSR Model	Ágil + Preditiva	Scrum, XP e RUP	Desenvolvimento de *software*
Cooper (2014)	Agile-Stage-Gate	Preditiva + Ágil	Modelo *Stage-Gate*® e práticas ágeis	Projetos complexos
Sommer et al. (2015)	Industrial Scrum Framework	Preditiva + Ágil	Modelo *Stage-Gate*® e Scrum	Indústria (ex.: turbinas de vento, válvulas e sensores)
Silva (2015)	Planejamento de tempo combinado	Ágil + Preditiva	Scrum e práticas preditivas	Indústria aeroespacial
Conforto e Amaral (2016)	Iterative & Visual Project Management Method	Preditiva + Ágil	Modelo *Stage-Gate*® e práticas ágeis	Produtos manufaturados e desenvolvimento de *software*

Fonte: Bianchi e Amaral (2020).

Os modelos apresentados como exemplos foram desenvolvidos para serem utilizados em projetos de desenvolvimento de *software* e de certa forma seguem os princípios e conceitos do Manifesto para Desenvolvimento Ágil de *Software*, publicado em 2001. Combinam conceitos, práticas e ferramentas bem conhecidas e disseminadas em livros e padrões de referência sobre a abordagem preditiva.

Poucos são os modelos, a exemplo do IVPM2, que são mais abrangentes e tem a vantagem de sua proposta não ser voltada apenas para desenvolvimento de *softwares*, podendo ser aplicado também em outras áreas como produtos manufaturados. Uma característica recorrente nos modelos é a recomendação de planejamento em vários níveis, o uso de entregas parciais e marcos do projeto para entregar valor ao cliente de forma mais ágil e frequente.

Nenhuma dessas referências, porém, apresenta o passo a passo de como esses modelos foram construídos. Os autores não se preocuparam com o processo em si de construir ou adaptar tais modelos para outros contextos e projetos. Isso porque o *mindset* estava "ancorado" na ideia dos modelos gerenciais de referência. Foram desenvolvidos a partir de experiências em um contexto específico, assumindo-se o conceito de "melhor prática", que para tais projetos pode ter trazido bons resultados, porém não devem ser generalizados para qualquer tipo de projeto. Ou seja, contrariam os princípios do hibridismo.

Neste livro, apresentamos uma proposta diferente e mais ousada. Tirar o foco do modelo híbrido para o foco no hibridismo. Uma proposta que visa capacitar organizações e profissionais na configuração de modelos híbridos alinhados com a realidade de seus projetos e organização. Na próxima seção, apresentamos uma definição e características para modelos híbridos, específicas para esse novo contexto.

3.1.5 Definição e características universais

O objetivo desta seção é definir modelos híbridos de gestão dentro do contexto do hibridismo, isto é, da abordagem de dar foco principal ao processo de customização. Complementamos a definição com um conjunto de características, que podem ser consideradas universais a estes modelos e podem contribuir para a identificação na prática do que seria ou não um modelo híbrido.

3.1.6 Definindo modelos híbridos de gestão

Modelo se refere ao "molde", forma, e indica uma ideia de organização e ordenamento de partes que compõem determinado conjunto. Segundo Amaral *et al.* (2011), modelo é a representação de um processo de negócio, isto é, das atividades, atores, métodos e todas as demais dimensões de um negócio. Ferreira *et al.* (2009) dizem que a singularidade da organização impede que os modelos de gestão prescritos sejam considerados ideais, necessitando de uma adequação às características próprias de cada organização.

Um método é um conjunto de atividades cujo objetivo é alcançar um resultado específico. Um método orienta um caminho a ser seguido, que seja capaz de gerar resultados satisfatórios para o objetivo definido, relacionando teoria e prática. Em gestão de projetos, os métodos são um conjunto de práticas destinadas a realizar um projeto, alinhado com os interesses e necessidades dos clientes, gerando valor para esses. Como exemplo temos os "métodos ágeis" ou "métodos preditivos". Em geral, os métodos são como "receitas prontas" que exigem pouco ou nenhum detalhamento para seu uso, porém em geral não consideram as particularidades do projeto e ambiente organizacional.

Em um nível mais baixo, prática pode ser definida como "uma atividade composta por três elementos: a ação em si (algo que gere resultado), utilização de uma ou mais técnicas (procedimento sistemático) e ferramentas como artefatos que apoiam o emprego da técnica, algo tangível" (EDER, 2012). Uma ferramenta é algo tangível, como um modelo ou um programa de *software*, usada na execução de uma atividade para produzir um produto ou resultado" (PMI, 2013, p. 545).

A Figura 3.3 representa esquematicamente as diferenças entre os termos presentes na literatura de gestão de projetos para os leitores.

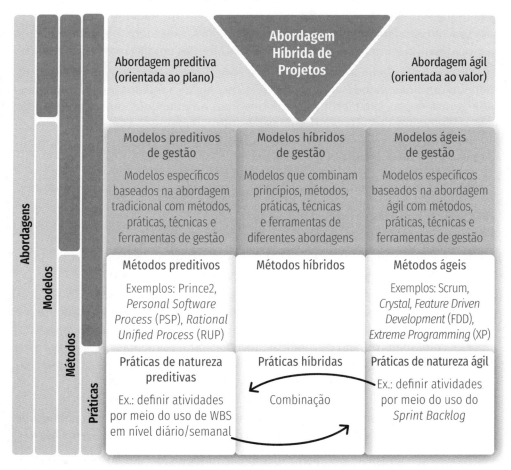

Figura 3.3 Diferenças entre os termos e exemplos (não exaustivo).

Tomando como base todas as informações apresentadas nos capítulos anteriores e nos estudos que desenvolvemos ao longo da última década, identificamos elementos universais que definem os modelos híbridos de gestão de projetos. Dessa forma propomos a seguinte definição universal:

> Modelos híbridos são a combinação de princípios, práticas, técnicas e ferramentas de diferentes abordagens em um processo sistemático que visa adequar a gestão para o contexto de negócio e tipo específico de projetos. Têm como objetivo maximizar o desempenho do projeto e produto, proporcionar um equilíbrio entre previsibilidade e flexibilidade, reduzir os riscos e aumentar a inovação, para entregar melhores resultados de negócio e valor ao cliente.[4]

3.1.7 Características dos modelos híbridos

Apesar das peculiaridades que cada modelo híbrido pode apresentar, de uma forma geral podemos elencar características comuns que esses modelos apresentam. Essas características foram identificadas a partir de nossos estudos e experiência prática no desenho e implementação de modelos híbridos em diversas organizações.

Não se trata de uma lista exaustiva, e nem é nossa expectativa que todos os modelos apresentem todas essas características. Alguns modelos poderão apresentar algumas dessas características de forma mais proeminente, outros poderão ter alguns elementos de cada um dos itens descritos abaixo.

As principais características dos modelos híbridos de gestão contemplam (CONFORTO et al., 2015):

- são especialmente customizados para atender às especificidades do tipo de projeto e ambiente de negócio de cada organização;
- equilibram previsibilidade, antecipação e minimização de riscos com flexibilidade necessária para inovar e gerar resultados de alto impacto;
- focam na eliminação de atividades e documentação que não adicionam valor para a gestão do projeto e desenvolvimento do produto;
- proporcionam elevados níveis de colaboração e aprendizado para os envolvidos no projeto, inclusive clientes, fornecedores e parceiros de desenvolvimento;
- combinam princípios, práticas, técnicas ou ferramentas de duas ou mais abordagens, por exemplo, elaboração de escopo tradicional e planejamento iterativo, ou diferentes níveis de planejamento e controle;
- combinam disciplina de processos com autogestão das equipes; e
- podem apresentar diferentes papéis e responsabilidades trabalhando de forma colaborativa, como é o caso do Gestor do Projeto e o *Scrum Master*.

Essas características permitem identificar modelos de gestão que se enquadram ou não dentro da abordagem do hibridismo. O mais importante aqui é en-

---

[4] Esta definição foi desenvolvida também a partir do trabalho prévio publicado por parte dos autores em Conforto et al. (2015).

tender que o princípio básico do hibridismo é que "o como" cada uma dessas características se fazem presentes nos diferentes modelos híbridos de gestão irá depender do setor da indústria, contexto do negócio, tipos de projetos e muitos outros fatores que podem influenciar a forma como os projetos são planejados, executados e gerenciados.

Não existe uma receita única para se fazer gestão, assim como não existe uma receita única para o sucesso. No próximo capítulo, descrevemos em detalhes uma história bem-sucedida de adoção do hibridismo e construção e adoção de modelo híbrido de gestão em uma grande empresa multinacional.

CAPÍTULO 4

Um caso de sucesso de hibridismo

Dedico esse capítulo aos amigos da Bosch que, por meio de suas perspectivas, diálogos e, sobretudo, aprendizado conjunto, muito me inspiram na jornada.

4.1 Uma organização comprometida com a mudança

Organizações centenárias e com belas histórias de sucesso são sempre uma inspiração para qualquer profissional interessado em gestão. Afinal, não é fácil criar empresas longevas. Elas possuem um DNA, um "algo a mais", que as permite superar crises e turbulências ante as contingências do mercado. Elas possuem esse "algo a mais", um diferencial, na forma de um conjunto de valores que se conserva e, ao mesmo tempo, é o motor que inspira transformações.

É o caso da Robert Bosch América Latina (RBLA).[1] Uma longa história de sucesso, cuja cultura de melhoria contínua suporta o crescimento da organização através dos tempos. Uma empresa comprometida com esse fundamento que

---

[1] A RBLA (Robert Bosch Ltda.) pertence ao grupo Bosch (Robert Bosch GmbH), uma organização líder em AIoT (sensores, *software*, serviços e nuvem), cujo objetivo estratégico é criar soluções inovadoras para uma vida conectada e que se espelha no núcleo da mensagem da marca: "**Tecnologia para a vida**". Possui ainda quatro setores de negócios: Soluções da Mobilidade, Tecnologia de Construção e Energia, Tecnologia Industrial e Bens de Consumo, tendo mais de 420 mil colaboradores gerando 88,4 bilhões de euros em faturamento no mundo (2022). A Bosch tem ações continuadas para a preservação do meio ambiente alcançando o objetivo de ser CO^2 neutro, em todas as suas localidades no mundo, desde 2020.
Veja no YouTube: "A start-up de Robert Bosch", disponível em: https://www.youtube.com/watch?v=ZalvQPGVncc. Acesso em: 5 jan. 2023; "A história de Bosch", disponível em: https://www.youtube.com/watch?v=jUy15-MJ_ZY. Acesso em: 5 jan. 2023.
Veja no LinkedIn: "Bosch Brasil", disponível em: https://www.linkedin.com/company/boschbrasil/. Acesso em: 5 jan. 2023; "Bosch", disponível em: https://www.linkedin.com/company/bosch/. Acesso em: 5 jan. 2023.

promove, ao mesmo tempo, a motivação das pessoas e a predisposição para as mudanças quando necessário.

É nesse contexto que, em meados de 2014, surgiu um conjunto de mudanças e implementações rumo à agilidade. Foi com o respaldo nessas bem-sucedidas implementações que vários negócios da empresa começaram a adotar técnicas e métodos voltados para agilidade e, sobretudo, reforçar os princípios e valores determinantes para o desenvolvimento das práticas relatadas neste estudo de caso.

A abordagem do hibridismo juntamente com seus princípios norteadores orquestra as estratégias definidas para o gerenciamento tanto de projetos quanto de negócios, conectando os times de maneira a permitir sua auto-organização com uma nova forma de trabalho mais voltada para operação em rede distribuída. Isso se traduz mais enfaticamente, a partir deste ponto e em todo o capítulo, em pessoas e times com mais autonomia, sinergia e, fundamentalmente, colaboração, alinhamento e protagonismo à luz de suas respectivas responsabilidades e alçadas.

Os times trabalham com mais dinamismo na tomada de decisão com ajustes de percurso dentro de suas competências já desenvolvidas – ou em desenvolvimento – e em harmonia com parâmetros acordados com a liderança da área. O ambiente é caracterizado por mais transparência e é nutrido por uma relação de pertencimento e confiança mútua.

O comprometimento da organização com a excelência explica a entrada no universo da agilidade e do hibridismo. Esse ambiente e a visão estratégica da alta direção foi o primeiro passo. Este movimento virtuoso permitiu que o desafio da agilidade permeasse os diversos negócios.

Essa implantação, desdobrada em todos os níveis, fluindo destacadamente dentro das lideranças de equipe como catalisadores do movimento, tornou o processo rápido e orgânico. Foram feitos investimentos em treinamentos e *workshops* que trouxeram benefícios tanto nos aspectos objetivos (resultados monetários) quanto nos mais subjetivos, tais como clima organizacional e espírito de time.

Esse contexto demandou uma nova atitude da alta gestão, menos voltada para o comando e controle com a hierarquia formal (liderança de direito), predominantemente em silos, para uma mais participativa (liderança de fato) com os trabalhos sendo realizados com times mais autônomos e conectados entre si, explorando os caminhos mais adequados, por meio do exercício da inteligência coletiva, na busca das soluções para os problemas do dia a dia.

Vale ressaltar que estamos abordando um movimento de transformação orgânica, em escala de um negócio completo. Essa situação é muito mais ampla e complexa de se modelar pois vai além de uma transformação de um único time de projetos ou mesmo de um único departamento composto por alguns times.

Nesse caso, este movimento foi liderado por profissional de desenvolvimento organizacional que dominava os conceitos e práticas sobre modelos híbridos de gestão e foi capaz de explorar aspectos importantes da Ambidestria[2] Organizacional. Tal fato é muito importante, posto que as mudanças implementadas, como veremos, foram muito relevantes e não seriam eficazes se conduzidas somente pelo gestor da área de negócio que, via de regra, possui outras competências que não as necessárias e suficientes para uma transformação organizacional desta envergadura.

Após seis meses de trabalho intenso começaram a surgir os primeiros resultados concretos. A melhoria do resultado operacional do negócio, após a implementação do modelo híbrido de gestão, foi de dois dígitos percentuais se comparado com o estado inicial. Considerando tratar-se de um projeto no setor automotivo, com elevada exigência em qualidade e prazo, e um histórico de melhoria contínua por décadas, é, portanto, significativamente expressivo. Vamos analisá-lo nas próximas seções.

4.2 Mudança, melhoria contínua e mentalidade híbrida

A melhoria contínua pertence ao DNA da organização Bosch tal qual expressa na missão:

> "... vivemos guiados por nossos valores e nos esforçamos para melhorar continuamente...".

bem como em frase do próprio fundador Robert Bosch:

> "Aquele que para de melhorar continuamente para de ser bom".

Esse esforço, aliado à qualidade e tecnologia, coloca a organização em uma posição de destaque nos mercados em que atua em termos mundiais. Mas o ambiente está mudando rapidamente e novas condições de complexidade, volatilidade e incerteza passaram a demandar algo a mais.

Esse algo a mais foi percebido pelos líderes da organização antes mesmo de 2014 e o que se seguiu foi uma série de evoluções, começando por um aspecto muito importante: os colaboradores passaram a receber maior volume de informações

---

[2] Nesse contexto, engloba tanto a excelência operacional quanto a inovação nos negócios. Para tal, é fundamental dominar principalmente ferramentas e modelos mentais (*mindset*) como: *Lean Thinking*, Mapeamentos de Processos, Gestão de Projetos, modelo Scrum, *Design Thinking*, entre tantos outros. É diferencial essencial também o domínio de aspectos humanos como gestão de mudança e psicologia positiva, pois trata-se de um movimento de transformação relevante que começa primeiro com as pessoas e depois vai permeando os processos e projetos até emergirem os melhores resultados operacionais dos negócios.

estratégicas do negócio. A estratégia era, via de regra, um assunto mais voltado para a alta direção. Isso precisava ser alterado substancialmente para que fosse um assunto que todos pudessem ter conhecimento, bem como melhor entendimento de suas contribuições individuais e em time.

Um grande desafio, pois mais do que perseguir metas desdobradas pela alta direção e média gerência, abriu-se a possibilidade para que os próprios colaboradores participassem dos diálogos estratégicos contribuindo com ideias. Essa mudança na realidade dos colaboradores – mais voltada historicamente para a operação – para uma realidade mais participativa e inovadora – levando em consideração também os aspectos da tática e da estratégia no cotidiano – levou a um novo comportamento que doravante denominaremos **mentalidade híbrida**.[3]

O primeiro passo para esse processo foi uma releitura do conceito de melhoria contínua que também precisava evoluir neste novo contexto. Era mandatório rever referências e ajustá-las à nova realidade. Aqui temos um ponto importante, um fator de sucesso, que requer atenção redobrada. Eram necessários fatos novos, aprimoramentos e repertórios para demarcar as inúmeras mudanças, em marcha, de forma clara.

4.2.1 Um novo *framework* de melhoria contínua

O *framework* de melhoria contínua (CIP, *Continuous Improvement Process* – em português, melhoria contínua), que guia hoje a organização, recebeu uma revitalização, incluindo na sua estrutura os conceitos de agilidade. Ele demonstra como a organização é flexível para agregar novos elementos como resposta às crescentes demandas do ambiente de negócios. Tais elementos passam a ser essenciais para a execução sustentável da estratégia.

Para uma melhor compreensão da evolução de melhorias contínuas para melhoria contínua com mentalidade híbrida (Figura 4.1), faremos a decomposição do *framework* de melhoria contínua em três pilares (aqui denominados: propósito, meios e resultados), apontando suas diferenças. Essa adaptação, desenvolvida pelo Centro de Competências em Desenvolvimento Organizacional no Brasil, incluiu características que atendem peculiaridades da dinâmica dos negócios da Bosch na América Latina. Ela permite entender o funcionamento holístico de um negócio, bem como o papel e o pertencimento de cada colaborador nesse contexto.

---

[3] É uma construção multifatorial cujo detalhamento transcorrerá ao longo do capítulo. Caracteriza-se pela antecipação da entrega de valor e, nesse mesmo passo, oferece flexibilidade para reagir às turbulências cada vez mais frequentes em ciclos cada vez mais curtos. Engloba competências técnicas (*hard skills*) e comportamentais (*soft skills*) para gestores e colaboradores promovendo a elevação da *performance* dos times e, consequentemente, dos negócios.

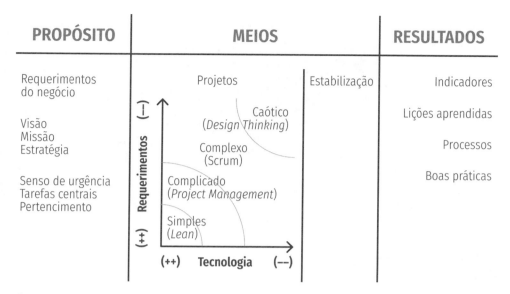

Figura 4.1 *Framework* de melhoria contínua (CIP) com mentalidade híbrida.

4.2.1.1 Propósito

Inicialmente, explorava-se predominantemente neste pilar o elemento aqui denominado **requerimentos do negócio**. Posteriormente, mostrou-se necessário incluir outros elementos, tais como: missão, visão, estratégia, senso de urgência e tarefas centrais. Essas inclusões ocorreram ao longo do tempo e foram motivadas por experiências nas quais mostrou-se ser fundamental trabalhar as perspectivas e percepções dos gestores e colaboradores para que os elementos detalhados fossem claros para todos, promovendo transparência, e, ao mesmo tempo, mitigando eventuais potenciais ruídos de fundo que pudessem comprometer avanços futuros dos trabalhos em time.

Nesse contexto, o exercício do diálogo aberto para exposição de mais detalhes do propósito do negócio passa a estar presente, alinhando todo o time. Esse ambiente fomenta maior autonomia das pessoas frente à elevação das demandas notadamente mais voláteis e menos precisas.

Além disso, há o que se chamou de tarefas centrais – *core tasks* – (Figura 4.2), para todos os negócios do grupo. Elas visam promover elementos de competitividade de maneira assertiva para manter a independência financeira da organização.

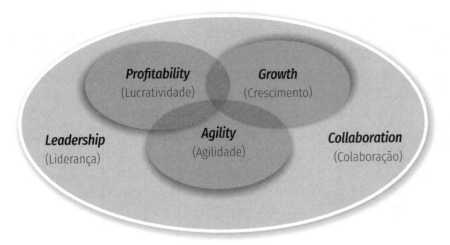

Figura 4.2 *Core tasks*/tarefas centrais.
Fonte: adaptada de Robert Bosch GmbH.

A área de melhorias contínuas anexou as tarefas centrais em um *slogan*: **CIP'n GA$** (CIP e GA$ associando CIP a GA$ que, neste contexto, promove a ideia de combustível, energia e dinamismo) para associação direta do CIP com os elementos da figura sendo:

- G = *Growth* (Crescimento).
- A = *Agility* (Agilidade).
- $ = *Profitability* (Rentabilidade).

Liderança (*leadership*) e colaboração (*collaboration*) são elementos essenciais de suporte, coalizão e aglutinação dos times para a sustentabilidade do conteúdo. A preservação e desenvolvimento desse elemento cultural para resultados – CIP – como um hábito diário de movimento, requer também um permanente fornecimento de energia. O *slogan* acima passou a ser uma síntese e relevante mensagem visual de reforço. Uma forma de se introjetar conceitos positivos com rapidez e sustentabilidade.

4.2.1.2 Meios

De início, explorava-se neste pilar os projetos do negócio e sua estabilização. A experiência mostrou ser necessário o enriquecimento com outros elementos e ferramentas, como os contidos na Matriz de Stacey (2007) (Figura 4.3), visando um panorama claro dos diversos momentos, isolados ou combinados, que um negócio pode ter, da excelência operacional até a inovação.

A Matriz de Stacey possui dois eixos:

1. Horizontal: representando a dimensão do conhecimento e da tecnologia, variando entre a tecnologia dominada (++) até a tecnologia pouco dominada (--).

Capítulo 4 · UM CASO DE SUCESSO DE HIBRIDISMO

2. Vertical: representando a dimensão dos requerimentos do negócio variando entre requerimentos claros (++) até requerimentos imprecisos (--).

Esses eixos, quando combinados, permitem identificar ambientes onde os negócios estão inseridos, bem como as soluções de gerenciamento mais apropriadas para uma situação específica. Os ambientes são chamados de: **simples**, **complicado**, **complexo** e **caótico**.

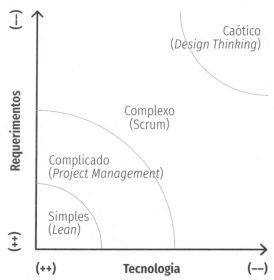

Figura 4.3 Matriz de Stacey adaptada.

Simples

Os ambientes simples são aqueles em que há predomínio da excelência operacional. Nesse ambiente, as soluções, requerimentos e tecnologias são conhecidas e ferramentas como *Lean* e mapeamento de fluxo de valor são recomendadas para alcance dos resultados.

Entende-se que o ponto de partida dos projetos e processos, bem como o ponto de chegada, devem ser claros. Nesse espaço há predominância de áreas como controladoria e logística, com caminhos ótimos já em funcionamento. Aqui é importante também averiguar a possível adoção de RPAs (*Robotic Process Automation* – Automação de Processos Robotizados) para reforçar o pensamento orientado para a elevação da competitividade por meio da combinação de melhoria de qualidade com redução de custos sempre que possível e economicamente viável.

Complicado

Os ambientes em que a tecnologia é conhecida são os que exigem conhecimentos de gerenciamento de projetos mais preditivos. Recomendam-se aqui as variantes de plataforma já dominadas e onde existem diversos elementos mais conhecidos dos times de projetos.

Análogo à área simples, os pontos de partida e chegada, na grande maioria das vezes, são definidos com caminhos planejados por meio de ações que requerem controles e gerenciamentos predominantemente previsíveis. Encontram-se, nesse espaço, áreas como engenharia do produto e engenharia de aplicação.

No caso da engenharia do produto, cita-se, a título exemplificativo, que uma solução existente de um sistema de freio para um veículo compacto será utilizada como referência inicial para o estudo e planejamento de uma variante da solução para um outro veículo derivado da base (uma versão *pick-up* por exemplo). Há elevado grau de previsibilidade na solução planejada, sendo adequado adotar práticas que contribuem para maior detalhamento do escopo do produto, utilizando os artefatos da gestão do projeto dito tradicional.

Complexo

Neste ambiente, uma vez que as soluções são desconhecidas, utilizam-se a iteração e a interação, que são elementos adaptativos característicos dos modelos ágeis, aqui em específico associados ao modelo Scrum. Entende-se que o ponto de partida é uma visão de produto e ainda há muitas incertezas até o alcance da versão final para a entrega, cujo desenvolvimento se baseia em ciclos curtos de tempo envolvendo planejamento, execução e revisão, etapas do modelo supracitado. Aqui, pode-se citar como exemplo o setor de mineração com suas inúmeras peculiaridades para soluções específicas integradas no ecossistema AIoT: *software*, *hardware*, sensores, nuvem e serviços.

Caótico

Ambientes com o predomínio da inovação. A questão enfrentada neste ambiente refere-se à real existência de uma solução para o problema em análise, que satisfaça várias condições como principalmente ser materializável, escalável industrialmente, temporalmente ágil (*time-to-market*), competitivo comercialmente e com mercado consumidor.

O alcance dessa resposta depende da exploração e a ferramenta *Design Thinking* é recomendada. Suas características estão intrinsecamente relacionadas com inovação, destacando-se a possibilidade de explorar as necessidades e desejos do usuário, tendo o ser humano como principal protagonista no centro dos estudos. Entende-se que o ponto de partida ainda não se encontra bem definido, vez que há predominância de hipóteses a serem validadas com os usuários ao longo da jornada de experiências, com o desenvolvimento do conceito e, por fim, o alcance posterior da solução.

Predominam nesse espaço as soluções inovadoras como no caso recente de soluções criadas para a pecuária digital. A empresa já tinha domínios técnicos em áreas como *software*, *hardware*, sensores e nuvem, porém sem atuação no setor pecuário, o qual demandou inúmeros estudos e protótipos para se chegar a uma solução técnica que elevasse sobremaneira a eficiência do ciclo produtivo da pecuária de corte.

Observações gerais

Entre dois ambientes, existe, ainda, a possibilidade de aplicação de combinações de ferramentas, podendo existir um produto em que parte seja desenvolvida utilizando práticas preditivas de gestão de projetos (devido à base ser uma plataforma conhecida) e parte utilizando modelo mais iterativo, por exemplo o Scrum (devido à variante ter características muito específicas). Cabe ao gestor da área, em conjunto com seu time, definir o melhor caminho face às circunstâncias enfrentadas num dado momento.

Treinamentos periódicos, em todas as práticas e ferramentas mencionadas, fazem parte da pauta dos gestores para o desenvolvimento e aprimoramento do conhecimento dos colaboradores. Esse movimento é uma forma de reciclagem e aprimoramento permanente, sendo realizado periodicamente pelos times dentro do *mindset* de melhorias contínuas em ambiente ambidestro. Essa atenção aos treinamentos periódicos também cobrem a situação em que há mudanças nos membros dos times devido às mudanças nas áreas (*job rotation*).

Ao se encerrar a etapa de projeto, passa-se para a etapa de estabilização para garantir que a solução entregue esteja dentro dos parâmetros definidos.

4.2.1.3 Resultados

Neste pilar é realizada a apuração dos dados e as análises dos ciclos de trabalhos (diário, semanal, quinzenal, mensal etc.) visando mapear as lições aprendidas ao longo de cada um desses ciclos, e não somente na entrega final de uma dada solução, cujo tempo de maturação pode alcançar, até mesmo, alguns meses.

O gestor de cada área promove espaço aberto para diálogo tratando de inúmeras questões, como:

- Quais foram os fatores de sucesso deste ciclo?
- Por que deu certo (ou errado)?
- Quais são as experiências, os ensinamentos e as boas práticas adquiridas?
- O que faríamos diferente no início se soubéssemos aquilo que sabemos agora?

Há reconhecimentos e celebração dos sucessos, bem como reflexões sobre as causas de insucessos. A ideia é promover aprendizado e aprimoramento para se elevar as chances de sucessos nos ciclos seguintes.

Mensalmente e trimestralmente, há fechamentos de ciclo com indicadores mais detalhados, tais como: pesquisa de satisfação do cliente, faturamento, resultado, índices de qualidade, prazo de entrega (*on-time delivery*), entre outros.

Em síntese, neste fechamento se busca o compartilhamento das experiências adquiridas por todos e do conhecimento promovendo maior autonomia para a tomada de decisão futura. Nesse contexto, os próximos ciclos terão como ponto de partida um patamar superior de domínio dos assuntos, retroalimentando assim o sistema de aprendizado continuado de forma mais virtuosa.

4.3 Implementando a mentalidade híbrida

Ao longo da descrição do *framework*, é possível para o leitor perceber como a empresa incorporou as novas ideias gerenciais integrando-as e apontando o devido contexto em que foram utilizadas e, ao mesmo tempo, promovendo mais transparência nas informações para todos do time. Isso leva a um novo patamar de compreensão dos negócios e, consequentemente, maior agilidade na tomada de decisões.

Neste século, porém, as mudanças se tornaram mais recorrentes e estão imersas em ambientes mais complexos. Um novo patamar de incertezas e vulnerabilidades se estabeleceu ocasionando quebras de paradigmas frequentes em ciclos mais curtos. O DNA de melhoria contínua foi preponderante para que os conceitos da agilidade fossem mais facilmente incorporados e assimilados, sem rupturas drásticas, mantendo-se assim a estabilidade dinâmica do negócio ao longo da transição em marcha.

Ao realizar esse *mix*, práticas ágeis passam a ser aplicadas em conjunto com técnicas da abordagem preditiva, possibilitando aos gestores um *mindset* que leva ao hibridismo. E isso faz todo o sentido, posto que em um ambiente de negócios com variadas estruturas de competição, desde ambientes de excelência operacional até a inovação mais disruptiva, é altamente recomendado promover o hibridismo, que equilibra estrutura e flexibilidade. Essa combinação bem orquestrada de elementos mostra-se ideal para tempos mais turbulentos.

Ressalte-se ainda que esse caso é interessante, pois a agilidade e as ferramentas do ágil não foram adotadas como solução geral, mas foram aplicadas de maneira cirúrgica a favor dos resultados de acordo com o contexto e as necessidades do negócio. A abordagem híbrida é mais um passo à frente no desenvolvimento organizacional, dentro de uma sólida evolução do conceito de melhoria contínua, enraizado e perene na cultura da empresa.

A abordagem do hibridismo mostra que é possível avançar continuamente na entrega de soluções de valor para a sociedade. Visa também a preparação para o enfrentamento de ambientes mais turbulentos que potencialmente poderão acontecer com os negócios quando menos se espera. Em uma era acelerada (digital ou até mesmo exponencial como vem sendo denominada no mercado), a preparação e atenção redobrada é fundamental para o crescimento saudável e sustentável do negócio.

A implementação da mentalidade híbrida de gestão oferece uma visão holística e mais transparente que auxilia na construção de novos papéis de todos da organização. Nesse sentido são apresentados os elementos para o trabalho conjunto de um modo mais orientado principalmente para propósito, competências, autonomia, diálogo, colaboração e liderança. Tópicos organizacionais como valores, missão, visão e estratégia – explorados adiante – são fundamentais como base de partida para os trabalhos e serão enraizados na jornada de implementação do hibridismo.

Capítulo 4 • UM CASO DE SUCESSO DE HIBRIDISMO

A abordagem mais tradicional, caracterizada predominantemente pela execução de tarefas, é complementada por uma abordagem holística. Assuntos estratégicos e táticos passam também a permear ativamente todos os níveis da organização respeitando-se – vale sempre frisar – as respectivas competências e alçadas individuais.

Os trabalhos passam a ser cotidianamente mais fluidos independentemente da posição hierárquica das pessoas. Cada colaborador será preparado para oferecer sua contribuição individual e coletiva em uma perspectiva mais ampla, trabalhando em equilíbrio numa banda entre competências e desafios. Esse movimento permite alinhamento das ações dos colaboradores com o objetivo da organização de maneira mais transparente, eficaz e, consequentemente, mais eficiente.

No caso em questão, as soluções entregues para a sociedade são guiadas por "**Tecnologia para a vida**". Essa orientação é apresentada ao colaborador desde o processo de integração (*onboarding*) e reforçado ao longo dos treinamentos. Trabalhar o conteúdo da missão da empresa, no caso **We are Bosch** (Nós somos a Bosch) (Figura 4.4) e o conteúdo da forma de liderar os negócios **WeLEADBosch** (Nós lideramos a Bosch) (Figura 4.5) são fatores fundamentais para assegurar alinhamentos – do núcleo de gestão até os estagiários –, elevando assim as chances de sucesso da implementação da abordagem do hibridismo.

Os termos a serem usados pelas pessoas precisam ter uma referência clara e não uma base subjetiva histórica que, muitas vezes, pode gerar ruído impróprio uma vez que estamos tratando de ambiente de negócios de elevada competitividade.

Figura 4.4 Missão Bosch.

Fonte: adaptada de imagem de titularidade da Robert Bosch GmbH cedida para uso.

Vivenciamos nossos **valores**.

Tornamos claro o **propósito** do nosso negócio e trabalhamos **com paixão** para fazer disso um sucesso.

Criamos **autonomia** e eliminamos todos os obstáculos.

Priorizamos e **simplificamos**. Tomamos decisões **rápidas** e as executamos com **rigor**.

Comunicamos de forma **aberta, frequente e em todos os níveis**.

Atingimos a **excelência**.

Despertamos entusiasmo por **coisas novas** e assumimos a mudança como uma **oportunidade**.

Aprendemos com os erros e os enxergamos como parte da nossa **cultura de inovação**.

Colaboramos **entre funções**, áreas e hierarquias – sempre com o foco nos **resultados**.

Buscamos e oferecemos *feedback*, e lideramos com **confiança**, **respeito**, e **empatia**.

Figura 4.5 Liderança Bosch.
Fonte: adaptada de imagem de titularidade da Robert Bosch GmbH cedida para uso.

Vale ressaltar que o tema da liderança e seu desenvolvimento é algo que vem do tempo do próprio fundador, Robert Bosch, com suas citações:

> "É para mim um princípio que cada colaborador trabalhe com independência, tanto quanto possível, e com a respectiva responsabilidade requerida".
>
> "Liderança também é um processo de aprendizagem."

Nesse contexto, cada colaborador passa a ser capacitado com os vários treinamentos (mencionados anteriormente na introdução do capítulo) para conectar com mais clareza a sua contribuição individual e coletiva ao resultado do negócio. Em outras palavras, vinculando, com maior grau de entendimento, a estratégia do negócio (que passou a fazer parte do novo repertório dos colaboradores) aos projetos e processos de forma mais fluida e colaborativa, gerando agilidade na tomada de decisão.

Grande parte dos pontos que serão tratados foram trabalhados pela Bosch ao longo de sua história, porém, nestes últimos anos, passaram a ser orquestradas de uma maneira diferente, com mais simplicidade e pragmatismo, para produzir resultados sustentáveis em um ambiente mais sujeito a flutuações. Essa nova realidade demanda maior conexão entre as pessoas e maior flexibilidade para as adaptações às novas circunstâncias, que, por sua vez, exigem profissionais com mais competências combinadas.

Principais pontos a serem trabalhados simultaneamente:

- Forte orientação ao cliente e colaboração ativa entre pessoas e áreas promovendo a mitigação de silos tradicionais que, predominantemente, dificultam a flexibilidade e rapidez necessárias. Não há aqui juízo de valor quanto ao silo em si, mas a constatação que ele não responde mais adequadamente a muitas das novas demandas por agilidade.
- Estilo de gestão norteado por mais perguntas e exemplos e menos comando e controle, com ampliação da apresentação de objetivos e maior delegação de responsabilidades. Este estilo se aproxima do conceito denominado pelo mercado como *coach*.[4]
- Olhar crítico construtivo sobre a *performance* dos processos já padronizados e, quando factível economicamente, automatizados levando em consideração as contínuas lições aprendidas e compartilhadas.
- Desenvolvimento da capacidade de improvisação dos colaboradores como forma positiva de solução ágil ante contingências. Nesse contexto, a improvisação é vista como um fator diferencial de sucesso. Voltaremos a abordar o tema improvisação no Capítulo 7.
- Pensamento e elaboração de estratégias conectadas a cenários distintos, provocando saudavelmente o time para *insights*, ora convergentes ora divergentes, promovendo novas reflexões, atitudes e soluções.
- Fortalecimento da capacidade de comunicação de fácil entendimento pelo time e assertiva (*pitches*) nos trabalhos cotidianos. Explorar as mensagens de forma a serem claras, concisas e confiáveis;.
- Aprimoramento dos aspectos relativos às relações humanas por meio da aplicação dos fundamentos da gestão de mudança.
- Comunicação de reforço sobre os benefícios e implicações da abordagem do hibridismo mitigando eventuais neutralidades, ou até mesmo resistências, das pessoas às mudanças.

Relevantes mudanças ocorrem nesta jornada, intensa e ampla, pois gestores e colaboradores se transformam, respectivamente, em "*coaches*" e "membros de times" em rede distribuída de trabalho, como detalharemos na sequência.

---

[4] Termo aplicado para o papel de orientador, servidor, facilitador e desenvolvedor de competências dos membros do time. Um estilo que equilibra variáveis como autodesenvolvimento do colaborador, desenvolvimento da capacidade de liderança dos membros do time, liderança do negócio com resultados sustentáveis, bem como a promoção de ambiente com segurança psicológica, entre outros.

4.3.1 Redes de trabalho

Outro aspecto extremamente relevante neste contexto é o conceito de redes de trabalho e seu impacto na organização em termos de agilidade dos times e processos. Esse paradigma, bem como a gestão híbrida, depende dessa forma de organização, predominando sobre os processos do negócio.

Os tipos de redes organizacionais são apresentados na Figura 4.6. A diferença está na disposição do fluxo de informação e interdependência entre os nós. Há três tipos de redes: **centralizada**, **descentralizada** e **distribuída**. Note que, nas três redes, os pontos representando colaboradores de um negócio estão nas mesmas posições, porém conectados de formas diferentes promovendo dinamismos distintos quando as encontramos nas organizações.

Figura 4.6 Redes de trabalho.

Rede centralizada

Na rede centralizada, todos os elementos estão conectados com o ponto central. Os membros de cada equipe estão representados por um dos pontos em negrito, temos que uma pessoa só se conecta com outra do time se passar pelo centro.

Essa configuração não promove dinamismo suficiente no fluxo do trabalho atual, pois carrega demais o centro que passa a ser o único elo entre as partes. As decisões e ações são processadas predominantemente em série, e a velocidade de reação às mudanças, consequentemente, é muito lenta.

Nessa configuração, as pessoas estão, na prática, restritas à operação. A visão estratégica e tática estão a cargo do centro que conduz o negócio com baixo nível de interação entre as pessoas. A hierarquia é predominantemente muito rígida.

Rede descentralizada

Nesta rede, temos subcentros que estão conectados com o centro. Tais subcentros passam a atuar como silos, formação essa que, no mundo contemporâneo, não vem atendendo com a agilidade e a colaboração necessárias para acompanhar as mudanças mais constantes. Nessa configuração, a maior parte das pessoas ainda estão restritas à operação. A visão tática está no nível do subcentro e a estratégia permanece no centro. A hierarquia é predominantemente rígida.

Rede distribuída

Nesta rede, há inúmeras conexões entre todos os times. A configuração em subcentros e no centro passa a não ter mais sentido prático e evolui para uma configuração de relação no trabalho mais fluida se comparada aos demais tipos (centralizada e descentralizada), mantendo, contudo, as figuras hierárquicas inalteradas, por exemplo, presidente, diretor, gerente, chefe. Nesse contexto, há uma flexibilização com a introdução dos conceitos de papéis e alçadas predominando sobre definições rígidas de hierarquia.

Operação, tática e estratégia são assuntos tratados por todos que passam a ter mais clareza quanto às próprias responsabilidades e ações conectadas aos resultados do negócio. Essa configuração distribuída promove novas dinâmicas e flexibilidade para iterações e interações com maior grau de autonomia. Ajustes de percurso, auto-organizáveis, buscando o atingimento dos objetivos definidos e de conhecimento de todos, passam a ser feitos pelos próprios colaboradores com mais naturalidade.

A introdução da abordagem híbrida exigiu uma mudança significativa nos aspectos da configuração organizacional. Os conceitos de agilidade e o enfrentamento do ambiente VUCA/BANI levaram a organização para um caminho com mais redes distribuídas promovendo dinamismo virtuoso.

4.3.2 Blocos da transformação

Normalmente, quando se ouve no mercado o tema "ágil" vêm à tona os casos da indústria de *software* e, na sequência, o modelo Scrum. Na Bosch, dadas as circunstâncias e multiplicidade de negócios existentes, o entendimento alcançado foi acerca da necessidade de um trabalho mais amplo pois a organização tem atuação, além daquelas com somente *software*.

Dessa forma, estabeleceu-se uma plataforma com etapas que atendessem às peculiaridades e necessidades então presentes de forma a dividir a transformação em dois blocos (Figura 4.7):

1. **Fundamental – Preparando a organização**: abordando cinco fases para a criação de uma base harmonizada com todos os colaboradores do negócio.
2. **Avançado – Análises, escolhas e decisões**: abordando a realidade de cada negócio e aplicando as ferramentas e modelos mais adequados às suas circunstâncias à luz da Matriz de Stacey (Figura 4.3).

Bloco fundamental – Preparando a organização

Fase 1 – Alinhamento dos gestores

A transformação é sempre iniciada com os gestores. Isso é conduzido dessa forma para assegurar a sustentabilidade e relevância da mudança com as pessoas detentoras da devida alçada, posto se tratar de tema estratégico de grande envergadura e, portanto, próprio para estes atores. É um trabalho de alinhamento da gestão com inúmeros elementos que serão aprofundados ao longo da ampla e capilarizada jornada de transformação para a adoção do hibridismo.

Nesse alinhamento, propriamente a construção de uma coalizão da gestão e preparação de toda a organização, trabalha-se principalmente com os valores, missão, visão, estratégias, táticas, operações, requerimentos do negócio, orientação ao cliente, gestão de mudança para se explorar, sempre em time, as perspectivas e percepções de todos acerca da interdependência desses elementos para o sucesso desejado. O objetivo a ser perseguido é a transparência efetiva de todos os aspectos considerados relevantes para o entendimento holístico do negócio aliado ao necessário comprometimento de todos para o alcance dos resultados desejados.

Neste passo, com maior granulação, tendo como base sempre o *framework* de melhoria contínua (Figura 4.1), busca-se principalmente:

- Entendimento sobre expectativas centrais dos negócios: crescimento, agilidade e resultados sustentáveis com colaboração e protagonismo de todos em face das respectivas alçadas.
- Exercício de empatia para ampliar também as perspectivas e percepções subjetivas individuais e em time.

Capítulo 4 • UM CASO DE SUCESSO DE HIBRIDISMO

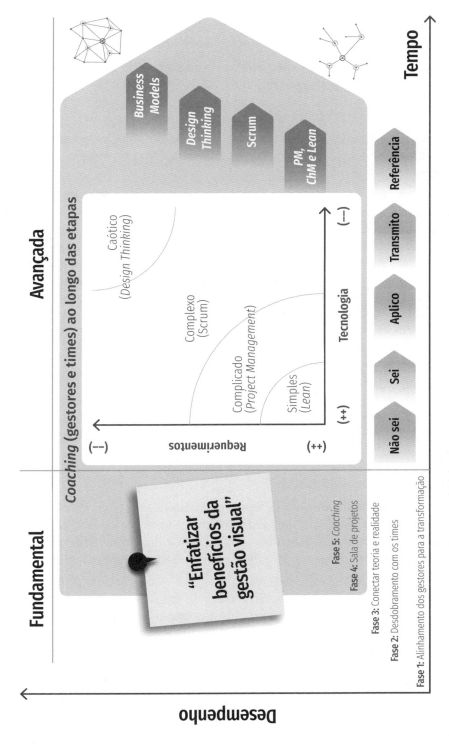

Figura 4.7 Blocos e etapas da transformação para o hibridismo.

- Clareza sobre o significado do senso de urgência para a mudança.
- Clareza dos benefícios das mudanças bem como os riscos da não mudança, planos de contingência e gerenciamento de riscos.

A partir da definição clara do objetivo do negócio, toda gestão fica alinhada e preparada para a fase 2, a seguir descrita.

Fase 2 – Desdobramento com os times

Cada gestor que participou da fase 1 faz parte do desdobramento com seu respectivo time. As mesmas atividades da fase 1 são trabalhadas neste momento para homogeneização de referências.

Se, para os gestores, tratar de estratégia é uma questão usual, para o time de colaboradores – na configuração em rede distribuída (Figura 4.6) – é algo não usual até este momento específico. E é nesse contexto incomum que começa o movimento de transição para uma mentalidade orientada pelo hibridismo. Os membros do time passam a ter a estratégia como pano de fundo das atividades, o que configura uma forma de trabalho muito além da então rotineira, predominantemente mais voltada para a operação. Os colaboradores passam a realizar as conexões entre as suas atividades e a dos demais do time, bem como a terem clareza entre a interdependência entre os processos e os projetos do negócio de forma mais transparente. Passam a reconhecer e a entender também a perspectiva dos demais membros do time.

Ao longo deste desdobramento, o exercício da empatia evita o pensamento voltado para os silos de trabalho e a tendência à valorização em demasia das entregas individuais. É fundamental explorar a ideia de organismo vivo – frisando que cada um tem a sua importância e contribui para o resultado do negócio como um todo.

Fase 3 – Conectar teoria e realidade

Nesta fase foram realizados *workshops* para que todos do time pudessem conectar seus projetos e processos aos requerimentos do negócio. Esse alinhamento, com total transparência, é fundamental para que todos trabalhem na mesma direção, sem ruídos e visualizando a interconectividade existente dentro e fora das áreas do negócio.

Os principais projetos e processos de cada um dos membros dos times são conectados com os elementos abordados nas etapas anteriores, de forma a trazer transparência visual entre o trabalho realizado e a orientação para resultados. Novas ideias de melhoria (incrementais e/ou disruptivas) e *insights* (convergentes e divergentes) surgem ao longo desta etapa e são registrados e tratados com mais naturalidade e autonomia no dia a dia.

No começo do *workshop*, os colaboradores têm uma percepção cognitiva desta conexão (teoria × realidade), enquanto, ao final, passam a ter também uma percepção mais subjetiva, pois realizam uma experiência real com elementos concretos do cotidiano de cada um. Inicia-se aí uma nova percepção de pertencimento, pois cada um vivencia mais claramente o seu papel dentro do conjunto de atividades do negócio. As pessoas passam também a enxergar o macroambiente em que o negócio está inserido, indo muito além dos limites de um recorte em que atuam operacionalmente. Vale frisar que essa ampliação da percepção das pessoas, sobre o negócio e a abrangência de seus papéis, é muito poderosa para a dinâmica mais autônoma dos times.

Fase 4 – Sala de projetos

Após a conexão da teoria com a realidade foi o momento da construção das salas de projetos[5] de cada área, para que se trabalhassem os pontos discutidos anteriormente com mais pragmatismo, transparência e alinhamento.

O grande diferencial desse espaço é propiciar a dinâmica da inteligência coletiva, pois todos têm autonomia para apresentarem seus temas (exemplo: projetos, processos, *insights* etc.) com segurança psicológica que exploraremos mais à frente. Nesse espaço, as reuniões em time têm por objetivo não só o compartilhamento de experiências, bem-sucedidas ou não, mas principalmente o aprendizado cotidiano dos ciclos de trabalho. Tais ciclos podem ser chamados de *Sprints* (inspirado nos elementos do modelo Scrum) quando assim definido pela área que tem total autonomia para a escolha do seu novo repertório híbrido.

Na medida em que as dinâmicas na sala de projeto ocorriam, os colaboradores passaram a entender melhor a conexão dos seus trabalhos com a estratégia, ampliando, assim, sua percepção de pertencimento ao negócio. A ideia de agregação de valor para o negócio fica muito mais clara a partir dessa experiência.

O gestor da área participa em algumas das dinâmicas dos times muito mais para compartilhar novas informações sobre o negócio, bem como suas próprias experiências promovendo diálogos e *insights*, do que para realizar comando e controle.

Fase 5 – *Coaching*

Quando a área de melhoria contínua foi estruturada teve como base de atuação três pilares:

1. Gestão de mudança com capacitação continuada (*Change & Enabling*);
2. *Mentoring*;
3. *Coaching*.

Dentro desse contexto de mudança, foi incluída a fase do *coaching* de gestores para a conclusão do bloco fundamental. Isso mostrou-se necessário posto que a mudança para uma gestão híbrida, em rede distribuída, é muito complexa dada a riqueza de elementos simultâneos a serem trabalhados e ressignificados.

---

[5] Podendo-se adotar outras nomenclaturas como "sala de guerra", "sala de negócios" ou outra que o time definir.

A construção de um novo *mindset* do gestor, pela experiência, não é consolidada somente com as fases de 1 a 4 (Figura 4.7). Tais fases, por si só, não são suficientes para tal. O trabalho de *coaching* suporta o gestor ao longo desta jornada de transição, contribuindo sobremaneira para a elevação das chances de sucesso da transformação.

Ao realizar o *coaching*, o objetivo é transformar o gestor capacitando-o a novas reflexões e atitudes para a gestão de time. Normalmente, em um processo desta natureza, se trabalha por meio de uma série de sessões o desenvolvimento de certas competências que, neste contexto, são as competências de um "gestor ágil".[6]

Esse gestor passa a ser o catalisador da mudança e a atuar como facilitador e promotor das novas dinâmicas, nutrindo colaboração interpessoal, confiança e diálogos francos, de forma sustentável.

Nessas sessões de *coaching*, são explorados vários temas, tanto aqueles propostos pelo *coach* do gestor em transformação quanto os trazidos pelo próprio gestor (nesse caso, no papel de *coachee*), tais como, principalmente:

- **Segurança psicológica** dos membros do time com diálogos abertos em prol do objetivo já comprometido nas etapas anteriores. Com essa segurança psicológica, temos os colaboradores passando a expressar com mais segurança e naturalidade suas ideias e *insights* espontaneamente sem os receios de julgamentos inibitórios. Há diálogos mais virtuosos e diretos com ganhos expressivos de tempo nas tomadas de decisões. Quando há problemas, os mesmos devem ser trazidos com rapidez para a discussão franca quanto aos melhores caminhos disponíveis a seguir ou, caso não sejam encontrados, escalar para o próximo nível com alçada para tal.
- **Empatia** para melhorar o entendimento de como o colaborador percebe a dinâmica do trabalho em time. Ampliar o alinhamento do significado de um objeto (projeto, produto, serviço, negócio etc.), bem como perspectivas e percepções pelo olhar do outro. Promover mais clareza e transparência para todos, indistintamente do papel de cada um. Nesse contexto, é importante explorar também aspectos da compaixão, aqui entendida como atitude proativa de colaboração, tanto do gestor quanto dos membros do time, na etapa subsequente ao entendimento do conceito de empatia. O pensamento de trabalho em rede distribuída começa a tomar forma ressaltando-se os benefícios da abordagem orgânica, para o time todo, em relação à abordagem mais tradicional em silos.
- **Feedback** para que se possa entender rapidamente os fatos, sempre concretos e bem delimitados, e assim realizar os ajustes de percurso com mais naturalidade. *Feedback* aqui é entendido como algo assertivo e exercitado por todos, com abordagem leve e enaltecendo os benefícios para o time, bem como fazer parte do dia a dia como mais uma ferramenta de trabalho.

---

[6] Ou *"agile coach"*, dependendo da nomenclatura que um dado negócio prefira adotar, podendo até mesmo não ter qualquer denominação nova, o que ocorre na maioria dos casos.

Capítulo 4 • UM CASO DE SUCESSO DE HIBRIDISMO

É importante ressaltar que aqui não se trata de um tema de abordagem pessoal, mas, sobretudo, de um tema fundamentalmente profissional – de alinhamento e desenvolvimento organizacional – por meio de ajustes de percurso em prol do sucesso coletivo.

- **Escuta ativa** visando maior foco nas ideias e *insights* dos colaboradores. O gestor deve estar sempre muito atento a este ponto, pois em ambiente de negócios cada vez mais turbulento, os ruídos do mercado e o volume de assuntos que trata diariamente são fatores detratores.
- **Liderança de times com diversidade** requer, ao se tratar um tema qualquer, a compreensão e o exercício de novos comportamentos para poder atingir uma gama maior de percepções distintas dentro do time, promovendo um ambiente que inspire e gere novas ideias de forma virtuosa, bem como permita análises e priorização de realização (ou não com as devidas explicações) das mesmas.
- **Comunicação assertiva e novo repertório** são necessários para a nova realidade do time. Expressões como "envolvimento nos assuntos" perdem sentido passando para o uso de "comprometimento nos assuntos" mudando assim paradigmas e percepções no novo ambiente em transformação. É importante exercitar a comunicação por meio de *pitches* (comunicação focada na essência do assunto para compreensão rápida e clara da mensagem por todos) atentando para elementos da Comunicação Não Violenta (CNV): observação e relato dos fatos, consciência dos sentimentos gerados nos diálogos, exposição de necessidades e pedidos de forma clara.
- **Capacitação continuada dos membros do time** passa a fazer parte ativa do radar do gestor. O conceito de *Lifelong Learning Organization* (organização ativa em aprendizado contínuo) é necessário, pois como as mudanças estão mais frequentes as capacitações precisam ser consequentemente atualizadas. Explorar temas contemporâneos e de vanguarda, tais como *mindfulness*, ambidestria, *feedforward*, improvisação baseada em competências, psicologia positiva, entre outros que surjam ao longo do processo para o trabalho em time.
- *Insights* **de convergência e divergência** junto com a inteligência coletiva do time para a geração permanente de novas ideias. O gestor deve estar atento para a promoção de uma atmosfera que catalisa a criatividade dos membros do time potencializando resultados. É importante ter clareza dos conceitos de igualdade e equidade, pois estamos promovendo um movimento amplo em direção à segurança psicológica das pessoas. Isso requer sensibilidade do gestor para o entendimento e o respeito das diferenças de comportamentos e momentos das diversas pessoas do time.
- **Viés inconsciente** para estar sempre atento com as atitudes frente às mudanças em andamento.

É recomendável que o *coach* definido para esse processo seja também, preferencialmente, alguém familiarizado com as peculiaridades e retrospectivas do negócio para conduzir o trabalho com os gestores de forma mais eficiente e eficaz.

Bloco avançado – Análises, escolhas e decisões

Neste bloco analisam-se quais ferramentas e métodos (*Lean*, *Project Management* e *Scrum*, entre outros) deveriam ser aplicados para um dado momento do negócio sempre tendo como ponto de partida a Matriz de Stacey. É um caminho para a tomada de decisão mais adequada ao momento do negócio, rumo aos objetivos traçados.

Nesse momento, o gestor avalia também quais treinamentos devem ser realizados para o avanço dos trabalhos. Pode existir espaço para mais de um treinamento levando em conta diversos fatores, tais como a maturidade dos colaboradores, dos times e especificidade do objetivo a ser alcançado. Nessa etapa, o gestor estrutura um plano de ação consequente de forma a manter uma continuidade na capacitação dos times estabelecendo aquilo que internamente chamamos de *Lifelong Learning Organization* e que já foi trabalhado com o gestor na fase de *coaching* ainda no bloco fundamental. Esse movimento tem algumas etapas importantes, como, inicialmente, o reconhecimento daquilo que não se sabe ainda; a seguir, o estudo de algo novo e adequado ao momento do negócio, a aplicação do conhecimento adquirido por meio de projetos concretos da área, a transferência de conhecimento para outros times com o compartilhamento de boas práticas e o estabelecimento de novas referências de *performance* e excelência. As referências mencionadas serão o ponto de partida para novos ciclos de aprendizado, mantendo assim a continuidade do movimento.

Ao longo da jornada, as mudanças de comportamento e a maior agilidade dos colaboradores e times foram amplamente percebidas por meio das dinâmicas cotidianas. Um volume maior de atitudes proativas e táticas se sobrepõe às reativas que estão mais associadas às do início do processo. Essa mudança estrutural é possível na medida em que os colaboradores compreendem as interdependências dos processos em que atuam, bem como tem uma compreensão mais empática do trabalho dos colegas, pois conseguem entender melhor a perspectiva do outro sobre um mesmo assunto.

Os benefícios planejados inicialmente começam a surgir com os times operando de forma mais flexível, dinamicamente auto-organizados e em rede distribuída.

4.3.3 Área de apoio – Incubadora *CIP & Agile*

A magnitude dos desafios deste processo amplo exigiu apoio diferenciado aos gestores e colaboradores como vimos até aqui. A empresa já possuía uma equipe e área de melhoria contínua e desenvolvimento organizacional que, neste contexto, também precisou se preparar e a se adaptar à nova orquestração de atividades. Essa equipe estruturou uma experiência nova para os times para marcar a jornada da mudança. O objetivo era realizar algo além de um treinamento padrão, associado aquilo que vem sendo chamado no mercado de "experiência do usuário", que será mais bem compreendido por meio dos principais elementos trabalhados, como:

- resgate dos fundamentos das melhorias contínuas para resultados do negócio;
- junção dos conceitos de gestão de projeto e gestão de mudança;

Capítulo 4 · UM CASO DE SUCESSO DE HIBRIDISMO

- conexão da missão, visão e estratégia do negócio com projetos e processos de todos da organização;
- participação ativa de todos do time para a introjeção pragmática daquilo que é uma abordagem híbrida de gestão e o protagonismo de cada um neste contexto;
- introdução do conceito de redes de trabalho e os papéis de cada colaborador na organização transformada;
- introdução do conceito de "*flow*", elemento vindo da Psicologia Positiva, que aborda a banda de atuação do colaborador. Quando se promove o equilíbrio dinâmico entre desafios e competências (*hard* e *soft skills*), o colaborador passa a ter mais motivação e comprometimento para os resultados do negócio;
- conexão da teoria do hibridismo com a realidade diária de cada colaborador para gerar identidade, significado e pertencimento.

Essa experiência passou a ter também desdobramentos em um novo espaço que foi denominado **Incubadora CIP & Agile** (Figura 4.8), uma combinação de melhoria contínua e ambiente ágil. Isso foi necessário para se exercitar a nova forma de trabalho em rede distribuída e incubando projetos, levando em consideração tudo que foi aprendido na experiência do usuário durante a transformação.

Esse espaço traz o conceito de simplicidade e de *Inspiring Working Conditions* (IWC – condições inspiradoras de trabalho), que facilita sobremaneira o processo de transformação do time com mais descontração e fluidez. Os projetos incubados nesse espaço são posteriormente continuados na própria área do negócio.

A mudança do ambiente físico é muito importante, pois materializa de maneira eloquente a transformação. Nada como um novo ambiente para deixar claro que a forma de conduzir os projetos precisava ser outra, incluindo os preceitos da inovação, da criatividade e, sobretudo, da agilidade.

Figura 4.8 Incubadora *CIP & Agile*.
Fonte: Robert Bosch Ltda. (acervo do autor).

O espaço da incubadora foi utilizado pelas equipes para a discussão e alinhamento de seus projetos na nova dinâmica trabalhada, isto é, com mais autonomia e interação mais fluida com a valorização da inteligência coletiva do time. Durante a pandemia de Covid-19, os times migraram para um modelo totalmente remoto, usando ferramentas de colaboração *on-line*.

Com o retorno aos escritórios e adoção do modelo de trabalho híbrido, novos espaços têm sido utilizados como um *hub* para encontros e discussões dos projetos, unindo ambiente virtual (pessoas trabalhando remotamente) e um ambiente real. Passa, então, a ser ainda mais essencial após essa transformação no modelo de trabalho forçada pelas restrições sanitárias.

Seguindo o processo, inicia-se com a construção de um protótipo de uma sala de trabalho realizando todas as etapas descritas no *framework* de melhoria contínua (Figura 4.1). Os times realizam muitas experimentações para somente após algumas rodadas definirem o seu próprio conteúdo, sempre guiados dentro do *framework*, que será levado, na sequência, para o espaço de trabalho do próprio time.

Essa atmosfera informal promove maior descontração e foco nos diálogos que são norteados por respeito às ideias de todos. Na medida em que a frequência dos trabalhos vai acontecendo, as pessoas passam a ter mais segurança psicológica e as ideias passam, consequentemente, a fluir melhor. Também há uma melhor percepção das pessoas quanto à conexão entre as ideias que emergem do diálogo aberto e a estratégia do negócio.

Por outro lado, há casos em que as ideias não serão implementadas no horizonte visível, por questões como prioridade ou viabilidade. O gestor deverá expor claramente os motivos impeditivos para não gerar eventuais frustrações aos que propuseram as ideias que não serão implementadas. A transparência mantém o time motivado e alinhado com a estratégia, gerando um equilíbrio dinâmico saudável no trabalho diário.

Também há momentos de divergências de ideias que deverão, preferencialmente, ser resolvidas de forma autônoma pelo time por meio do diálogo ou, de forma secundária, com a intervenção do gestor. Havendo divergência, a base de partida para a exposição das perspectivas das pessoas deverá ser sempre o *framework*, com os elementos essenciais esclarecedores dos objetivos do negócio. Na medida em que o time amadurece, a intervenção do gestor passa a ser, preponderantemente, para compartilhamento de suas próprias experiências, visando ao aprendizado coletivo.

Finalmente, toda essa dinâmica na incubadora promove, ainda, o sentimento de pertencimento das pessoas, pois as ações realizadas foram fruto de uma construção coletiva e caracterizam-se como um dos fatores de sucesso para garantir resultados sustentáveis de longo prazo aos negócios.

4.3.4 A transformação para a gestão híbrida no setor de mobilidade

Em meados de 2014, após um movimento de reciclagem e reforço dos conceitos de melhorias contínuas, com a grande maioria da liderança da Bosch na América

Latina, totalizando mais de 400 gestores à época, começou a demanda de alguns gestores para a aplicação de uma nova sistemática de trabalho orientada pelo hibridismo em seus negócios, incluindo a dimensão da agilidade.

Como exemplo, o time de gestão de um dos negócios da mobilidade enfrentava muitos desafios no mercado (oscilações de volume de produção, pressão de custos, tempo de resposta às mudanças vindas do cliente etc.) que já eram conhecidos, porém passaram a ocorrer numa frequência ainda maior que a de costume. O time tinha aquilo que, no âmbito de gestão de mudanças, é chamado de "senso de urgência" e requeria a implementação de novas medidas complementares as que já vinham sendo realizadas e que não estavam surtindo o efeito desejado, isto é, o resultado operacional conforme planejado.

Nesse sentido, gestores do negócio junto com o gestor do Centro de Competências em Desenvolvimento Organizacional estruturaram um plano de ação que contemplava os blocos e etapas da transformação para o hibridismo, conforme Figura 4.9. Na época começavam a ser oferecidos internamente na empresa os treinamentos do modelo Scrum como um dos caminhos para o ágil. Porém, por experiência, já era sabido que a simples adoção deste modelo não seria suficiente para o alcance dos objetivos. O negócio em questão estava, com base na Matriz de Stacey, com suas atividades mais voltadas para os ambientes simples e complicado. Sendo assim, desde o início, já se sabia que o ágil seria alcançado sem a aplicação de somente o modelo Scrum, mas sim e principalmente, uma combinação orquestrada de *Lean*, *Project Management*, ingredientes do modelo Scrum, *Design Thinking* e, fundamentalmente, gestão de mudanças em ambiente de rede distribuída.

Um dos primeiros esforços se deu na preparação da própria equipe de gestores, partindo da transformação da "sala de guerra" do negócio (sala onde os projetos da área já eram tratados pela gestão).

4.3.5 Sala de gestão do negócio (N)

As "salas de guerra" dos negócios já existiam há anos, fruto das ideias do *Lean*, mas foram aprimoradas para receber os conteúdos do *framework* de melhoria contínua. Os gestores do negócio, no início, desejavam trazer um grande volume de dados para a sala, o que acarretaria excesso de informações e potencial perda de foco.

Foi feita uma análise inicial com o time para que somente o essencial fosse inserido nos painéis da sala de gestão do negócio (Figura 4.9). A ideia era que, por meio de experiências e diálogo do time, ao longo dos novos ciclos de trabalho, se identificasse aquilo que efetivamente levaria ao sucesso desejado. Houve diversas experimentações até que se chegou num formato que se mostrou mais adequado para aquele time e negócio naquele momento específico.

Há recomendações e orientações da área de melhoria contínua central para o formato dos painéis da sala, porém, cada time decide livremente sobre peculiaridades para que haja aquilo que chamamos de "pertencimento". Dificilmente haverá duas salas de gestão de negócios iguais; haverá, sim, a mesma estrutura do *framework* (Figura 4.1), respeitando-se, sempre, os detalhes definidos pelo time que trabalhará na sala.

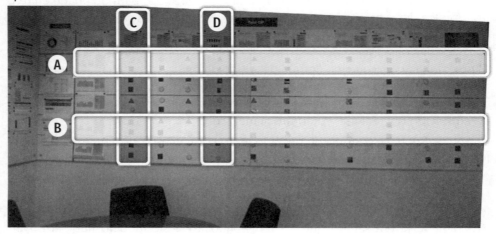

Figura 4.9 Painéis da sala de gestão do negócio.
Fonte: Robert Bosch Ltda. (acervo do autor).

Nesse ambiente se reúnem, semanalmente, todos os gestores do negócio:

- Presidente regional do negócio (N) completo (composto por unidades de negócio UN).
- Diretores/gerentes de Unidade de Negócio (UN).
- Gerentes/chefes das áreas suporte (AS), como por exemplo: suprimentos, qualidade, recursos humanos, controladoria, vendas, gestão de projetos e outros.

As reuniões periódicas são realizadas com todas as UNs juntas para que a inteligência coletiva do time de gestão seja potencializada em rede. Essa nova forma de gestão, diferente do modelo adotando antes da transformação para o hibridismo – realizada com as UNs separadamente –, amplia o conhecimento dos temas do negócio completo por todos e ao mesmo tempo, isto é, a UN "A" (*vide* linha A da Figura 4.9) apresenta seus assuntos (temas da semana ou de ciclos anteriores ainda em aberto e indicadores) em todas as perspectivas pertinentes as ASs (*vide* colunas "C" e "D" da Figura 4.9) para todas as demais UNs.

Nessa dinâmica aberta, exploram-se os principais projetos e processos em seus indicadores e busca-se, em casos de desvios ante o planejado, identificar a(s) causa(s) raiz e caminhos alternativos por meio da inteligência coletiva do time. Todos contribuem abertamente e espontaneamente de forma a ter agilidade no trabalho em time sem abordagem em silos. A segurança psicológica, já trabalhada previamente, é fator fundamental de sucesso nessa dinâmica, ao permitir uma abordagem mais transparente e assertiva potencializando o progresso do dia.

Não se busca, em hipótese alguma, apontar os causadores dos eventuais desvios, mas, coletivamente, a solução mais indicada no momento e ainda fortalecer a cultura do aprendizado continuado por meio da colaboração de todos. Em síntese, busca-se um funcionamento orgânico juntamente com o aprendizado acumulado até o presente e um olhar mais direcionado para o futuro do negócio.

O *status* dos assuntos são sintetizados com as formas presentes no quadro. Há três possibilidades:

- **Quadrado**: significa que o tema entre uma UN e uma AS está progredindo conforme planejado até aquele ciclo e no horizonte visível também. Nenhum fato que possa gerar ruído potencial está no radar de todos os participantes e não somente do participante da UN ou da AS em questão.
- **Círculo**: significa que há ponto de atenção, que todo o time deve ajudar e há plano de contingência em andamento para se retornar para o círculo em um (ou mais) ciclo(s) sem comprometimento do planejado. Tão logo haja solução do tema, o gestor da UN passa para o círculo e registra o avanço compartilhando de forma sintética – em *pitch* – para que as lições aprendidas nesta correção de trajetória beneficiem a todos do time, isto é: Fizemos a ação "x" e fomos bem-sucedidos pelos motivos "x1"; "x2" e etc. Fizemos a ação "y" e não obtivemos sucesso pelos motivos "y1"; "y2" e etc. Esse aprendizado compartilhado promove novas perguntas e *insights* gerando hipóteses, experiências, conhecimentos e competências para todo o time. A disseminação do conhecimento dessa forma direta e assertiva permite que a competitividade do time passe para patamares mais elevados e em velocidade expressivamente superior se comparada com a da situação pré-hibridismo.
- **Triângulo**: significa que há um ponto crítico, que todo o time deve ajudar imediatamente, posto que não há, ainda, um plano de contingência claro, ou até mesmo um novo plano, no momento ou no horizonte visível. Nessa situação decide-se em time as novas ações necessárias. O presidente regional, no papel análogo ao de *Product Owner* (PO) no ambiente do modelo Scrum, avalia com o time se outros recursos – fora do negócio (exemplo: existente em outro negócio da organização na região, em outra regional ou na própria matriz) – serão incluídos para buscar acelerar a correção de trajetória.

Na sequência da apresentação da UN "A" passa-se para a UN "B" (letras meramente ilustrativas para diferenciação das UNs, vide linha "B" da Figura 4.9), que realiza o mesmo procedimento da UN "A".

Esta dinâmica gera também comparações e questionamentos do tipo: Por que a UN "A" tem um indicador negativo em uma área suporte "D", enquanto a UN "B" tem um indicador positivo na mesma área suporte? Esse questionamento não tem por objetivo a crítica negativa quanto à *performance* de uma dada UN em relação à outra, e sim o aprendizado coletivo das boas práticas, gerando agilidade na adoção de soluções eventualmente já existentes.

Essa dinâmica iterativa e interativa, típica do modelo Scrum, promove diálogos entre todos os presentes de forma construtiva. O que se busca é o resultado do negócio consolidado como um todo. Não se compara em nada com uma reunião tradicional de *status* em silos, ao contrário, é uma construção coletiva, pois todos estão alinhados e comprometidos com os resultados e contribuem com seus respectivos papéis e *expertises* em prol do todo.

As boas práticas de uma UN são compartilhadas naturalmente durante a exposição dos resultados. Sucessos e insucessos são abordados com transparência, pois os elementos fundamentais de melhoria contínua já são conhecidos e dominados por todos desde o início do processo da transformação para o hibridismo (Fase 1 da Figura 4.7).

O essencial é a geração de ideias que alimentam os diálogos de forma virtuosa. *Insights* e outras oportunidades de resultados adicionais emergem e são registrados para posterior aprofundamento, geralmente em outra reunião de trabalho específica para análises pertinentes. Esse movimento só se mostrou possível pois já se tinha trabalhado amplamente a segurança psicológica dos gestores em fases anteriores.

A governança dessa dinâmica está a cargo do presidente regional do negócio, desempenhando papel análogo ao do *Product Owner* no Scrum. Devem participar, ainda, os demais gestores de UNs e ASs, tendo o gestor de projetos papel análogo ao do *Scrum Master*.

Questões tratadas nesta dinâmica semanal são, na sequência, desdobradas pelos gestores, acelerando assim o fluxo das informações e ações necessárias. Dependendo da situação, no mesmo dia, pode ocorrer uma nova reunião da gestão para a realização de novos trabalhos, já com os *inputs* vindos dos times ágeis. Essa dinâmica traz maior flexibilidade e velocidade de reação significativamente superior ao da fase pré-hibridismo.

Essa sala de gestão (Figura 4.9) era originalmente a sala do presidente regional do negócio, que, após alguns ciclos de trabalho em rede distribuída, tomou a decisão de deixá-la exclusivamente para os trabalhos em time. Essa atitude, não prevista no início da transformação para o hibridismo, foi muito bem recebida pelos times. O presidente passou a se sentar no escritório aberto onde ficam as unidades de negócio, tornando-se muito mais acessível às pessoas. Mais abertura, confiança e diálogo franco foram pontos reforçados com essa mudança.

4.3.5.1 Sala de gestão da Unidade de Negócio (UN)

É análoga à da gestão do negócio, porém com maior detalhamento das ações, conforme definido pelo time ágil da operação. Conta-se, ainda, com a presença de pessoas das áreas suporte ASs na medida do necessário, ficando a critério do próprio time da UN convidá-las para colaborar com suas respectivas *expertises* complementares.

O gestor da UN compartilha os principais pontos e definições ocorridas na reunião prévia de gestão do negócio para que todos estejam alinhados com o último *status* disponível. Essa dinâmica fortalece a unidade dos times e, novamente, mitigando a ideia de silos.

A governança dessa dinâmica está a cargo do gestor da UN, desempenhando papel análogo ao do *Product Owner*. Os membros do time da UN compartilham o seus *status* em cada perspectiva de AS. Todos os cruzamentos dos assuntos por todas as perspectivas são explorados para nivelamento de informações e tomada de decisões. Exercitar a inteligência coletiva com segurança psicológica promove mais *insights* e velocidade de reação do time. Os projetos geralmente são realizados usando as ferramentas de *Project Management* devido às características da UN.

4.3.5.2 Sala de gestão de Área Suporte (AS)

É análoga à da de gestão de UN, porém aqui as tratativas são pela perspectiva da AS sobre todas as UNs. Muitas questões já devem ter sido tratadas nas dinâmicas da UN, mas nada impede que os membros do time de AS convidem pessoas dos times das UNs para questões específicas.

Há autonomia para que os times se desloquem para outras salas de outras ASs, criando uma dinâmica ágil com auto-organização. A governança dessa dinâmica está a cargo do gestor da AS, desempenhando papel análogo ao do *Product Owner*. A frequência de reuniões de trabalho dos gestores com os times, tanto nas ASs quanto nas UNs, é normalmente semanal, e o time, de forma autônoma, utiliza o espaço na frequência que estabelecer para as suas necessidades específicas em projetos e processos.

4.3.6 Reflexo da transformação híbrida para outros sistemas fora da organização

Aqui destacamos uma iniciativa importante da área de suprimentos. Quando a transformação para o hibridismo começou a se estabilizar e os resultados começaram a ser percebidos, o gestor de suprimentos vislumbrou a oportunidade de estender o *mindset* híbrido para seus principais parceiros (fornecedores). Isso trouxe mais transparência e benefícios para ambas as partes. A própria área de suprimentos ajudou os parceiros a construírem suas salas de gestão com o *framework* das melhorias contínuas Bosch.

Antes dessa iniciativa autônoma, as tratativas técnico-comerciais com os parceiros costumavam seguir a lógica de silo e impedia um diálogo mais aberto com soluções além do trivial. Perdiam-se muitas oportunidades de ganha-ganha. Essa maior aproximação entre as partes promove mais confiança e soluções nunca pensadas até então.

Em um ambiente com maior transparência, gerador de mais confiança, questões como revisão de *design*, materiais alternativos e forma mais distribuída de gestão ganham força, levando a soluções alinhadas com as necessidades finais de ambas as empresas. Com a mudança de paradigma, as partes começaram a explorar e alinhar outros aspectos da parceria visando encontrar soluções por um propósito comum que passa a ser mais bem conhecido, dialogado e traduzido em resultados qualitativos e monetários.

O modelo de rede distribuída e de "propagação", em que os gestores e times aprendiam uns com os outros por meio das experiências, começou a fluir melhor com o tempo, com ganhos importantes para ambas as empresas. Podemos entender esse movimento como mais um caso de sucesso, ao longo da jornada, por meio de lição aprendida muito positiva. Era o ecossistema se expandindo.

4.3.7 Visão sistêmica da gestão em rede distribuída

As decisões tomadas na sala de gestão do negócio são distribuídas para as unidades de negócio – e para as áreas suporte analogamente – que tratam os temas com os respectivos times ágeis, que, por sua vez e de forma autônoma, acionam outros times quando entendem necessário (Figura 4.10). O fluxo das informações corre em ritmo acelerado em todos os caminhos da rede. A mitigação de silos é fator importante e diferenciado desse dinamismo.

É comum que informações ou decisões fluam por toda a rede e retornem para a gestão do negócio já processadas dentro do mesmo dia de trabalho. Aqui, podemos entender que as ações são ajustadas taticamente ou operacionalmente quando os times julgam necessário. Nesse fluxo contínuo do trabalho, há maior colaboração das pessoas e suas ideias vão sendo incrementadas nas entregas, predominantemente, de forma auto-organizada.

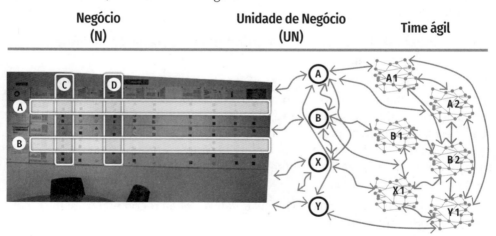

Figura 4.10 Visão sistêmica da gestão em rede distribuída.

Fonte: Robert Bosch Ltda. (acervo do autor).

4.4 Implicações gerenciais do caso

Após uma série de mudanças implementadas pelos gestores, avanços significativos na competitividade do negócio foram registrados. Uma melhora de dois dígitos no resultado operacional quando comparado com o início dos trabalhos (base 100). A área passou a receber visitas de outros times de negócios da Bosch para compartilhamento de boas práticas (similar ao *"go to Gemba"* que se tem normalmente em áreas de manufatura, porém aqui em área de gestão), bem como visitas de executivos, também da direção da matriz, sendo apontada internamente como um *benchmark*.

O modelo para a adoção do hibridismo deste caso foi apresentado em fóruns tanto da empresa no exterior (Alemanha, China, Hungria e México) quanto em outros abertos no Brasil[7] com repercussão positiva. Nesses fóruns abertos também houve muita troca de experiências com profissionais do mercado para aprendizado contínuo das boas práticas existentes.

A abordagem do hibridismo se apresenta como uma solução disruptiva e factível, elevando a competitividade e ampliando a agilidade do negócio, de forma orgânica e encadeada. Um volume significativo de ações de melhoria, que exige preparação e alinhamento prévio da gestão, foram realizados. Há principalmente novos papéis e comportamentos não triviais a serem vividos. Senso de urgência e a combinação de temas como *Project Management*, gestão de mudança e redes de trabalho são fundamentais para o sucesso e sustentabilidade dos trabalhos.

Trata-se de transformação multifatorial profunda que precisa ficar clara para todos os gestores e colaboradores desde o início dos trabalhos. Com o entendimento dos benefícios da nova forma de trabalho, há avanços importantes para enfrentar os desafios nesta era cada vez mais turbulenta.

Diálogo genuíno, exposição da realidade, trabalho conjunto e fortalecimento dos laços de confiança são catalizadores da transformação. Nesse contexto, o hibridismo passa a ser, portanto, um meio para inúmeros benefícios, um caminho só de ida. As pessoas entendem que não é mais uma questão de "se", mas de "quando".

Alguns aspectos chamam a atenção e servem como pistas iniciais para entendermos como introduzir a agilidade e transformar uma organização para o paradigma híbrido:

- Participação de profissionais de desenvolvimento organizacional com domínio dos conceitos e práticas sobre modelos híbridos de gestão, e que consigam explorar aspectos importantes da Ambidestria Organizacional (ver nota de rodapé 2).
- A transformação no ambiente físico como um ponto de partida.
- O comprometimento e o trabalho colaborativo da equipe de gestores da unidade.

---

[7] O caso de modelo híbrido foi apresentado nos seguintes fóruns: Conferência de Inovação da ANPEI, Amcham, *Lean Digital Summit*, *Agile Trends*, Congresso Internacional Six Sigma Brasil. Nesses fóruns abertos também houve muita troca de experiências com profissionais de mercado.

- Compartilhamento de conhecimentos e atuação em rede distribuída explorando temas estratégicos e táticos – com todos do time – mais do que predominantemente temas operacionais.
- O respeito à organização e seus valores, introduzindo os métodos e princípios ágeis como parte de um *framework* de melhoria contínua sedimentado e vivenciado por todos como exemplo de hábito cultural.
- Treinamento e estrutura de apoio para gestores e colaboradores que introduziam as novas técnicas do mundo do ágil, de forma a combinar com as práticas existentes em direção a modelos híbridos.
- Valorização da visão orgânica do negócio (N), e não somente das partes (UNs e ASs).

É comum ouvirmos falar de modelos e métodos ágeis e os relacionarmos a pequenos grupos e equipes. Não era de se esperar, portanto, que o mundo da manufatura e excelência operacional em grandes organizações pudesse inovar e se beneficiar das soluções descritas. Se essa organização conseguiu, a questão agora é como podemos fazê-lo em outras organizações também. O desafio está no "como". Vamos então discutir ao longo deste livro meios para colocar isso em prática.

CAPÍTULO 5
Criando um modelo híbrido de gestão

Cada projeto pode apresentar diferentes ciclos de vida, níveis de complexidade, de inovação e estratégias, diferentes ambientes e características de projetos. Os modelos híbridos disponíveis na literatura, apresentados no Capítulo 3, foram criados para responder a contextos e/ou projetos com características distintas. Vimos no Capítulo 4 um caso de sucesso na implementação de um *mindset* de hibridismo, tendo como base a combinação de diferentes modelos e métodos para criar algo específico para as necessidades do ambiente de negócios da Bosch.

Neste capítulo, daremos um passo adiante. Mostraremos como desenvolver um modelo híbrido de gestão, seguindo a abordagem e princípios do hibridismo, combinando as experiências do caso apresentado com os resultados de anos de pesquisa neste tema.

5.1 Modelos distintos para projetos distintos

Um projeto é definido como algo temporário, que possui início, meio e fim bem definidos, e cujo objetivo final é criar um resultado, produto ou serviço que seja único. Por mais semelhanças que dois projetos apresentem, sempre haverá especificidades que os diferenciam. Se cada projeto é único, por que temos a tendência de gerenciar e conduzir todos os projetos da mesma maneira, utilizando, na maioria das vezes, o mesmo modelo e abordagem de gestão?

Apesar de a literatura sobre modelos híbridos de gestão reconhecer que utilizar, de forma pura, práticas da abordagem preditiva ou práticas da abordagem ágil pode não ser o melhor caminho para gerenciar certos tipos de projetos, poucas soluções robustas têm sido propostas para construir modelos adaptados para cada projeto.

Sabemos que operacionalizar essa ideia de um modelo de gestão para cada projeto é bastante desafiador. Como garantir que as pessoas estarão preparadas para trabalhar com modelos de gestão potencialmente diferentes? Como adequar os sistemas de gestão, indicadores e a gestão de portfólio para administrar uma variedade de formas de gestão de projetos?

Uma estratégia comprovadamente eficiente para resolver este problema é utilizar o agrupamento de projetos que possuem características similares. Seguindo o exemplo e a experiência acumulada e descrita no Capítulo 4, partimos da proposta de desenvolver modelos de gestão específicos para cada ambiente presente na Matriz de Stacey utilizada na organização (simples, complicado, complexo e caótico).

Por exemplo, o desenvolvimento de modelos específicos para projetos de desenvolvimento de plataformas, projetos de desenvolvimento de um novo produto ou projetos de manutenção (extensões, modificações, melhorias). Assim, podemos obter modelos ajustados às necessidades específicas desses grupos de projetos, combinando práticas e conceitos de diferentes abordagens, conforme ilustrado na Figura 5.1.

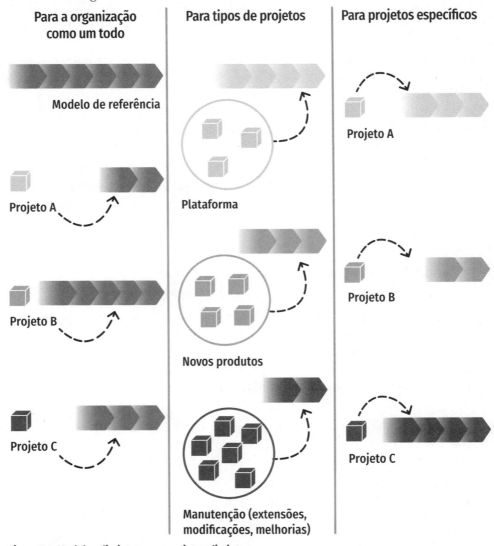

Figura 5.1 Modelos distintos para projetos distintos.

Capítulo 5 • CRIANDO UM MODELO HÍBRIDO DE GESTÃO

Mas mesmo essa proposta está ameaçada. Conforme se intensifica a digitalização, a realidade que se impõe nas organizações coloca em xeque a ideia de um modelo de referência de gestão como a compreendemos hoje. Estamos falando de ambientes voláteis em que a referência para um projeto hoje pode não ser a mesma do próximo, o que nos impele, inclusive, a mudar a tão consolidada ideia de um modelo de gestão ou padrões predefinidos.

A saída é uma nova forma de abordar o problema, difícil de perceber e aceitar, que "quebra" o paradigma de modelos de gestão: substituir a busca de um modelo geral por outra busca, a de aprimorar-se na capacidade de customizar os modelos de forma a personalizá-los para cada projeto, ou grupo de projetos.

Desenvolver estruturas organizacionais, cultura, processos e equipes, incluindo Escritório de Gerenciamento de Projetos, ou Centros de Excelência (*Center of Excellence* – COE), de forma a capacitar as empresas na arte de personalizar, "customizar", as práticas de gestão para as necessidades da organização e características de cada projeto.

Precisaremos desenvolver técnicas e métodos de gestão de projetos em três novas áreas: diagnóstico, inferência e *feedback*/aprendizagem.

- **Primeiro**, o **diagnóstico**. Temos que aprimorar as técnicas para caracterizar tanto o ambiente como as condições de cada projeto, descrevendo, sintetizando os seus aspectos mais fundamentais.
- **Segundo** é desenvolver métodos que consigam realizar **inferências**, isto é, capazes de ajudar os gestores a transformar os resultados dos diagnósticos em recomendações seguras e confiáveis, baseadas em evidências, das práticas.
- **Terceiro**, o desenvolvimento e uso de **técnicas de acompanhamento e indicadores de resultados dos modelos de gestão**, e de *feedback*, para que possamos aprender e melhorar a eficácia e eficiência das recomendações.

Note que até hoje os acadêmicos de gestão de projetos atuaram fortemente para desenvolver práticas e medir resultados, mas atuando pouco nessas três áreas. Assim, elas são fronteiras fundamentais para os próximos anos da gestão de projetos. A literatura ainda não oferece diretrizes, métodos ou ferramentas robustas para auxiliar as empresas e profissionais nessas três áreas e, portanto, estamos "engatinhando", ainda nos primórdios do hibridismo. Esse problema ainda carece de soluções mais robustas no que tange à adoção de práticas de gestão que levem à agilidade em uma jornada de transformação.

Nossa experiência em projetos de implementação tem mostrado que a ausência dessas diretrizes dificulta o desenvolvimento de modelos híbridos e a adoção dessa abordagem pelas organizações. Apresentaremos aos leitores uma proposta nesse sentido, inovadora, que permite desenvolver um modelo de gestão customizado para determinado projeto (ou conjunto de projetos), relacionando práticas de gestão com características do projeto e ambiente organizacional. Essa proposta foi desenvolvida com base em estudos internos realizados no Grupo de Engenharia Integrada (EI2), da EESC-USP, ao longo dos últimos anos, e combinam a experiência prática de consultoria dos autores deste livro.

Ao invés de depender de modelos de gestão predefinidos e construídos considerando aspectos gerais, ou preestabelecidos, o intuito é possibilitar o desenvolvimento de modelos específicos que possam ser utilizados para grupos de projetos muito similares e, no extremo, adaptar o conjunto de práticas existentes na organização para melhor atender as necessidades de cada projeto do seu portfólio. Essa proposta oferece estratégias e processos para apoiar os líderes a entregar os resultados e benefícios dos projetos de forma mais eficiente.

Assim, precisamos desenvolver esta nova competência de customizar modelos de gestão para grupos bem específicos de projeto e até mesmo para cada projeto, individualmente. E também precisa ser sistemático, por três motivos.

O primeiro é que esta competência é rara, demanda conhecer muitas técnicas de gestão de projetos e ter experiência na sua utilização. As organizações não podem contar com membros de equipe especialistas em gestão de projetos em grande quantidade. Um processo de customização organizado e com passos bem delineados pode servir como guia para os membros das equipes de projetos.

Segundo, ser sistemático significa que o resultado é claro e pode ser confrontado com os problemas do projeto e com os resultados. Assim, é possível medir benefícios, acertos e erros, tal que as decisões e recomendações possam ser aprimoradas ao longo do tempo e não se estabeleça o antigo "caos" que muitas organizações já vivenciaram em gestão de projetos, quando a ânsia por "novidades" faz com que uma novidade seja introduzida a cada projeto e a empresa perca eficiência e aumente confusão, desperdícios, e perdem a capacidade de realizar a melhoria contínua.

O terceiro motivo é que o método irá garantir a qualidade dos resultados. Isso significa que, independentemente do tipo de projeto e contexto organizacional, o método será capaz de auxiliar a equipe na construção de modelos que sejam consistentes e que contenham os principais elementos para aumentar as chances de sucesso no uso do modelo.

O resultado que propomos neste livro é um método que tenta equilibrar processo, estrutura e flexibilidade, agilidade e inovação, por meio de um equilíbrio entre recomendações sistemáticas, introdução disciplinada de novidades e possibilidade de avaliação dos resultados e acompanhamento. Utilizamos para isso o conceito de matriz que foi inspirado em uma técnica bastante conhecida no mundo de engenharia de produtos, denominada Matriz Morfológica. Com um conjunto geral de fases e etapas aliado a essa matriz, obtivemos um procedimento que é sistemático em suas fases gerais, mas que também garante um nível de flexibilidade suficiente para acomodar as especificidades de cada organização.

5.2 Visão geral do processo para construção de modelos híbridos

A Figura 5.2 ilustra o processo e as ferramentas necessárias para desenvolver e implementar modelos híbridos de gestão. A nomenclatura T# (a letra "T" acompanhada de algarismos) identifica o *template* (documento sugerido), e o algarismo romano indica a fase na qual esse *template* é utilizado.

Capítulo 5 • CRIANDO UM MODELO HÍBRIDO DE GESTÃO

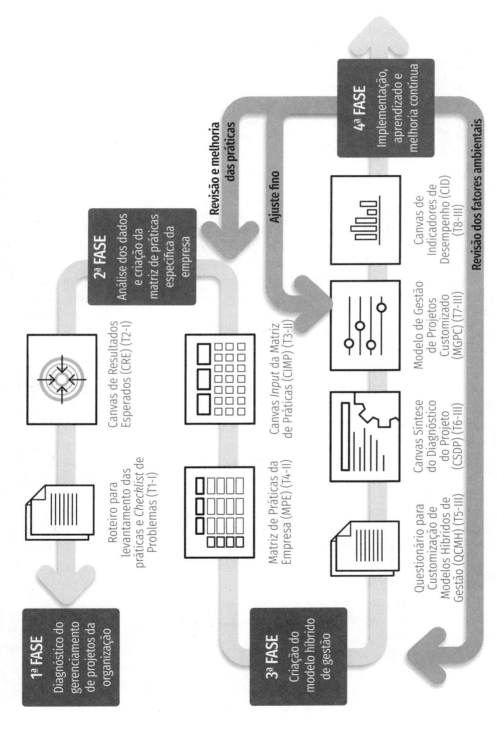

Figura 5.2 Conjunto de passos para aplicar o híbrido nas organizações.

A **primeira fase** compreende uma avaliação (diagnóstico) da situação atual do gerenciamento de projetos da organização, levando em consideração as competências, modelo mental, práticas, técnicas, ferramentas e principais desafios enfrentados com a forma atual de gerenciar projetos.

Nessa fase, a organização, por meio de especialistas em gestão de projetos, mapeia os subsídios para apoiar o desenvolvimento e utilização de modelos híbridos. Esse processo contribui para que o modelo que será desenvolvido esteja alinhado com as necessidades e expectativas da organização, de forma que consiga contribuir com o sucesso dos projetos por meio do uso efetivo e eficiente das práticas e ferramentas de gestão.

Essa fase inclui as seguintes ferramentas e documentos de suporte: Roteiro simplificado para levantamento das práticas (*Template* T1-I) e Canvas de Resultados Esperados (CRE) (*Template* T2-II).

Na **segunda fase**, os dados coletados servirão como entrada para o desenvolvimento do modelo híbrido. Inicia-se com uma análise dos dados coletados na primeira fase a fim de identificar um conjunto de possíveis práticas que serão utilizadas para compor o modelo híbrido de gestão. Nessa fase, apresentamos uma ferramenta para apoiar a construção do modelo, denominada Matriz Morfológica de Práticas de Gerenciamento de Projetos. Essa ferramenta tem como propósito operacionalizar a customização de modelos híbridos, tendo como base as informações do projeto e da organização.

É importante ressaltar que cada organização deve desenvolver sua própria matriz de práticas, de acordo com seu contexto, tipos de projetos, conforme detalharemos nas seções seguintes. Essa fase inclui as seguintes ferramentas de suporte: Canvas *Input* da Matriz de Práticas (CIMP) (*Template* T3-II) e Matriz de Práticas da Empresa (MPE) (*Template* T4-II).

Essa fase permite que o especialista em gestão de projetos consiga entender toda a variedade de desafios e diferentes ambientes que a organização enfrenta e, paralelamente, mapear um conjunto de práticas capaz de acomodar todas, ou a maioria das situações mais críticas. Na prática, isso significa redução de complexidade para os demais gestores e membros de equipe, facilitando a customização, sem deixar de oferecer um espaço de adaptação para a equipe. É aqui que o equilíbrio entre estrutura e flexibilidade que comentamos no capítulo anterior se materializa.

A **terceira fase** compreende a construção propriamente dita do modelo híbrido de gestão. Nesse momento os responsáveis pelo projeto objeto de análise (ou conjunto de projetos que possuem características comuns) irão analisar as suas características e o ambiente organizacional e selecionar quais práticas têm maior potencial para compor o modelo de gestão.

Essa fase requer a aplicação de ferramentas que auxiliam na escolha das práticas de acordo com diferentes grupos de processos de gestão de projetos, por exemplo, gestão de escopo, cronograma, recursos, qualidade, riscos e custos.

Capítulo 5 • CRIANDO UM MODELO HÍBRIDO DE GESTÃO

A interação entre gestores e equipes nessa fase permite um melhor alinhamento do conhecimento sobre as práticas que serão utilizadas, além de permitir a troca de conhecimento entre os membros.

Essa fase também inclui a definição de indicadores de desempenho para o projeto, que serão selecionados de acordo com as práticas escolhidas para compor o modelo híbrido de gestão. Nessa fase temos as seguintes ferramentas de suporte: Questionário para Customização de Modelos Híbridos de Gestão (QCMH) (*Template* T5-III), Canvas Síntese do Diagnóstico do Projeto (CSDP) (*Template* T6-III), Modelo de Gestão de Projetos Customizado (MGPC) (*Template* T7-III) e Canvas de Indicadores de Desempenho (CID) (*Template* T8-III).

Na **quarta fase**, os responsáveis realizam a implementação do modelo, e junto com o responsável por este processo implementarão as ações de melhoria para que os resultados esperados sejam alcançados. Essas ações devem seguir uma estratégia de melhoria contínua, relacionando-se com a estrutura e ambiente organizacional, competências necessárias, ferramentas que precisam ser adquiridas, dentre outros os aspectos que discutiremos nas próximas seções.

5.3 Cenários de aplicação

Apresentaremos a proposta desse método em fases e de maneira didática para que possa ser adaptado e replicado em qualquer contexto. É importante neste momento reforçar que o "hibridismo" não envolve apenas a simples aplicação de um modelo de gestão que combina práticas de diferentes abordagens de gerenciamento de projetos. Essa abordagem significa mais do que isso, precisa fazer parte da cultura da empresa. Trata-se de um comportamento, uma atitude, uma estratégia, um modelo mental, que irá ajudar na construção das competências específicas para as necessidades e desafios do ambiente de negócios, sempre focando nos objetivos de negócio.

A partir desse modelo, gestores e especialistas podem adaptar a proposta para o seu contexto e necessidades específicas. E, dentro de cada fase, realizar uma adequação fina sobre a execução. Não temos a pretensão de propor um método que servirá para todo e qualquer contexto sem um mínimo de adaptação e customização. Aqui o próprio conceito de hibridismo se aplica ao método proposto.

No entanto, as fases para a implantação são amplas e gerais, dificilmente sofrerão grandes alterações. A primeira customização necessária, porém, será a dos atores desse processo, responsáveis por coordenar essas fases. Cada uma das fases e *templates* podem ser aplicadas de diferentes maneiras e por diferentes atores dentro das organizações.

Auxiliamos o leitor nessa decisão apresentando diferentes cenários de aplicação e sugestões para a coordenação do trabalho, conforme ilustrado no Quadro 5.1 e no Quadro 5.2.

Quadro 5.1 Cenários de aplicação do método

Cenários	Fase 1	Fase 2	Fase 3	Fase 4
1	Toda empresa	Toda empresa	Grupo ou projeto individual	Grupo ou projeto individual
2	Subsidiária	Subsidiária	Grupo ou projeto individual	Grupo ou projeto individual
3	Unidade de Negócio (UN)	Unidade de Negócio (UN)	Grupo ou projeto individual	Grupo ou projeto individual

No primeiro cenário de exemplo, temos uma grande empresa multinacional, que possui a matriz na Europa e subsidiárias distribuídas em vários países da América Latina. Para tentar alinhar os processos entre as suas unidades, a matriz da empresa será responsável por desenvolver as fases 1 e 2 do método, chegando até a proposta de uma Matriz de Práticas de Gestão de Projetos que será distribuída para todas as suas unidades de negócio.

A partir dessa matriz, os profissionais de cada subsidiária irão executar as fases 3 e 4 com o objetivo de desenvolver e implementar suas próprias soluções de gestão para cada um de seus projetos ou grupo de projetos. Cada uma dessas soluções irá refletir os tipos de projetos, equipes, clientes e os fatores organizacionais de cada filial.

No segundo cenário, cada subsidiária da empresa desenvolve as fases 1 e 2 do método, culminando em suas próprias matrizes de práticas. A partir dessa matriz, os profissionais de cada subsidiária irão desenvolver os passos 3 e 4 do método a fim de criar modelos híbridos para seus projetos, de acordo com suas características e necessidades.

No terceiro cenário, cada UN desenvolve sua própria matriz de práticas (fases 1 e 2 do método), e a partir dela serão desenvolvidas soluções customizadas para projetos individuais ou grupos de projetos dessa UN. Por exemplo, uma instituição financeira possui uma UN voltada para o varejo, na qual os projetos são mais orientados por melhoria contínua de sistemas já em produção. A mesma organização possui uma área voltada para coordenar os projetos ligados à inovação e desenvolvimento de novos produtos e serviços. Cada unidade terá diferentes necessidades, de acordo com os tipos de projetos que desenvolvem, e utilizará sua própria matriz para desenvolver seus modelos de gestão.

Dentro de cada um desses cenários, podemos ter diferentes papéis e responsabilidades pelo desenvolvimento e implantação de modelos híbridos na organização e que, por sua vez, podem apresentar diferentes níveis de envolvimento e contribuições em cada uma das fases do processo (Quadro 5.2).

Quadro 5.2 Diferentes atores e suas responsabilidades no desenvolvimento e aplicação de modelos híbridos nas organizações

Papéis	Fase 1	Fase 2	Fase 3	Fase 4
◆ Centro de Excelência (COE) ◆ *Project Management Office* (PMO) ◆ Área de qualidade ◆ Consultoria interna ◆ Grupo de gestores seniores ◆ Consultoria externa	Fornecer informações de modelos e abordagens, práticas, técnicas e ferramentas em uso na organização. Definir resultados esperados com a aplicação de modelos híbridos na organização.	Sintetizar dados e criar matriz de práticas da organização. Disponibilizar informações consolidadas para os demais envolvidos.	Compromisso ativo e apoio na adoção da mentalidade do hibridismo, e uso de modelos híbridos. Fornecer informações quando consultados.	Compromisso ativo e apoio na adoção da mentalidade do hibridismo, e uso de modelos híbridos. Fornecer informações quando consultados.
◆ Gestor do Projeto (responsável) ◆ Gestor do Portfólio ◆ Equipe do projeto ◆ Especialistas ◆ ...	Fornecer informações quando consultados.	Fornecer informações quando consultados.	Fornecer *inputs* sobre as características do projeto (ou grupos de projetos) e decidir sobre as práticas mais adequadas ao caso.	Fornecer informações de desempenho dos projetos (ou grupos de projetos). Analisar necessidade de ajustes no modelo de gestão.

Apresentadas as fases, cenários de aplicação e atores envolvidos, explicaremos em detalhes o processo de desenvolvimento de modelos híbridos de gestão.

A existência de um profissional com bom conhecimento em diferentes modelos e abordagens para conduzir este processo é muito importante. Esse profissional terá condições de conduzir o processo na medida certa, evitando o risco de não "pesar" demais no rigor das etapas sistemáticas do método e garantir que o objetivo principal seja atingido.

O intuito é que os membros estejam desenvolvendo a competência de configurar modelos apropriados a diferentes tipos de projetos, a partir das inúmeras possibilidades de combinações de técnicas e ferramentas que melhor se adequam às características dos projetos, do ambiente organizacional e, além disso, contribuam efetivamente para a estratégia da organização.

5.4 Detalhamento das fases e ferramentas para construção de modelos híbridos

Nesta seção, abordaremos cada uma das fases, ferramentas e *templates* do método, bem como o relacionamento entre elas.

5.4.1 Fase 1 – Diagnóstico do gerenciamento de projetos da organização

A primeira fase consiste em um diagnóstico do modelo de gestão utilizado atualmente na organização com o intuito de coletar dados relacionados às práticas, técnicas e ferramentas usadas. Esta fase é crucial para melhor entender os desafios e características do ambiente de projetos, mapear o conhecimento e uso de práticas de gestão e necessidades da organização.

O Apêdice B contém um roteiro para o levantamento das práticas e uma lista contendo os principais problemas relacionados ao modelo de gestão atual da organização (*Template* T1-I). Ele permite que o especialista explore os processos essenciais do ciclo de vida de um projeto: iniciação, planejamento, execução, monitoramento e controle e encerramento.

As questões funcionam apenas como um guia, e os envolvidos devem discutir e responder livremente, explorando cada um dos tópicos mencionados. Enfatizamos que durante essa avaliação é importante conseguir identificar a realidade de toda a empresa, subsidiária e áreas de negócios, conforme explicado anteriormente, em relação ao gerenciamento de seus projetos, buscando entrevistar diferentes pessoas de diferentes equipes e áreas para coletar informações de diferentes perspectivas.

Também é possível acrescentar nesta fase, caso exista na organização, uma análise detalhada de documentos de processos e diretrizes para o desenvolvimento de projetos. Cabe ao profissional de gestão de projetos, ou responsável por esse processo, analisar os instrumentos iniciais e complementá-los utilizando os princípios e valores do hibridismo.

Utilizando o modelo, garante-se que a análise seja feita a partir de cinco grandes categorias: cultura e liderança; processos e procedimentos; trabalho em equipe; conhecimento e aprendizado; e comunicação. Essas dimensões são frequentemente mencionadas em relatórios de *benchmarking* e estudos como algumas das principais fontes de desafios e problemas para a implementação de modelos de gestão.

O respondente deve assinalar livremente quais os problemas que sua organização/equipe enfrenta relacionados a cada um desses tópicos. O objetivo será desenvolver um modelo de gestão que consiga resolver os problemas identificados, além de proporcionar um melhor desempenho nos resultados de acordo com o tipo de projeto.

Nessa primeira fase também é construído o CRE (T2-I), ilustrado na Figura 5.3. Esse quadro visa documentar os benefícios que a organização ou equipe de projeto deseja alcançar com o uso do modelo híbrido que será criado.

Capítulo 5 • CRIANDO UM MODELO HÍBRIDO DE GESTÃO

O que esperamos obter com o uso do modelo híbrido de gestão?

#	Objetivo	Como será calculado	Com qual frequência?	Valor meta	Responsável
1	Indicador 1 (I1)	Descrição cálculo I1	Frequência medição I1	x	R1
2	Indicador 2 (I2)	Descrição cálculo I2	Frequência medição I2	y	R2
n	Indicador n (In)	Descrição cálculo In	Frequência medição In	n	Rn
	...	...	...	...	...
	Ex: + Satisfação cliente	Net Promoter Score (NPS)	Mensal	> 80	João

Figura 5.3 Canvas de Resultados Esperados (CRE).

Exemplos de benefícios esperados com o uso de um novo modelo de gestão podem incluir, mas não estão limitados a: alcançar maiores níveis de flexibilidade; maior interação entre os envolvidos no projeto; maior velocidade na tomada de decisões; maior autonomia da equipe; menos retrabalho; menos desperdício de recursos e tempo dos envolvidos; melhoria na comunicação, dentre outros. Os resultados esperados podem ser ainda mais específicos atribuindo valores ou metas para serem acompanhadas periodicamente.

5.4.2 Fase 2 – Análise dos dados e criação da Matriz Morfológica de Práticas de Gestão de Projetos

A segunda fase apresenta a matriz para criar o modelo híbrido. Chamamos de Matriz Morfológica de Práticas de Gestão de Projetos. Primeiramente vamos explicar alguns fundamentos básicos dessa técnica e como avaliar os resultados da fase anterior.

A Matriz Morfológica é uma técnica conhecida e utilizada há décadas na seleção de princípios de solução para a concepção de novos produtos, e que foi adaptada para ajudar na seleção e combinação de práticas gerenciais. Funciona como um "cardápio", o qual oferece diferentes possibilidades de combinações para a criação de opções de solução que visam atender às necessidades e às particularidades de cada projeto.

O conceito de Matriz Morfológica[1] surgiu na área de desenvolvimento de produtos, uma técnica utilizada para relacionar uma função de um produto e os seus possíveis princípios de solução. As funções são definidas como capacidades desejadas ou necessárias que tornarão um produto capaz de desempenhar seus objetivos e especificações, enquanto um princípio de solução é uma forma específica de realização esta função (ROZENFELD et al., 2006). Para cada função do produto existe um número de possíveis princípios de solução (Figura 5.4a).

Esse método estimula a busca de soluções criativas em várias direções, facilitando a identificação e combinação de características essenciais de solução. Para efeito ilustrativo, um exemplo de uma Matriz Morfológica voltada para desenvolvimento de uma motocicleta é apresentado a seguir. Uma das funções de uma motocicleta é gerar propulsão para que ela possa se mover.

Podem existir diferentes princípios de solução para esta função como motor de combustão, motor elétrico e propulsão híbrida. Assim, várias soluções para esse problema podem ser propostas, por exemplo uma mais convencional e outra com um conceito mais sustentável (Figura 5.4b).

A matriz de práticas para construção de modelos híbridos é baseada nesse mesmo conceito, porém adaptada para a área de gestão de projetos. Utilizamos a matriz para "catalogar" as práticas gerenciais alternativas para cada "conjunto de processos" do gerenciamento de projetos: o planejamento, execução e controle de um projeto de maneira eficiente. Colocando-se lado a lado as práticas de diferentes abordagens que sirvam ao mesmo processo de gestão de projetos.

---
[1] Pahl et al. (2007) difundiram a técnica, enquanto Zwicky (1967) apresentou-a inicialmente.

Capítulo 5 · CRIANDO UM MODELO HÍBRIDO DE GESTÃO

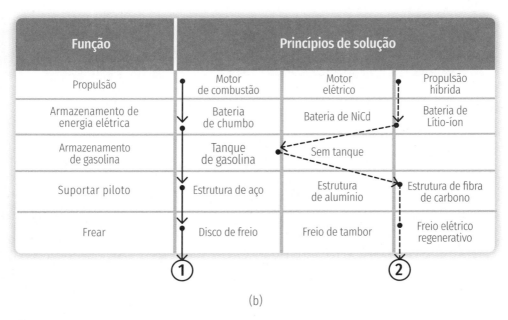

Figura 5.4 (a) Estrutura básica de uma Matriz Morfológica.[2] (b) Exemplo de Matriz Morfológica para motocicleta.[3]

---

[2] Traduzido e adaptado de Pahl *et al.* (2007).
[3] Traduzido e adaptado de Ölvander, Lundén e Gavel (2009).

Esses processos são reconhecidos e essenciais, independentemente da abordagem de gestão de projetos (preditivo ou ágil) utilizados. Portanto, estão na maioria das fontes e guias de boas práticas de gerenciamento de projetos e podem ser relacionados com as práticas de gestão, independentemente da abordagem. Aqui eles são descritos de forma genérica sem a pretensão de reinventar ou criar novas definições para os mesmos. Na nossa proposta, utilizamos uma classificação em seis processos, após uma pesquisa que as identificou como a mais adequada ao propósito da customização, conforme descrito no Quadro 5.3.

Esses processos são representados na Matriz de Práticas de Gestão de Projetos por suas linhas, os quais, por sua vez, são desmembrados em subcategorias que irão se relacionar com diferentes possibilidades de práticas de gestão, representadas pelas colunas da matriz.

Quadro 5.3 Processos de gerenciamento de projetos que compõem a matriz de práticas

Processos	Descrição
Gestão do Escopo	Conjunto de ações que tem o objetivo de descrever o trabalho necessário para entregar um produto, serviço ou resultado específico. Inclui-se aqui o escopo do produto e escopo do projeto.
Gestão do Cronograma (tempo)	Conjunto de ações que tem o objetivo de gerenciar o tempo do projeto, incluindo a definição de atividades e as relações entre elas, bem como os prazos das atividades, do projeto ou partes dele.
Gestão de Pessoas e Recursos	Conjunto de ações que tem o objetivo de identificar as pessoas e competências, além de adquirir e gerenciar os recursos necessários para o desenvolvimento do projeto.
Gestão da Qualidade	Conjunto de ações que tem o objetivo de realizar o planejamento, gerenciamento e controle dos requisitos de qualidade referente ao produto, *software* ou serviço que será entregue.
Gestão de Riscos	Conjunto de ações que tem o objetivo de realizar o planejamento, a identificação e a análise dos riscos do projeto, bem como a implementação de ações e monitoramento dos riscos ao longo do tempo.
Gestão de Custos	Conjunto de ações que tem o objetivo de realizar o planejamento, as estimativas e o controle dos custos do projeto, de forma a garantir que o produto, *software* ou serviço seja entregue dentro do orçamento disponível.

As pesquisas que desenvolvemos contribuíram para adaptar esta ferramenta consagrada em desenvolvimento de produtos e ser possível utilizá-la como um

Capítulo 5 · CRIANDO UM MODELO HÍBRIDO DE GESTÃO

guia para a tomada de decisão sobre as práticas para a criação de modelos híbridos. Tal qual na aplicação original em desenvolvimento de produtos, ela permite um processo de decisão mais rico e criativo. Mas, aqui, traz ainda a vantagem de ser um guia que ajuda a organizar esse processo e torná-lo mais objetivo e lógico para os gestores e membros da equipe.

A seleção prévia e a montagem de uma matriz específica para a organização que está adaptando o método devem ser realizadas por um especialista (ou grupo de especialistas). Note que elas reduzem a complexidade do problema e oferecem uma forma mais estruturada que permite a customização para um não especialista, o gestor de projetos ou membro da equipe que está na condução do projeto específico. E permitem também um nível de governança da organização, seja por um COE (Centro de Excelência, do inglês *Center of Excellence*) ou PMO (Escritório de Gerenciamento de Projetos, do inglês *Project Management Office*) sobre as práticas utilizadas na organização, uma vez que restringem o campo de possibilidades para as práticas consideradas válidas e comprovadas na organização.

Os colaboradores da empresa não precisarão ter todos um nível avançado de conhecimento em todas as abordagens e práticas segundo os processos apresentados no Quadro 5.3. Ao mesmo tempo garante-se uma padronização mínima e mais flexível que a abordagem atual de modelos de gestão. Outra vantagem é que, havendo um processo similar de configuração, é possível acompanhar os resultados e melhorar continuamente a matriz.

Isso é muito importante, pois um problema verificado por nós em muitas organizações é a ânsia de experimentação de novas técnicas que surgem a todo momento. É bem comum observarmos empresas, profissionais e equipes de projetos que sofrem com a introdução de novas práticas de desenvolvimento e gestão sem a devida análise crítica dos problemas a serem resolvidos por essas práticas, conturbando ainda mais o ambiente de projeto com modismos e mesmo práticas pouco testadas e validadas que prejudicam o desempenho dos projetos.

Como veremos mais adiante, o relacionamento entre linhas e colunas, de acordo com as necessidades do projeto, irão guiar a criação do modelo híbrido de gestão. A estrutura base da matriz é apresentada na Figura 5.5.

Para relacionar as linhas (Processos de Gestão de Projetos) com as colunas (Práticas), desenvolvemos uma escala que ajuda na classificação das práticas conforme um conjunto de variáveis que engloba um ambiente ou projetos com maior previsibilidade até um ambiente em que não há qualquer previsibilidade, isso é, em que se fazem necessárias habilidades como agilidade e flexibilidade, capacidade para antecipação, e adaptabilidade, conforme os exemplos apresentados no Quadro 5.4.

Quadro 5.4 Exemplo da relação entre linhas e colunas da matriz

| Processo | Subcategoria | Exemplos de acordo com a escala de práticas da matriz ||
		Práticas que fomentam maior antecipação, previsibilidade e padronização	Práticas que fomentam maior adaptabilidade, flexibilidade e responsividade
Gestão do Escopo	Descrição do escopo do produto	Descrição do resultado final de forma descritiva, utilizando texto ou imagens e contendo um alto nível de detalhes.	Descrição de alto nível do resultado final, muitas vezes de maneira visual, abrangente e ambígua, que irá evoluir ao longo do projeto.
	Descrição do escopo do projeto	A forma de se alcançar os resultados é descrita de maneira padronizada e organizada, seguindo uma sequência preestabelecida.	A forma de se alcançar os resultados do projeto não é totalmente predefinida, evoluindo ao longo do tempo e sendo priorizada de acordo com o que tem maior valor para o cliente no momento.
Gestão do Tempo	Estrutura do plano do projeto	A partir de um único plano do projeto, abrangendo o tempo total, indicando o produto, entregas, pacotes de trabalho e atividades.	A partir de diferentes níveis de planejamento, abrangendo intervalos de curto prazo e suas respectivas entregas e atividades.
	Estimativa de duração das atividades	Estima-se o período de tempo necessário para completar determinada atividade do projeto, tomando como base técnicas quantitativas e a relação de esforço (homens-hora).	Estima-se o período de tempo necessário para completar um conjunto de atividades, tomando como base aspectos de complexidade para as atividades priorizadas, e assumindo uma capacidade fixa da equipe.
	Controle do cronograma	Uso de planilhas e cálculos de valor agregado e análise de desempenho, avaliando as informações relacionadas ao desempenho em prazo.	Uso de dispositivos visuais e diagramas que permitem verificar o andamento das entregas e desempenho de prazo do projeto ao longo do tempo com foco em valor.

(Continua)

Capítulo 5 • CRIANDO UM MODELO HÍBRIDO DE GESTÃO

(Continuação)

Exemplos de acordo com a escala de práticas da matriz

Processo	Subcategoria	Práticas que fomentam maior antecipação, previsibilidade e padronização	Práticas que fomentam maior adaptabilidade, flexibilidade e responsividade
Gestão de Recursos	Estimativa de recursos das atividades	A partir de técnicas quantitativas e a relação entre esforço e tempo (homem-hora) com base no escopo fixo.	A partir da análise da quantidade de pessoas (capacidade) disponível para se alcançar determinada velocidade para cumprir as atividades definidas.
	Controle dos recursos	A partir de planilhas e cálculos, tendências e análise de desempenho, avaliando as informações relacionadas ao uso dos recursos.	A partir da análise de velocidade (produtividade), comparando com o planejado e o realizado, verificando a capacidade e a eficiência dos membros da equipe.
Gestão da Qualidade	Gerenciamento da qualidade	A Gestão da Qualidade do projeto ocorre por meio de fluxogramas, auditorias, histogramas, culminando na geração de relatórios de qualidade.	Ocorre de forma contínua e paralela em relação ao desenvolvimento do projeto por meio de reuniões periódicas.
	Controle da qualidade	A partir de auditorias e análises de transições de fase, ou marcos (*milestones*) do projeto.	A partir de experimentos e testes, com reuniões de acompanhamento, utilizando protótipos e demonstrações.
Gestão de Riscos	Análise de riscos	A partir de análises quantitativas e simulações como a de Monte Carlo.	A partir de análises qualitativas como a relação probabilidade ×impacto.
	Monitoramento dos riscos	A partir de auditorias para verificação das ações realizadas, seus efeitos e atualização dos riscos.	Verificação dos resultados dos testes e experimentos que permitem verificar os riscos ao longo do desenvolvimento.
Gestão de Custos	Estimativa de custos	Estima-se os custos do projeto por meio de estimativas baseadas em dados históricos, calculando o custo de cada recurso necessário.	Estima-se os custos do projeto por meio de estimativas do tipo *bottom-up* ou analogias com projetos passados de acordo com a priorização das atividades mais importantes a serem desenvolvidas.
	Controle dos custos	A partir de análise de reservas e valor agregado, documentando todas as informações referentes ao custo e rastreando os gastos realizados, visando manter o projeto dentro do orçamento estipulado.	Uso de diagramas que permitem verificar a relação de valores acumulados e percentual concluído (custos × valor), de forma a avaliar a implementação de funcionalidades e o resultado obtido.

		+ Antecipação, previsibilidade e padronização		+ Adaptabilidade, flexibilidade e responsividade
Processos de GP / Práticas		A	B	C
Gestão do Escopo	Descrição do escopo do produto			
	Descrição do escopo do projeto			
Gestão do Cronograma	Estrutura do plano do projeto			
	Estimativa de duração das atividades			
	Controle do cronograma			
Gestão de Recursos	Estimativa de recursos das atividades			
	Controle dos recursos			
Gestão da Qualidade	Gerenciamento da qualidade			
	Controle da qualidade			
Gestão de Riscos	Análise de riscos			
	Monitoramento dos riscos			
Gestão de Custos	Estimativa de custos			
	Controle dos custos			

Figura 5.5 Matriz de Práticas de Gestão de Projetos.

Capítulo 5 • CRIANDO UM MODELO HÍBRIDO DE GESTÃO

Para fins didáticos, a matriz apresentada nesse livro contém apenas três colunas de possibilidades de práticas para cada um dos processos de gestão de projetos e suas respectivas subcategorias. De acordo com a necessidade da organização, porém, os profissionais envolvidos nesse processo podem decidir por ampliar o escopo e assim ter um maior número de colunas intermediárias para suportar maior número de possibilidades para a combinação de práticas, técnicas e ferramentas de gestão.

O preenchimento da matriz parte dos dados coletados na fase anterior, de forma a criar uma matriz de práticas específica da organização para ser utilizada na customização do modelo híbrido. Para tal, utilizaremos o próximo *template*, um documento chamado "Canvas *Input* da Matriz de Práticas" (CIMP – Figura 5.6).

Figura 5.6 Canvas *Input* da Matriz de Práticas (CIMP).

A partir das informações coletadas durante a fase 1, indicaremos na parte superior do documento CIMP as ações, técnicas e ferramentas relacionadas a gestão de projetos que a organização utiliza em seus projetos. Em seguida vamos identificar todas as práticas. Conforme já discutido no Capítulo 3, uma prática é definida como a "combinação de uma ação com uma ou mais técnicas e ferramentas", que estão em uso na empresa. Assim, além de sugerir novas práticas de acordo com os processos e subcategorias da matriz, com base em diferentes abordagens ou métodos de gestão disponíveis, teremos as práticas criadas a partir do que já existe em termos de conhecimento e utilização na organização.

Por exemplo, uma das práticas que determinada organização utiliza envolve o desenvolvimento do plano do projeto em três diferentes níveis: um macro por meio do uso da técnica de gráficos de Gantt, e outros dois níveis que serão mais detalhados, que utilizam o *Product Backlog* e *Sprint Backlog*. Para isso, a organização utilizava um quadro branco e notas adesivas (*Post-its*®), ou até podem usar um *software* que represente o quadro visual disponível em nuvem.[4] Nesse caso, a prática remete à Gestão do Cronograma e a subcategoria relacionada é a estrutura do plano do projeto, conforme apresentado no Quadro 5.5.

Quadro 5.5 Exemplo de análise das práticas de gestão de projetos

	Prática[5]		Processo	Subcategoria
Ação	Técnica	Ferramenta	relacionado	relacionada
Desenvolver o plano do projeto	Product Backlog/ Sprint Backlog/ Gantt	Quadro branco e notas adesivas	Gestão do Cronograma	Estrutura do plano do projeto

A partir dessa estrutura, o CIMP pode ser preenchido por completo, de acordo com os processos de gestão de projetos e suas subcategorias, conforme ilustrado na Figura 5.7. Para auxiliar na formulação de práticas e preenchimento desse documento, sugerimos a consulta do Apêndice C, que fornece uma lista com exemplos de práticas, além de ações, técnicas e ferramentas voltadas para o gerenciamento de projetos.

A partir das informações levantadas na fase 1 e na estrutura e prática apresentada no Quadro 5.5, as práticas identificadas são inseridas na matriz respeitando suas respectivas subcategorias e a escala, resultando na Matriz de Práticas da Empresa (MPE), conforme ilustrado na Figura 5.8. Os espaços em branco significam que pode não haver, ou não ser necessário, mais opções de práticas para aquela subcategoria. Por outro lado, pode haver casos que haja a necessidade de aumentar o número de colunas da matriz, aumentando assim o potencial número de combinações.

---

[4] Existem diversas soluções de sistemas e *softwares* disponíveis no mercado para a gestão de equipes e atividades que são oferecidos por meio da tecnologia de computação em nuvem (*Cloud Computing*).

[5] Aqui, utilizamos o conceito de práticas proposto por Eder (2012), em que o autor define que uma prática é uma atividade composta por uma ação (algo que gere resultado), com uso de uma ou mais técnicas (procedimento sistemático) e ferramentas (algo tangível, que apoiem o emprego da técnica).

Capítulo 5 • **CRIANDO UM MODELO HÍBRIDO DE GESTÃO**

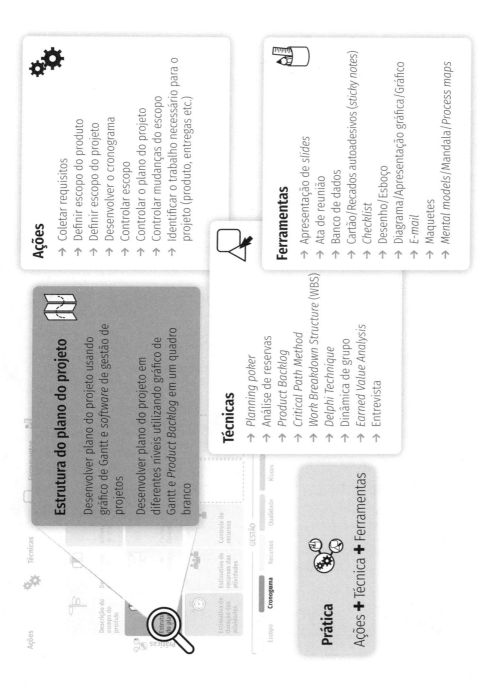

Figura 5.7 Exemplo do CIMP preenchido.

← + Antecipação, previsibilidade e padronização   + Adaptabilidade, flexibilidade e responsividade →

Processos de GP / Práticas		A	B	C
Gestão do Escopo	Descrição do escopo do produto	Prática 1		Prática 2
	Descrição do escopo do projeto	Prática 3		Prática 4
Gestão do Cronograma	Estrutura do plano do projeto	Prática 5	Prática 6	Prática 7
	Estimativa de duração das atividades	Prática 8	Prática 9	Prática 10
	Controle do cronograma	Prática 11	Prática 12	Prática 13
Gestão de Recursos	Estimativa de recursos das atividades	Prática 14	Prática 15	Prática 16
	Controle dos recursos	Prática 17	Prática 18	Prática 19
Gestão da Qualidade	Gerenciamento da qualidade	Prática 20	Prática 21	Prática 22
	Controle da qualidade	Prática 23	Prática 24	Prática 25
Gestão de Riscos	Análise de riscos	Prática 26	Prática 27	
	Monitoramento dos riscos	Prática 28	Prática 29	Prática 30
Gestão de Custos	Estimativa de custos	Prática 31	Prática 32	Prática 33
	Controle dos custos	Prática 34	Prática 35	

Figura 5.8 Exemplo de Matriz de Práticas da Empresa preenchida (MPE).

5.4.3 Fase 3 – Criação do modelo híbrido de gestão

As primeiras fases do modelo trouxeram o entendimento sobre um dos principais desafios para se desenvolver um modelo híbrido eficiente – o diagnóstico e a compreensão das condições e necessidades da organização e dos projetos. Por exemplo, quais características da organização, produto a ser desenvolvido, características da equipe, processos e operações afetam a forma de gerir esses empreendimentos, ou seja, indicam o "ponto de equilíbrio" ideal para as práticas de gestão a serem adotadas (CONFORTO; AMARAL, 2016). Sabemos que não são perguntas fáceis de serem respondidas.

Devido ao caráter singular de cada projeto e organização, há muitas práticas, técnicas e ferramentas e, assim, diferentes maneiras de combiná-las. Portanto, a unidade de análise para desenvolvimento do modelo híbrido de gestão é um projeto específico da organização, ou um conjunto de projetos que compartilham características semelhantes.

Essa terceira fase inicia-se com a aplicação do Questionário para Customização de Modelos Híbridos (QCMH). Essa ferramenta tem como objetivo auxiliar os profissionais na customização do modelo híbrido de gestão, analisando o perfil do projeto, por meio da caracterização de seu contexto e de elementos que podem influenciar a forma de gerenciá-lo, por exemplo, o grau de novidade do resultado final, nível de complexidade e tecnologia envolvida e tempo disponível para execução.

O questionário também ajuda na coleta de informações sobre os fatores organizacionais, aqui chamados de Fatores Críticos da Agilidade (FCAs). Esses fatores são definidos como: "fatores internos ou externos à organização que estão relacionados direta ou indiretamente com o processo de gerenciamento de projetos no desenvolvimento de produtos, podendo impactar positiva ou negativamente no desempenho de determinada prática, técnica ou ferramenta de gerenciamento de projetos" (ALMEIDA *et al.*, 2012).

A identificação desses fatores é importante, uma vez que estão diretamente relacionados com a adoção e desempenho das práticas de gestão, em especial aquelas que buscam desenvolver maior agilidade. Exemplos desses fatores incluem, mas não se limitam, a competências do time, autonomia, tamanho do time, dedicação do time, cultura e estrutura organizacional.

A caracterização do projeto e dos fatores contextuais são imprescindíveis para criar uma solução adequada para cada caso, uma vez que serão os direcionadores para a escolha de práticas, visando à criação de um modelo personalizado. O QCMH pode ser consultado no Apêndice D, e não tem o objetivo de ser exaustivo, mas sim de fornecer um conjunto inicial de questões para operacionalizar a customização de modelos híbridos, podendo sofrer alterações, como a adição ou exclusão de aspectos que precisam ser observados em cada organização.

As questões estão diretamente relacionadas com a matriz de práticas e irão contribuir para a escolha das práticas gerenciais mais adequadas aos projetos. Por exemplo, em relação à descrição do escopo do projeto: projetos que apresentam um nível de inovação elevado tendem a responder melhor ao uso de descrição de alto nível do escopo, pois nesses casos o problema é pouco conhecido, possuindo muitas incertezas, e não há parâmetros a serem comparados, dificultando o estabelecimento prévio de um escopo detalhado, ou foco em determinada solução.

Em contrapartida, projetos que envolvem baixo nível de inovação, ou, por exemplo, são semelhantes aos projetos comumente desenvolvidos pela organização, e assim a mesma dispõe de informações sobre projetos passados, podemos buscar o detalhamento do escopo, de forma a assegurar a inclusão de todo o trabalho necessário, evitando possíveis ambiguidades e, assim, evitando possíveis erros cometidos em projetos anteriores com as mesmas características.

Após responder as questões do QCMH, iniciamos a análise dos dados. A análise das respostas é feita de acordo com cada uma das subdimensões, calculando a pontuação máxima possível (e isso irá depender da quantidade de questões para cada subdimensão analisada), resultando na somatória total das respostas dessa subdimensão. Por fim, é feito o cálculo da pontuação total normalizada, ou seja, a somatória das respostas dividida pela pontuação máxima possível. A Tabela 5.1 exemplifica a operacionalização desses cálculos.

A pontuação total normalizada de cada subdimensão será utilizada como dado de entrada para o Canvas Síntese do Diagnóstico do Projeto (CSDP), conforme a Figura 5.9.

O gráfico apresenta uma escala que varia de 0,1 até 1,0, conforme as escalas de resposta do questionário, permitindo identificar se para determinada subdimensão é mais indicado utilizar práticas que favoreçam a antecipação, a previsão e a padronização, ou práticas que contribuem para adaptação, flexibilidade e capacidade de resposta. Essa informação contribui para o melhor entendimento sobre o contexto do projeto e, assim, auxilia os responsáveis pelo desenvolvimento do modelo na escolha das práticas que melhor atendem às necessidades dos projetos e do ambiente organizacional.

A partir das informações do gráfico CSDP, os responsáveis pelo desenvolvimento do modelo devem utilizar a Matriz de Práticas da Empresa (MPE) para escolher as práticas que melhor atendam às particularidades do projeto analisado. A escolha pode envolver uma ou mais itens por cada linha da matriz, dependendo das necessidades do caso analisado. O agrupamento das práticas selecionadas irá resultar no modelo de gestão específico para o projeto. Para auxiliar nessa etapa, utilizamos o documento Modelo de Gestão de Projetos Customizado (MGPC), conforme ilustrado na Figura 5.10.

Outra alternativa para essa fase, especialmente quando a personalização é realizada pela equipe de projeto, é o uso de *cards* ou cartões de práticas. Temos experimentado essa técnica em treinamentos e organizações. É uma alternativa de tornar a tarefa menos árdua e de promover a discussão entre os membros da equipe.

Capítulo 5 • CRIANDO UM MODELO HÍBRIDO DE GESTÃO

Tabela 5.1 Cálculo exemplo para síntese do diagnóstico do projeto

Dimensão	Subdimensão	Questão	Resposta	Somatória total das respostas dessa subdimensão	Pontuação máxima possível dessa subdimensão	Pontuação total normalizada (Somatória total / Pontuação máxima possível)
Gestão do Escopo	Descrição do escopo do produto	1. O projeto escolhido para análise compreende o desenvolvimento de:	1-2	6	12 (duas questões com escalas que variam até 6)	6 / 12 = 0,5
		2. Em relação ao resultado do projeto (produto/software/serviço), a principal inovação está:	3-4			
	Descrição do escopo do projeto	3. Em relação aos objetivos do projeto em questão:	3-4	8	12 (duas questões com escalas que variam até 6)	8 / 12 = 0,7
		4. Em relação à complexidade do projeto, esta envolve:	3-4			

HIBRIDISMO · CONFORTO | BIANCHI | REIGADO | BOTELHO | AMARAL

	Somatória total das respostas dessa sub-dimensão	Pontuação máxima possível dessa sub-dimensão	Pontuação total normalizada *(Somatória total / Pontuação máxima possível)*
Descrição do escopo do produto	6	12	**0,5**
Descrição do escopo do projeto	8	12	**0,7**
Estrutura do plano do projeto	16	18	**0,9**
Estimativa de duração das atividades	4	6	**0,7**
Controle do Cronograma	2	6	**0,3**
Estimativa de recursos das atividades	20	24	**0,8**
Controle dos Recursos	8	12	**0,7**
Gerenciamento da Qualidade	10	12	**0,8**
Controle da Qualidade	4	12	**0,3**
Análise de Riscos	8	12	**0,7**
Monitoramento dos Riscos	4	6	**0,7**
Estimativa de Custos	14	18	**0,8**
Controle dos Custos	4	6	**0,7**

─────────────── **GESTÃO** ───────────────

Escopo   Cronograma   Recursos   Qualidade   Riscos   Custos

(Continua)

Capítulo 5 • CRIANDO UM MODELO HÍBRIDO DE GESTÃO

(Continuação)

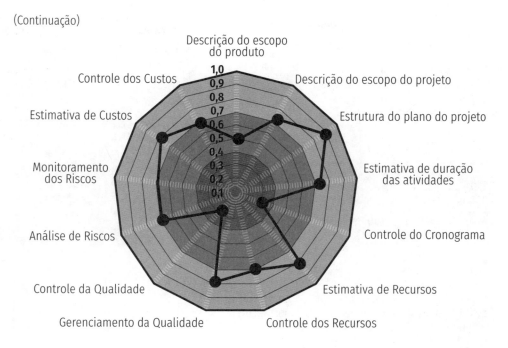

Interpretação da escala:

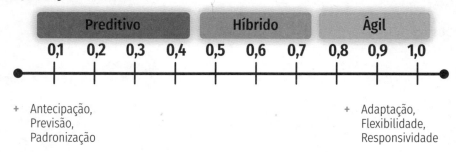

+ Antecipação, Previsão, Padronização

+ Adaptação, Flexibilidade, Responsividade

Figura 5.9 Quadro Síntese do Diagnóstico do Projeto (QSDP).

Descrição do escopo do produto Prática 1	Descrição do escopo do projeto Prática 4	Gerenciamento da Qualidade Prática 21	Análise de Riscos Prática 27	Estimativa de Custos Prática 33
Estrutura do plano do projeto Prática 6	Controle do Cronograma Prática 9	Controle da Qualidade Prática 25	Monitoramento dos Riscos Prática 28	Controle dos Custos Prática 35
Estimativa de duração das atividades Prática 12	Estimativa de recursos das atividades Prática 16	Controle dos Recursos Prática 18		

Observações:

- Obs 1;
- Obs 2;
- Obs 3.

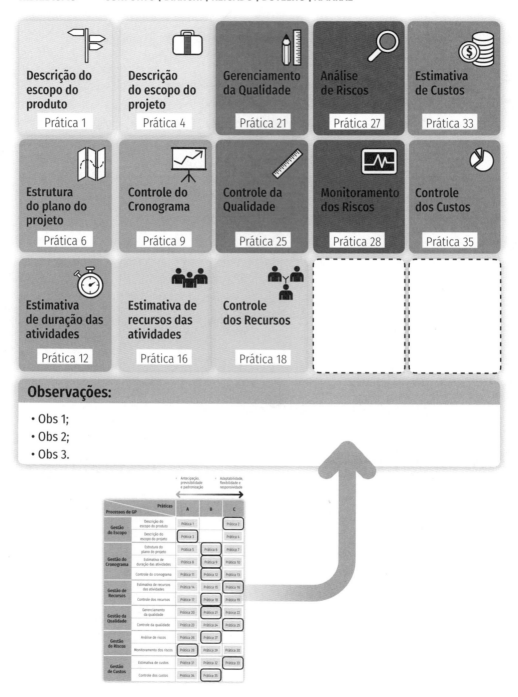

Figura 5.10 Modelo de gestão criado para o caso exemplo.

Utiliza-se um conjunto de cartões contendo a descrição de cada prática e as ferramentas possíveis em cada uma delas. A equipe projeta o Canvas em uma

Capítulo 5 • CRIANDO UM MODELO HÍBRIDO DE GESTÃO

tela ou fixa a impressão na parede e, recorrendo a esse resultado, o diagnóstico, começa a identificar a carta mais apropriada, justificando-a. Este "baralho" de cartas contém todas as possibilidades e facilita a geração de discussões. Como no cartão apresentam-se ferramentas específicas, os profissionais terão a oportunidade de decidir também sobre esses instrumentos. Por exemplo, imagine uma empresa em que se usa um sistema *on-line* como o Trello[6] ou cartões autoadesivos. Nesse momento, se essa prática for escolhida poderão decidir também esse detalhe. Nesse processo, cada membro da equipe que está realizando a personalização de forma crítica na medida que, durante esta dinâmica, precisam justificar a escolha com argumentos.

Após a identificação do modelo híbrido de gestão recomendado, parte-se para a identificação dos indicadores que serão utilizados para acompanhar o desempenho do projeto, os quais devem estar alinhados com o contexto da empresa e do projeto.

Indicadores de desempenho (também conhecidos como *Key Performance Indicators* – KPIs) irão servir para medir a qualidade do processo para alcançar os resultados finais, avaliados por meio de critérios de sucesso previamente definidos (KERZNER, 2018). Indicadores de desempenho podem ser definidos como uma métrica usada para quantificar a eficiência e/ou a eficácia de uma ação (NEELY; GREGORY; PLATTS, 1995). A eficácia, por exemplo, avalia se os requisitos do cliente foram atendidos de forma satisfatória, enquanto a eficiência refere-se à quão bem os recursos disponíveis na organização são utilizados para atingir determinado nível de satisfação dos clientes (NAPPI, 2014).

Por meio de indicadores, podemos medir a eficiência do processo de gerenciamento de projetos. Esses indicadores podem ser agrupados por categorias, como por exemplo processos, pessoas, qualidade e custo. Para auxiliar na definição de indicadores de desempenho para o projeto que utilizará o modelo híbrido desenvolvido, propõe-se o uso do Canvas de Indicadores de Desempenho do Projeto (CIDP), ilustrado na Figura 5.11.

A escolha dos indicadores estará diretamente relacionada com as práticas que compõem o modelo desenvolvido. Para tal, o CIDP é composto pela mesma escala presente na matriz com o objetivo de elucidar os indicadores de desempenho do projeto e auxiliar na escolha dos mesmos. Esses indicadores podem ser provenientes de diferentes abordagens de gestão de projetos.

O primeiro passo é definir o indicador que utilizaremos. Em seguida, devemos detalhar como o indicador será calculado, ou seja, descrever os métodos, equações matemáticas, ou procedimentos para mensurar o indicador escolhido. Lembrem-se de que o que não é possível de ser medido, não é possível de ser gerenciado. Para o exemplo ilustrado, um dos indicadores definidos foi o *Throughput*, que indica a quantidade de entregas que o time realiza ao final de um período de tempo.

---

[6] Assim como o Trello, existem diversos sistemas *on-line* de gestão de fluxo de trabalho que utilizam uma lógica do quadro Kanban. Aqui não fazemos escolha de valor pela adoção do Trello, é simplesmente um exemplo.

#	Indicador	Como será calculado	Com qual frequência?	Valor meta	Responsável
1	Indicador 1 (K1)	Descrição cálculo K1	Frequência medição K1	w	R1
2	Indicador 2 (K2)	Descrição cálculo K2	Frequência medição K2	z	R2
n	Indicador n (Kn)	Descrição cálculo Kn	Frequência medição Kn	n	Rn
	...	...	...	...	...
	Ex.: *Throughput*	Medição da quantidade de entregas que o time realiza ao final de uma semana	Semanal	4	Maria

Figura 5.11 Canvas de Indicadores de Desempenho do Projeto (CIDP).

No terceiro passo definimos a frequência de medição do indicador, que pode ser diária, semanal, quinzenal, mensal, entre outros. Para o exemplo do *Throughput* esse período será de uma semana. A frequência de medição nos permite verificar de forma periódica se a evolução desse indicador ao longo do ciclo de vida do projeto está alinhada com as metas e objetivos definidos para o projeto e é um indicativo de que o processo de gestão está alinhado ou necessita de ajustes. O quarto passo compreende a definição de um valor meta a ser alcançado para aquele indicador. Essa meta pode ser desmembrada da seguinte forma: Objetivo + Valor + Prazo; por exemplo, conseguir realizar quatro entregas por semana.

No quinto e último passo, definimos quem é a pessoa ou área responsável pelo acompanhamento (governança) daquele indicador. Normalmente, quando atribuímos a responsabilidade de um indicador, trata-se daquela pessoa ou grupo de pessoas que se comprometem com o resultado estabelecido na meta do indicador.

Para os leitores que desejam se aprofundar no tema de indicadores de desempenho em gestão de projetos, recomendamos alguns trabalhos que tratam tanto de indicadores voltados para a abordagem do gerenciamento ágil (HARTMANN; DYMOND, 2006; KUPIAINEN; MÄNTYLÄ; ITKONEN, 2015) quanto para práticas segundo uma abordagem sequencial (KERZNER, 2017).

5.4.4 Fase 4 – Implementação, aprendizado e melhoria contínua

A implementação do modelo híbrido desenvolvido se inicia com a realização dos projetos e preparação da equipe. O acompanhamento deve ser conduzido pelos responsáveis pela implementação do modelo, compreendendo o ciclo de aprendizado e melhoria contínua no seu uso na organização. O monitoramento do andamento do projeto permitirá avaliar se o modelo de gestão criado está atingindo as expectativas e as metas de desempenho, ou se necessita de ajustes e melhorias. Esse processo é ilustrado na Figura 5.12.

Por exemplo, ao final do projeto, os responsáveis analisam os indicadores considerando os indicadores de desempenho. Se o projeto alcançou bons resultados, o gestor e sua equipe podem manter o uso do modelo de gestão (MGPC, conforme foi desenvolvido utilizando o processo demonstrado ao longo deste capítulo), sempre avaliando de forma contínua os resultados alcançados.

Por outro lado, caso o projeto não esteja atingindo os resultados esperados, algumas possibilidades são apresentadas. A primeira pode indicar que as práticas de gestão escolhidas para o projeto podem não estar sendo benéficas e/ou suficientes para alcançar os resultados esperados. Se isso for confirmado, recomendamos reavaliar as práticas e gerar um novo modelo de gestão, utilizando o método proposto a partir da segunda fase.

O processo de pesquisar e desenvolver novas práticas deve ser contínuo, para ser incorporado no grupo de práticas a serem adotadas pela organização em seus projetos, garantindo maior alinhamento às necessidades e demandas dos projetos, contribuindo para o uso de práticas mais modernas e alinhadas com os desafios atuais.

A segunda possibilidade é o ajuste fino no modelo de gestão criado. A partir da avaliação dos resultados será possível identificar se algumas práticas precisam ser melhor ajustadas para alcançar os resultados esperados para o projeto. Por exemplo, uma das práticas selecionadas pode ter sido o ritual de reuniões diárias com duração de 30 minutos a serem realizadas no início de cada dia de trabalho. Após a realização de algumas dessas reuniões, perceberam que esse tempo poderia ser reduzido para 15 minutos, ou mesmo reduzir a frequência das reuniões, visando aumentar o foco e objetividade das discussões. Esse ajuste deve ser feito no MGPC e comunicado a todos os envolvidos.

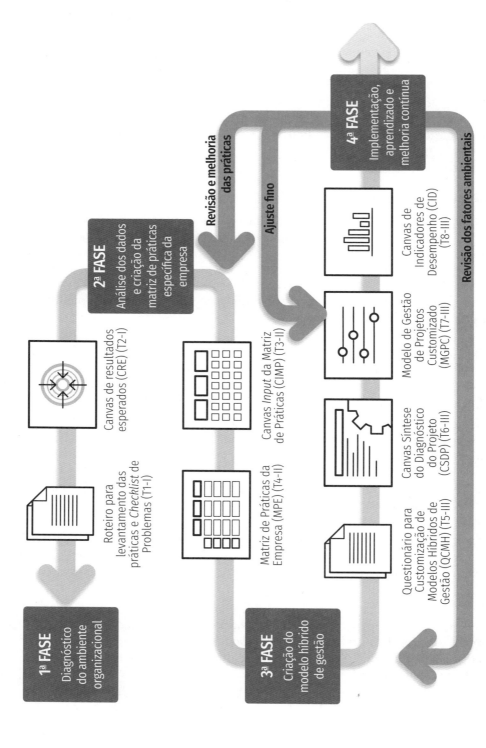

Figura 5.12 Processo para melhoria contínua do modelo híbrido de gestão.

Capítulo 5 • CRIANDO UM MODELO HÍBRIDO DE GESTÃO

A terceira possibilidade consiste na observação do ambiente organizacional que pode estar incompatível com a prática escolhida por meio do diagnóstico e uso da matriz de práticas. Por exemplo, no início do projeto, a equipe estava localizada em uma mesma sala, possibilitando o uso de práticas com apelo visual que contribuem para uma melhor interação e troca de informação contínua entre os membros da equipe, muitas vezes de modo informal.

Após certo tempo, a organização contratou novos membros que trabalham em locais distantes geograficamente. Dessa forma, parte da equipe passou a estar distribuída afetando diretamente nas práticas escolhidas quando do início do projeto em que as características do time eram outras.

Considerando esse exemplo, recomenda-se voltar para o início da fase 3 do método e reavaliar o ambiente organizacional a partir de uma nova aplicação do Questionário para Customização de Modelos Híbridos de Gestão (QCMH). A partir daí, uma nova análise será realizada, e novas práticas, técnicas e ferramentas serão incorporadas. Realize as alterações necessárias para aprimorar os resultados da aplicação do modelo híbrido, e assim seguir um ciclo de melhoria contínua do modelo.

É importante ressaltar que, no momento que estamos finalizando este livro, estamos vivendo um cenário totalmente inesperado no que tange o trabalho remoto. Devido à pandemia de Covid-19, muitas empresas fizeram a migração das pessoas de um modelo quase 100% presencial em escritórios para um modelo quase 100% remoto, salvo algumas posições e atividades que necessitam uso de equipamentos físicos ou profissionais que atuam em linhas de produção. A discussão sobre o "novo" modelo de trabalho após a solução para a crise sanitária caminha para um modelo híbrido de trabalho, parte presencial, parte remoto, mas com algumas posições e responsabilidades que podem ser cumpridas de forma totalmente remota. Durante a escrita deste livro, ainda não temos clareza quanto ao modelo que será adotado, o que sabemos é que muitas organizações precisaram ajustar seus modelos de gestão e o terão de fazer novamente no início dessa nova fase.

Além desse acompanhamento contínuo, é indicado criar processos para a gestão das lições aprendidas. É natural ocorrer erros e acertos durante os primeiros projetos gerenciados a partir de modelos híbridos. Os aprendizados dos times e todos que de alguma forma participam direta ou indiretamente desse processo e do desenvolvimento dos projetos devem ser registrados e compartilhados amplamente na organização.

CAPÍTULO 6
Exemplo: um caso de aplicação

Para fins didáticos, este capítulo descreve um exemplo de uso do modelo apresentado no capítulo anterior. Somamos o conhecimento dos autores deste livro e a vivência prática em projetos de consultoria. Usamos como base um caso relatado na literatura para preservar a confidencialidade de dados de empresas reais.

O caso é baseado em uma proposta técnica real, descrita em Sánchez et al. (2018). Os dados da publicação, combinados com extrapolações, resultaram em um caso fictício denominado Empresa Brasileira de Energia (EBE), e assim mostrar um cenário complexo que permita ilustrar de forma ampla o processo de criação de modelos híbridos dentro de uma organização.

Dessa forma, esperamos que este exemplo auxilie o leitor no entendimento de como adaptar e usar o método para propor um modelo híbrido para sua própria organização.

6.1 A empresa

A empresa fictícia com nome de "Empresa Brasileira de Energia – EBE" é responsável por gerar, transmitir e distribuir energia elétrica, e está presente em mais de um estado brasileiro, atendendo cerca de 16 milhões de usuários. A organização atua tanto na geração convencional quanto na geração de energia renovável, sendo um dos maiores fornecedores de energia eólica do país.

Os programas de pesquisas e de desenvolvimento tecnológico da empresa se baseiam nos requisitos dos órgãos reguladores e no planejamento da eletricidade, mas outras demandas surgem de diversas áreas como de TI, pesquisa e desenvolvimento e planejamento estratégico. A empresa possui um portfólio de serviços convencionais, e outro voltado para a inovação. Ao todo, o portfólio é composto por uma média de 60 projetos anuais.

A empresa tem investido fortemente em inovação e sustentabilidade, desenvolvendo projetos que contribuem para o aumento da eficiência operacional, redução de impactos ao meio ambiente, responsabilidade social e para o desenvolvimento de novas tecnologias em equipamentos e processos. Em paralelo, a empresa tem explorado áreas como *Big Data* e *Business Intelligence* (BI) para analisar o consumo de energia em tempo real, prever demandas, avaliar o desempenho operacional e viabilizar novos serviços para seus clientes.

6.2 A motivação

As empresas do setor de energia estão expostas às incertezas e à volatilidade manifestadas em mudanças na política de energia (mudanças regulatórias), além da crescente demanda por ela, ocasionada pelo crescimento populacional, rápida urbanização, variabilidade na geração de energia, bem como desafios ambientais e a demanda crescente por fontes de energia limpa e renovável.

São também empresas com operações de grande porte e complexas, cuja operação demanda o envolvimento de muitas pessoas. Essas empresas também dependem de uma complexa infraestrutura, cuja manutenção constante é decisiva para a qualidade do serviço que prestam aos seus usuários. Assim como na gestão de projetos, essas empresas estão se reinventando com o avanço das novas tecnologias de automação.

A digitalização representa um grande impacto para essas empresas, pois o avanço das tecnologias e diversificação das fontes de energia podem resultar na readequação dos negócios e cadeia de valor desse setor, incluindo a estrutura das cadeias produtivas, distribuição e todos os parceiros envolvidos, da geração ao consumidor final. O mesmo já aconteceu em setores mais dinâmicos, como na música e no transporte, com o surgimento de empresas que desafiaram o *status quo* do modelo de negócios existente, e com o uso de tecnologia criaram novos modelos de resolver os problemas dos clientes e entregar valor para seus usuários e consumidores.

Algumas das empresas do setor de energia podem ter sérios problemas operacionais, serem incorporadas por outras, ou até mesmo desaparecer com o tempo. A máxima da transformação dos negócios serve tanto para este setor quanto para qualquer outro, e sua sobrevivência depende da implantação de novas estratégias e modelos de negócios inovadores para garantir um fornecimento seguro e confiável de energia.

A organização sob análise possuía processos considerados rígidos e uma estrutura orientada por departamentos funcionais que atuavam de forma isolada. Em contrapartida, precisavam desenvolver soluções capazes de reagir rapidamente às mudanças de mercado e expectativas de clientes, a fim de manter sua competitividade. Inspirada por empresas de outros setores, a EBE buscou incorporar princípios da abordagem ágil de gestão em sua estrutura buscando melhorar a flexibilidade e agilidade no gerenciamento de seus projetos.

No entanto, a empresa vivia um dilema. Ao mesmo tempo que precisa ser mais ágil e ter flexibilidade em determinados projetos, também precisava manter o rigor dos projetos para atender requisitos rígidos da regulamentação que orienta

Capítulo 6 • EXEMPLO: UM CASO DE APLICAÇÃO

o setor. Também se viu diante do desafio de ter diferentes tipos de projetos em seu portfólio. Havia, em alguns casos, dois extremos, projetos totalmente exploratórios, com tecnologia de fronteira, e projetos que atendiam uma rotina e padrões bem estabelecidos, cujo conhecimento na empresa era vasto. Um complicador era a necessidade, mesmo nesses projetos menos inovadores, de se desenvolver maior agilidade e eficiência na gestão.

Para resolver tais desafios, era preciso combinar práticas de diferentes abordagens ao invés de seguir determinado método de forma completa. O risco aqui seria adotar um método pronto que não necessariamente atenderia às particularidades dos projetos deste setor. Perceberam que a maioria dos métodos da abordagem ágil tinham um viés para o desenvolvimento de *software*, no entanto, os desafios enfrentados pela EBE iam muito além de uma solução de *software*, e envolvia diversas tecnologias e engenharia, desenvolvimento e operação de equipamentos físicos.

Havia também a necessidade de criar um modelo adaptado às suas características e necessidades. Era visível também a necessidade de melhor adequar as práticas para determinados projetos, bem como os fatores contextuais do negócio. Assim, na busca por melhor desempenho nos projetos, investiram no desenvolvimento de uma competência adicional para a empresa, que contribuiria para o desenvolvimento e uso de práticas de gestão 100% customizadas para sua realidade.

Entretanto, a mudança de um modelo tipicamente tradicional, e por vezes preditivo, para agregar elementos da abordagem ágil exigiu também a reformulação da estrutura organizacional. A organização estruturou suas equipes de projeto a partir da divisão de suas iniciativas em duas principais categorias: projetos convencionais e projetos de inovação. No primeiro caso, o escopo dos projetos envolve tecnologias tradicionais de geração e distribuição de energia bem conhecidas, incluindo linhas e torres de energia, transformadores e equipamentos de compensação reativa, estudos e avaliações de viabilidade ambiental, projeto de engenharia civil e elétrica, soluções de energia integradas, bem como sistemas de aquisição e sistemas de gerenciamento de distribuição. Para tal, a abordagem para o gerenciamento desses projetos foi mantida, seguindo um processo baseado em fases bem definidas e práticas alinhadas com as normas que regem o setor.

No segundo caso, temos os projetos que envolvem altos níveis de inovação, como geração de eletricidade a partir de fontes renováveis e com maior eficiência energética, uso de novos materiais, componentes, supercondutores e tecnologias de otimização da transmissão, *smart grids*, transmissão de energia elétrica sem fio, sistema interconectados e autônomos e soluções para monitoramento e diagnóstico de falhas de ativos de subestações baseados em inteligência artificial.

Nesse segundo tipo de projeto, a organização manteve a estrutura e elementos de gestão das fases para garantir aderência à regulamentação. No entanto, no nível das equipes e trabalho do dia a dia, elas atuavam de forma independente, seguindo uma cultura semelhante à de uma *startup*. Por um lado, as equipes se esforçavam para atender todas as demandas regulatórias vigentes da área, e por outro, elas eram autodirigidas e autônomas, compostas por profissionais com diferentes conhecimentos. Ao final de um projeto, as equipes eram dissolvidas e os membros realocados em um próximo projeto.

6.3 O projeto

Imagine agora que a empresa necessita de um modelo de gestão para ser adotado em um novo programa que visa a introdução de uma inovação no serviço de manutenção preventiva para infraestruturas de energia.[1] O projeto visa introduzir inovações tecnológicas na área de *hardware* e de inteligência artificial para criar um novo serviço de gestão das atividades de manutenção, alterando a forma como as plantas são acompanhadas. É requisito do projeto que este novo serviço possua desempenho mais eficiente (em tempo e custo operacional) por meio da inclusão de um sistema inteligente baseado em drones autônomos (ou VANTs[2]) para realizar inspeções visuais em áreas de infraestruturas críticas (por exemplo, plantas de geração e distribuição de energia).

O tempo para conclusão de todo o projeto e o início da operação foi estimado em um ano. Os objetivos com a adoção desse sistema são prevenir acidentes, aumentar a segurança dos colaboradores, reduzir custos de manutenção e aumentar a eficiência das redes de energia. Quando alguma anormalidade é constatada, um alarme deve ser acionado e informações visuais fornecidas para o operador, para que esse verifique o problema.

O desenvolvimento e controle de um conjunto de drones é uma tarefa complexa e que exige uma capacidade intensa de processamento de dados, integrando *hardware* e *software*. Ao mesmo tempo que deve ser escalável e apresentar segurança, o projeto envolve vários desafios a serem superados como por exemplo, consumo de energia, autonomia, faixa de cobertura de inspeção e peso do equipamento.

O caso de uso apresentado neste livro envolve tanto a construção do veículo aéreo não tripulado quanto o controle de voo autônomo dos drones e o processamento e análise dos vídeos coletados em tempo real. Observa-se, portanto, o desenvolvimento tanto do *hardware* quanto do *software*, algo cada vez mais comum em todos os setores da indústria.

O cenário do projeto está representado na Figura 6.1. No nível inferior está representada a camada de energia, composta pelos ativos de infraestrutura tanto de energia elétrica quanto de energia renovável da organização. A camada intermediária se refere à rede de telecomunicação que permitirá a transferência dos dados coletados para o centro de controle da organização. E, por fim, no nível superior, temos de forma ampla a arquitetura do drone e a representação do centro operacional.

---

[1] Este exemplo foi elaborado a partir de um estudo de caso publicado na literatura por pesquisadores espanhóis (SÁNCHEZ et al., 2018).

[2] VANT é a sigla para Veículo Aéreo Não Tripulado. Para saber mais, consulte Valavanis e Vachtsevanos (2015).

Capítulo 6 • EXEMPLO: UM CASO DE APLICAÇÃO

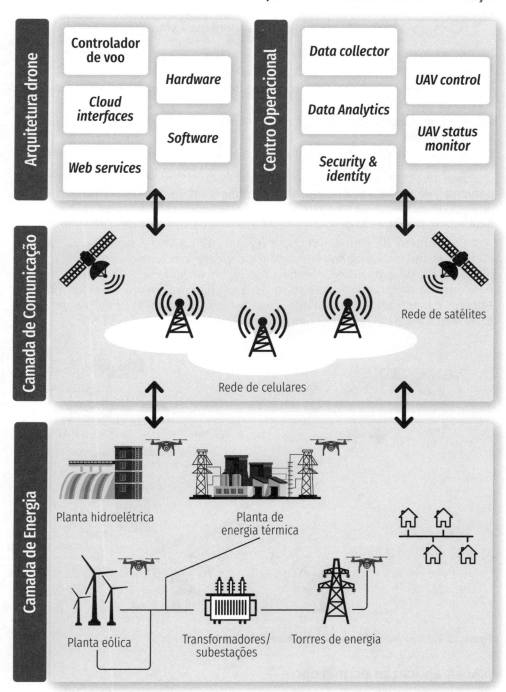

Figura 6.1 Representação do projeto drone.[3]

---

[3] Proposta fictícia gerada a partir da proposta técnica realizada por Sánchez *et al.* (2018).

A seguir podemos observar alguns dos principais requisitos do projeto:

- transmissão de vídeos HD em tempo real;
- detecção onidirecional de obstáculos;
- controle simultâneo e transmissão de dados e registro de eventos de forma segura e confiável;
- voo e monitoramento sobre áreas predesignadas (ex.: plantas de geração de energia);
- capacidade de operar em condições adversas e em longas distâncias.

Tem-se, portanto, um projeto com nível de complexidade elevado, bem como o seu grau de inovação, buscando superar algumas das principais limitações da tecnologia de drones atual (controle de voo de baixo alcance, imagens de baixa qualidade, armazenamento de dados na memória, e transmissão de dados limitada).

O conjunto de drones precisa executar aplicativos e sistemas complexos, como transmissão de dados (*streaming* de vídeos em tempo real), definição do plano de voo de cada drone, identificação de objetos, emissão de alarmes e acompanhamento da bateria. A comunicação, por sua vez, envolve a integração com satélites e conexão de banda larga. Uma esquematização do projeto indicando a inter-relação entre diferentes componentes está ilustrada na Figura 6.2.

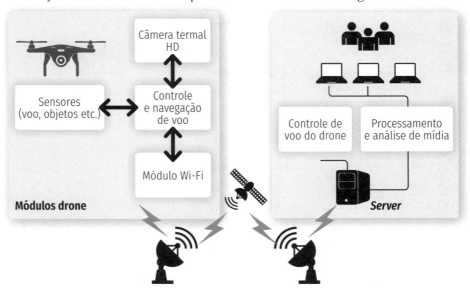

Figura 6.2 Relação entre diferentes componentes do projeto.[4]

6.4 A aplicação do método

A aplicação do processo para construção de modelos híbridos discutido no capítulo anterior teve como aporte a missão, visão e estratégia da organização, bem

---

[4] Proposta fictícia gerada a partir da proposta técnica realizada por Sánchez *et al*. (2018).

como as perspectivas e percepções dos gestores e colaboradores. Propósitos específicos também podem colaborar nesse momento, como as atividades essenciais (ou *core tasks*), conforme mencionadas no exemplo do caso Bosch (*Growth*, *Agility* e *Profitability*). Nesse contexto, o diálogo entre os envolvidos e o apoio executivo são essenciais para o desenvolvimento do modelo.

Na primeira fase, foi realizado o diagnóstico do gerenciamento de projetos da organização. No caso restringiu-se para a filial do estado de São Paulo, por se tratar do polo de projetos inovadores da organização. Para tal, o roteiro para levantamento das práticas foi utilizado para entrevistar os profissionais das diferentes áreas de negócios buscando identificar a realidade de toda a organização.

Entre os principais problemas relacionados ao atual gerenciamento de projetos na organização se destacaram: existência de silos departamentais; aversão a reorganizações, mudanças de mercado ou outras mudanças externas; processos burocráticos que não adicionam valor ao resultado final; documentação excessiva; falta de flexibilidade; falta de autonomia para resolver problemas; e interpretação errônea das informações.

Ainda nessa primeira fase, e baseado nos problemas destacados, os envolvidos indicaram os benefícios que a organização pretendia alcançar com o uso de modelos híbridos, os quais estão ilustrados na Figura 6.3.

Na segunda fase de aplicação, os envolvidos analisaram os dados coletados referentes ao atual gerenciamento de projetos da organização visando à criação da Matriz Morfológica de Práticas. Assim, a partir das ações, técnicas e ferramentas identificadas, os envolvidos desenvolveram o Canvas *Input* da Matriz de Práticas (CIMP) (Figura 6.4). A partir do CIMP, as práticas foram inseridas na Matriz de Práticas da Empresa (MPE) (Figura 6.5).

#	Indicador	Como será calculado	Com qual frequência?	Valor da meta	Responsável
	O que esperamos obter com o uso do modelo híbrido de gestão?				
1	+ Satisfação cliente	*Net Promoter Score* (NPS)	Mensal	> 80	João
2	Tomada de decisões de forma mais ágil e efetiva	Velocidade de mudança (atualização) do plano	Diária	Até 24 horas	Marina
3	Simplificação dos processos	Índice de retrabalho	Mensal	Próximo a 0	Pedro

Figura 6.3 Canvas de Resultados Esperados (CRE) preenchido para o caso exemplo.

HIBRIDISMO · CONFORTO | BIANCHI | REIGADO | BOTELHO | AMARAL

Práticas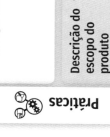

Ações

- Coletar requisitos
- Definir escopo do produto
- Definir escopo do projeto
- Desenvolver o cronograma
- Controlar escopo
- Controlar o plano do projeto
- Controlar mudanças de escopo
- Identificar o trabalho necessário para o projeto (produto, entregas etc.)

Técnicas

- Planning poker
- Análise de reservas
- Product Backlog
- Balanced Scorecard
- Critical Path Method
- Work Breakdown Structure (WBS)
- Delphi Technique
- Dinâmica de grupo
- Earned Value Analysis
- Entrevista

Ferramentas

- Apresentação de slides
- Ata de reunião
- Banco de dados
- Cartão/Recados autoadesivos (sticky notes)
- Checklist
- Desenho/Esboço
- Diagrama/Apresentação gráfica/Gráfico
- E-mail
- Maquetes
- Mental models/Mandala/Process maps

Descrição do escopo do produto

Definir escopo do produto utilizando a técnica de visão e elementos gráficos (desenhos/esboços)

Definir escopo do produto por meio de reuniões e entrevistas, utilizando documentos textuais

Descrição do escopo do projeto

Identificar o trabalho necessário para o projeto utilizando WBS em uma folha A4

Identificar o trabalho necessário para o projeto utilizando Product Backlog com sticky notes e um quadro branco

Gerenciamento da Qualidade

Gerenciar a qualidade utilizando relações de causa e efeito e diagramas

Gerenciar a qualidade por meio de auditorias internas, utilizando listas de verificação

Análise de Riscos

Analisar riscos usando uma matriz de Probabilidade Impacto e planilhas

Analisar riscos por meio de simulação de Monte Carlo e diagramas

Estimativa de Custos

Estimar custos por meio de estimativa análoga utilizando planilhas/tabelas

Estimar custos por meio de estimativa bottom-up utilizando um quadro

(Continua)

Capítulo 6 • EXEMPLO: UM CASO DE APLICAÇÃO

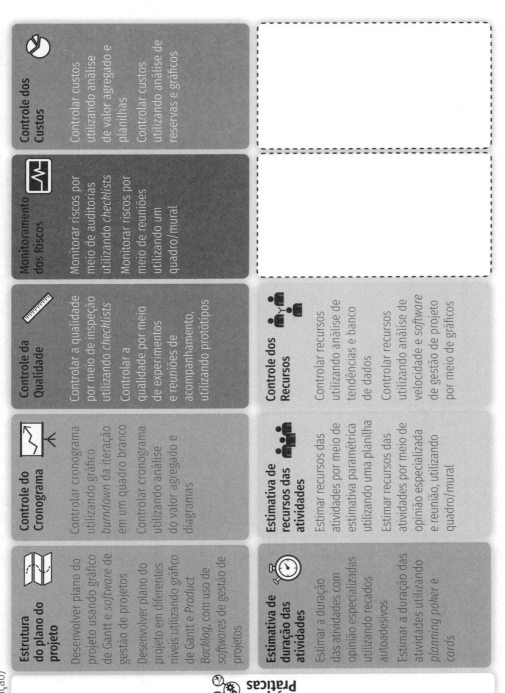

Figura 6.4 Canvas *Input* da Matriz de Práticas (CIMP).

111

← Antecipação, previsibilidade e padronização
→ Adaptabilidade, flexibilidade e responsividade

Processos de GP	Práticas	A	B	C
Gestão do Escopo	Descrição do escopo do produto	Definir escopo do produto por meio de reuniões e entrevistas utilizando documentos textuais		Definir escopo do produto utilizando a técnica de visão e elementos gráficos (desenhos/esboços)
	Descrição do escopo do projeto	Identificar o trabalho necessário para o projeto utilizando WBS em uma folha A4		Identificar o trabalho necessário para o projeto utilizando *Product Backlog* com *sticky notes* e um quadro branco
Gestão do Cronograma	Estrutura do plano do projeto	Desenvolver plano do projeto usando gráfico de Gantt e *software* de gestão de projetos	Desenvolver plano do projeto em diferentes níveis utilizando gráfico de Gantt e *Product Backlog*, com uso de *softwares* de gestão de projetos	Desenvolver plano do projeto por meio de um Kanban em um quadro/mural
	Estimativa de duração das atividades	Estimar a duração das atividades por meio de estimativa de três pontos, utilizando planilhas	Estimar a duração das atividades com opinião especializadas utilizando recados autoadesivos	Estimar a duração das atividades utilizando *Planning poker* e *cards*
	Controle do cronograma	Controlar cronograma utilizando análise do valor agregado e diagramas	Controlar cronograma utilizando análise de desempenho e diagramas	Controlar cronograma utilizando gráfico *burndown* da iteração em um quadro branco

(Continua)

Capítulo 6 • **EXEMPLO: UM CASO DE APLICAÇÃO**

(Continua)

← Antecipação, previsibilidade e padronização   Adaptabilidade, flexibilidade e responsividade →

Processos de GP	Práticas	A	B	C
Gestão de Recursos	Estimativa de recursos das atividades	Estimar recursos das atividades por meio de estimativa paramétrica utilizando uma planilha	Estimar recursos das atividades por meio de estimativa *bottom-up* utilizando uma planilha	Estimar recursos das atividades por meio de opinião especializada e reunião, utilizando quadro/mural
	Controle dos recursos	Controlar recursos utilizando análise de tendências e banco de dados	Controlar recursos utilizando análise de desempenho e *software* de gestão de projetos	Controlar recursos utilizando análise de velocidade de gestão de projeto por meio de gráficos
Gestão da Qualidade	Gerenciamento da qualidade	Gerenciar a qualidade por meio de auditorias internas utilizando listas de verificação	Gerenciar a qualidade utilizando histogramas e banco de dados	Gerenciar a qualidade utilizando relações de causa e efeito e diagramas
	Controle da qualidade	Controlar a qualidade por meio de inspeção utilizando *checklists*	Controlar a qualidade utilizando testes de conformidade e *checklists*	Controlar a qualidade por meio de experimentos e reuniões de acompanhamento, utilizando protótipos

(Continuação)

113

(Continuação)

Processos de GP	Práticas	A	B	C
Gestão de Riscos	Análise de Riscos	Analisar riscos por meio de simulação de Monte Carlo e diagramas	Analisar riscos usando uma Matriz de Probabilidade Impacto e planilhas	
	Monitoramento dos Riscos	Monitorar riscos por meio de auditorias utilizando *checklists*	Monitorar riscos por meio de reuniões utilizando um quadro/mural	Monitorar riscos por meio de *burndown* de riscos utilizando um gráfico
Gestão de Custos	Estimativa de Custos	Estimar custos por meio de estimativa de três pontos utilizando uma folha A4	Estimar custos por meio de estimativa análoga utilizando planilhas/tabelas	Estimar custos por meio de estimativa *bottom-up* utilizando um quadro
	Controle dos Custos	Controlar custos utilizando análise de reservas e gráficos	Controlar custos utilizando análise de valor agregado e planilhas	

← Antecipação, previsibilidade e padronização +

+ Adaptabilidade, flexibilidade e responsividade →

Figura 6.5 Matriz de Práticas da Empresa (MPE) preenchida.

Capítulo 6 • EXEMPLO: UM CASO DE APLICAÇÃO

Com a matriz de práticas em mãos, os envolvidos podem agora configurar o modelo a ser seguido no projeto do drone, iniciando a terceira fase do processo, que é a criação de fato do modelo híbrido de gestão. O questionário para customização de modelos híbridos foi aplicado, de forma a analisar as características do projeto e ambiente organizacional, auxiliando os profissionais na escolha das práticas. A Tabela 6.1 apresenta o exemplo da aplicação do questionário para a dimensão Gestão do Cronograma. O questionário completo do caso exemplo pode ser consultado no Apêndice E. Após a resposta do questionário, o Canvas Síntese do Diagnóstico do Projeto (CSDP) foi preenchido conforme Figura 6.6.

Em seguida, os responsáveis pela implementação do modelo escolheram as práticas que julgaram ser mais adequadas para o projeto dos drones autônomos, culminando no modelo híbrido apresentado na Figura 6.7.

Inicialmente, os responsáveis pelo modelo híbrido escolheram definir o escopo do projeto utilizando uma combinação da técnica de visão com as técnicas tradicionais de escopo e *Work Breakdown Structure* (WBS).

A justificativa para tal escolha é dada pelo alto grau de inovação do projeto. Note que o serviço em si é de certa maneira conhecido pela organização que possui, atualmente, uma operação de serviço de manutenção em andamento. Então, há muitas rotinas hoje utilizadas e resultados que podem ser previstos, como os atores e responsáveis pelo serviço, monetização e outros, de maior previsibilidade. O problema é que o projeto envolve uma nova tecnologia de drone 5G que irá necessitar de novas funções, um *hardware* inovador e *softwares* também inovadores. Além disso, apresenta grande complexidade por ser um serviço formado por muitos componentes que precisam ser entregues.

Optou-se então por combinar as práticas de visão do produto com WBS. A visão oferece uma forma de trazer criatividade e explorar as novas funções da tecnologia de forma a desafiar e motivar a equipe de projeto, além de nortear a direção que se deve seguir. Ela permite também estimular a equipe para o desenvolvimento das tecnologias nos componentes do drone (*hardware* e *software*). A visão também ajuda a lidar com a o alto grau de complexidade associado aos diversos sistemas e componentes do projeto, permitindo que a equipe tenha uma orientação única capaz de facilitar a integração.

A técnica da visão é complementada pela WBS orientada às entregas previsíveis e que precisam ser feitas para completar um projeto. Isso é, a equipe pode gerar um plano das entregas mais previsíveis relacionadas aos demais elementos do serviço e que são similares à operação de manutenção que ocorre atualmente.

Por se tratar de uma organização de energia, com processos tradicionalmente rígidos e com pouca experiência em desenvolvimento de *softwares*, boa parte desse projeto era incerto, principalmente nos requisitos associados à integração de *hardware* e *software*. Optaram, portanto, em trabalhar com diferentes níveis de planejamento (macro e micro). Dessa forma, a equipe consegue ter uma visão mais ampla do horizonte do projeto sem entrar em muitos detalhes em partes do projeto que ainda requerem mais estudo ou experimentação, ao mesmo tempo que trabalha com entregas parciais em intervalos curtos de tempo.

Tabela 6.1 Exemplo da aplicação do questionário no projeto do drone

Dimensão	Subdimensão	Questão	Resposta	Somatória total das respostas dessa subdimensão	Pontuação máxima possível dessa subdimensão	Pontuação total normalizada (Somatória total / Pontuação máxima possível)
Gestão do cronograma	Estrutura do plano do projeto	5. Em relação à forma que os envolvidos estão acostumados a trabalhar:	2	10	18 (três questões com escalas que variam até 6)	10 / 18 = 0,6
		6. Qual a duração total (aproximada) do projeto?	2			
		7. Em relação à urgência para se concluir o projeto, tem-se que:	6			
	Estimativa de duração das atividades	8. Em relação às informações de projetos anteriores semelhantes ao projeto atual:	4	4	6 (uma questão com escala até 6)	4 / 6 = 0,7
	Controle do cronograma	9. Em relação à equipe de projeto:	4	4	6 (uma questão com escala até 6)	4 / 6 = 0,7

Capítulo 6 • **EXEMPLO: UM CASO DE APLICAÇÃO**

		Somatória total das respostas dessa sub-dimensão	Pontuação máxima possível dessa sub-dimensão	Pontuação total normatizada (Somatória total / Pontuação máxima possível)
	Descrição do escopo do produto	8	12	**0,7**
	Descrição do escopo do projeto	5	12	**0,4**
	Estrutura do plano de projeto	10	18	**0,6**
	Estimativa de duração das atividades	4	6	**0,7**
	Controle do Cronograma	4	6	**0,7**
	Estimativa de recursos das atividades	20	24	**0,8**
	Controle dos Recursos	8	12	**0,7**
	Gerenciamento da Qualidade	4	12	**0,3**
	Controle da Qualidade	10	12	**0,8**
	Análise de Riscos	8	12	**0,7**
	Monitoramento dos Riscos	2	6	**0,3**
	Estimativa de Custos	14	18	**0,8**
	Controle dos Custos	4	6	**0,7**

────────────── GESTÃO ──────────────

Escopo   Cronograma   Recursos   Qualidade   Riscos   Custos

(Continua)

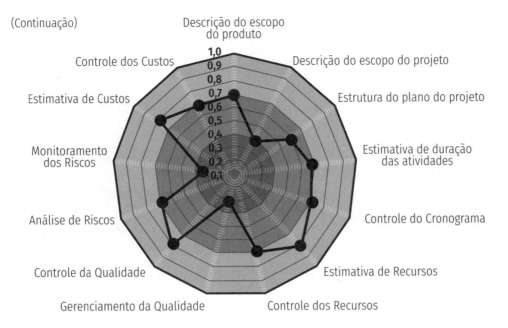

Interpretação da escala:

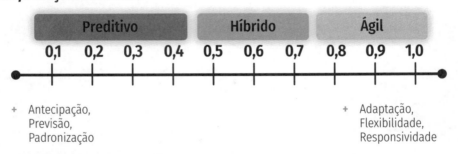

Figura 6.6 Exemplo do CSDP preenchido.

O primeiro nível é um cronograma tradicional que estabelece de forma clara entregas principais, entregas macro, e a identificação das responsabilidades macro da empresa e do cliente, desenvolvido de forma colaborativa entre ambas as partes, apontando os principais marcos ao longo do projeto. Um segundo nível, cada equipe do projeto considerava apenas os produtos principais do projeto sob sua responsabilidade a serem entregues (similar ao *Product Backlog*).

Esses produtos então são desdobrados em uma série de tarefas que a equipe se comprometia a realizar em um curto prazo de tempo denominado iteração (*Sprint Backlog*). Para o projeto em questão, definiu-se iterações de quatro semanas. Para registrar e gerenciar todas essas informações serão utilizados um *software* para desenvolvimento de um *Gantt chart* e uma visão de quadro Kanban.

Capítulo 6 • EXEMPLO: UM CASO DE APLICAÇÃO

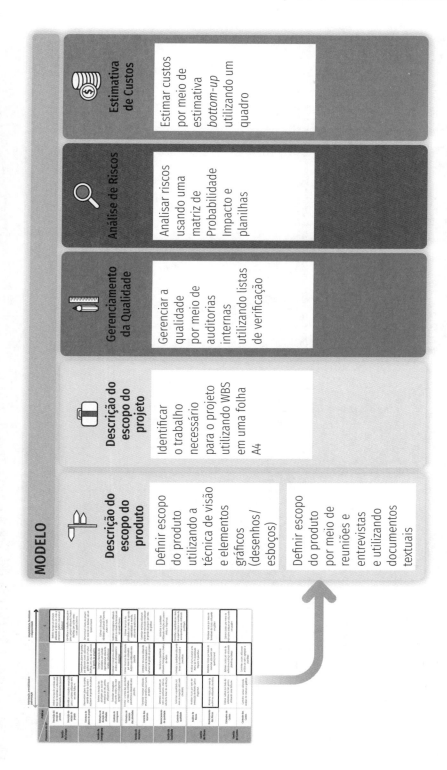

(Continua)

119

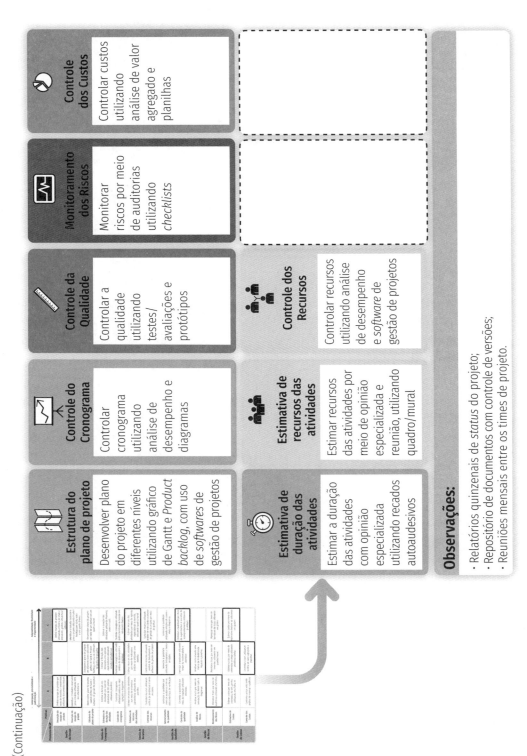

Figura 6.7 Modelo de gestão criado para o projeto de drones autônomos.

Capítulo 6 • EXEMPLO: UM CASO DE APLICAÇÃO

Note que o plano detalhado pode utilizar diferentes técnicas. Uma equipe, por exemplo, a equipe financeira ou as equipes técnicas de engenharia de manutenção (mecânica, elétrica, civil etc.), pode complementar o planejamento com cronogramas tradicionais nessa etapa, na medida que os seus pacotes de trabalho das entregas macro assim o permitirem, isso é, tenham previsibilidade.

As equipes que trabalham nas entregas macro ligadas ao drone (eletrônica, *software* de controle, algoritmo de visão artificial etc.) necessariamente utilizarão técnicas ágeis como o Kanban para atuarem de forma ágil na parte mais inovadora do projeto.

A estratégia de planejamento multinível permite entender o relacionamento do todo e suas partes, desdobrando as macroentregas do projeto em partes menores, atribuindo-as para diferentes equipes no projeto.

Associado a essa estratégia, os responsáveis optaram por incluir pontos de revisão (com base no conceito de *phase-gates*) tanto para assegurar que as regulamentações estão sendo atendidas quanto se o projeto está entregando os resultados esperados ao longo do tempo, ao mesmo tempo em que se pode acomodar a avaliação de protótipos desenvolvidos durante as iterações. Nesse caso, o cliente em conjunto com cada equipe tem a possibilidade de avaliar o andamento do projeto com maior frequência e solicitar alterações conforme os resultados alcançados.

No caso do projeto exemplo, diferentes equipes foram formadas para cada módulo do drone e seus respectivos desdobramentos (sensores, controle e navegação de voo, módulos Wi-Fi, câmera termal HD). Cada equipe foi composta por sete profissionais mais um gestor de projetos. Para o alinhamento entre os diferentes times do projeto, optou-se por reuniões mensais em que cada time descreve no que está trabalhando, quais lições aprenderam no último mês, no que pretendem se concentrar no próximo mês, quais resultados eles esperam obter e, como isso, poderá impactar ou necessitar da integração com outros times. O intuito é garantir maior transparência entre todos os envolvidos, além de facilitar a colaboração entre eles e fortalecer a conexão com os objetivos estratégicos.

Ressaltamos que em projetos grandes e equipes distribuídas, em que as interfaces do produto e as dependências entre as atividades de projeto podem dificultar o andamento do projeto, a divisão de atividades pode ser um fator essencial. A divisão pode ser realizada delegando atividades a serem executadas de forma independente para um mesmo time, minimizando o problema de dependências. Outra estratégia pode ser desdobrar o projeto em módulos de atividades independentes e coordenar as ações das subequipes.

Em relação à estimativa de duração das atividades do projeto, os responsáveis selecionaram a opinião especializada, assumindo o pouco conhecimento sobre boa parte das atividades a serem realizadas no projeto e seus desdobramentos. O controle, por sua vez, irá ocorrer por meio de análises de desempenho e uso de diagramas, prática comumente utilizada em projetos anteriores da organização. As mesmas práticas foram selecionadas para a Gestão de Recursos. Para a estimativa de recursos optou-se pela opinião especializada, e para o controle da análise de desempenho utilizando *software* de gestão de projetos.

No âmbito da Gestão da Qualidade, duas práticas foram selecionadas. A primeira remete ao gerenciamento da qualidade, que visa assegurar o cumprimento dos objetivos de qualidade, além de identificar processos ineficazes e problemas que afetem a qualidade, e será realizada por meio de auditorias internas, enquanto o controle da qualidade, que visa avaliar os resultados do projeto com os requisitos de qualidade e verificar se são aceitáveis e estão de fato atendendo às expectativas do cliente, será feito por meio de testes e avaliações. Esses testes serão realizados periodicamente, conforme o trabalho vai sendo realizado e as entregas são desenvolvidas.

Ambientes com alto grau de inovação, como no caso descrito, remetem a elevados níveis de incerteza e riscos. Para análise dos riscos, os responsáveis escolheram o uso da matriz de riscos (probabilidade-impacto) e planilhas. A matriz de riscos é utilizada para identificar quais são os riscos que podem afetar o projeto, permitindo desenvolver diferentes respostas de acordo com seu nível de criticidade.

Pelo fato de se tratar de uma organização com baixa tolerância ao risco, optou-se por monitorar os riscos por meio de auditorias utilizando *checklists*, verificando se os riscos identificados anteriormente ainda são uma realidade no projeto, se novos riscos surgiram e quais foram mitigados ou deixaram de existir. O documento de riscos deve ser atualizado regularmente, de acordo com o andamento do projeto e conforme novos conhecimentos vão sendo adquiridos e o projeto melhor compreendido.

Em relação aos custos do projeto, foi definido que os custos necessários para executar o trabalho do projeto seriam estimados por meio da estimativa *bottom-up*. Nesse caso, os custos dos pacotes de trabalho são estimados e então sumarizados em níveis mais altos para estimar o custo total do projeto. Já o controle seria realizado por meio da análise de valor agregado, em que os resultados do projeto são transformados em dados monetários, permitindo avaliar o valor que já foi agregado ao projeto e o custo real, verificando o desempenho em custos. Essa análise também pode indicar se o projeto está atrasado ou adiantado.

Auxiliando o controle do projeto, os responsáveis pela criação do modelo definiram o uso de relatórios quinzenais de *status* do projeto, assumindo como um nível de documentação adequada de acordo com as características do projeto, bem como o uso de repositório de documentos com controle de versões. A documentação mínima se fez benéfica para a equipe, uma vez que requisitos documentados, mesmo mínimos, trazem mais benefícios ao desenvolvimento do que a comunicação puramente informal ou uma documentação extremamente detalhada, facilitando o compartilhamento de informações entre os membros envolvidos no projeto. A documentação cria uma figura global do projeto e auxilia a gestão do conhecimento nos casos de rotatividade de membros do time.

Uma representação gráfica do modelo de gestão criado pode ser conferida na Figura 6.8.

Capítulo 6 • EXEMPLO: UM CASO DE APLICAÇÃO

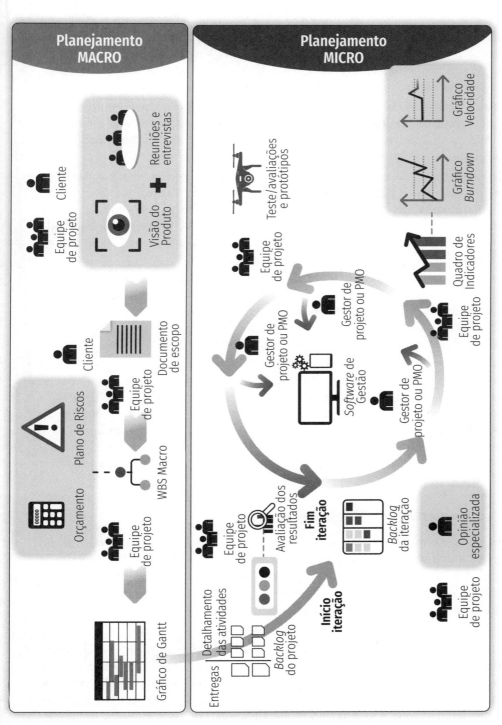

Figura 6.8 Ilustração do modelo de gestão criado para o projeto do drone.

O último passo antes da aplicação do modelo criado foi a definição dos indicadores de desempenho para o projeto. A escolha de indicadores foi desdobrada a partir das práticas escolhidas para medir a eficiência do processo de gerenciamento de projetos. Os indicadores selecionados podem ser observados na Figura 6.9. Como o projeto em si possui várias equipes, cada equipe se responsabiliza pela medição dos indicadores referente às atividades que desenvolve no projeto.

Após a criação do modelo e definição dos indicadores, os responsáveis iniciaram a aplicação do modelo tendo em vista o ciclo de aprendizado e melhoria contínua, avaliando os resultados alcançados ao longo do tempo e realizando ajustes e mudanças quando necessário.

Além de acompanhar os indicadores do projeto, é preciso acompanhar se os resultados esperados com o uso do modelo estão sendo alcançados. Esse acompanhamento deve ser frequente, de acordo com o que foi definido no CRE. Nesse exemplo, os objetivos incluíam aumentar a satisfação dos clientes, tornar a tomada de decisões mais ágil e efetiva e simplificar os processos com o objetivo de reduzir o retrabalho e desperdícios de recursos e tempo.

Esse acompanhamento do impacto do modelo híbrido segundo o que foi definido no CRE é parte fundamental da transformação e do processo de adoção de novas práticas e rituais pelas equipes. Além disso, será relevante para mostrar o valor das práticas adotadas e alinhamento com os objetivos estratégicos da organização ou área em que o modelo híbrido será adotado.

É importante destacar também que o modelo de gestão criado reflete a realidade da equipe, inserida dentro do contexto dessa organização. Caso a criação do modelo fosse realizada em um outro contexto, com diferentes fatores organizacionais, o modelo final muito provavelmente seria diferente justamente devido às especificidades de cada caso. Outros elementos, inclusive já discutidos no caso apresentado no Capítulo 4, também podem ser inseridos para auxiliar na condução dos projetos e uso do modelo criado, como as chamadas salas de projetos e áreas de apoio.

6.5 Considerações sobre a aplicação

A aplicação do método pode auxiliar organizações e profissionais na construção de seus modelos híbridos de gestão. A primeira dica é não se restringir apenas às práticas que a equipe possui domínio. O conhecimento e a experiência dos envolvidos é importante, mas não pode ser um limitador. É preciso explorar novas oportunidades, nesse caso práticas de gestão, almejando a melhoria do processo de gerenciamento de projetos da organização.

A integração entre diferentes equipes e profissionais de gestão de projetos será benéfica nesse contexto. Devemos compartilhar as experiências em relação ao uso de determinada prática. A organização pode inclusive criar um banco de dados das experiências em relação a todas as práticas da empresa (base histórica de práticas), de forma a auxiliar no desenvolvimento de seus modelos de gestão. A empresa também pode optar pela implantação de *workshops* e treinamentos pe-

Capítulo 6 • EXEMPLO: UM CASO DE APLICAÇÃO

riódicos sobre as mais variadas práticas gerenciais, de forma a aumentar seu leque de opções e conhecimento.

Lista de potenciais indicadores de desempenho

+ Antecipação, previsibilidade e padronização

+ Adaptação, flexibilidade e responsividade

→ Taxa de retrabalho
→ Taxa de progresso
→ Valor agregado
→ Horas trabalhadas
→ Indicador de desempenho de prazos – SPI
→ Indicador de desempenho de custos – CPI
→ Retorno sobre Investimento (ROI)
→ Etc.

→ *Net Promoter Score* (NPS)
→ *Happiness Index* da equipe
→ Defeitos em aberto (defeitos não solucionados)
→ Etc.

→ *Takt time*
→ Velocidade do time
→ *Throughput*
→ *Burndown*
→ *Lead time*
→ Trabalho em progresso (WIP)
→ Etc.

#	Indicador	Como será calculado	Com qual frequência?	Valor meta	Responsável
1	Defeitos em aberto	Será calculado o número de defeitos em aberto	Mensal	< 8	José
2	*Throughput*	Medição da quantidade de entregas que o time realiza ao final de uma semana	Semanal	4	Maria
3	*Burndown* da iteração	Medição gráfica do trabalho que resta a ser executado *versus* o tempo disponível	Mensal	80 Pts/Iteração	Maria
4	Indicador de desempenho de custos - CPI	Avaliação dos valores reais consumidos pelo projeto e os valores agregados no mesmo período	Mensal	> 1	Pedro
5	*Team happiness index*	Funcionários, membros da equipe, avaliam frequentemente sua felicidade (diária) em uma escala numérica (1–5)	Diariamente	> 3	José

Figura 6.9 Canvas de indicadores de desempenho do projeto (CID) para o caso exemplo.

O método traz uma reflexão para a equipe em relação ao que e como iriam realizar, gerando maior motivação entre os membros, além do alinhamento de expectativas e melhor coordenação, obtidos pela discussão e acordo entre os envolvidos.

É fato que os modelos de gestão estão em constante evolução para atender às demandas e às características do ambiente de negócios, das organizações e dos projetos. Apresentamos um método para a construção de modelos híbridos de gestão, pois acreditamos na necessidade de customizar e adequar as práticas de gestão para melhor atender às necessidades do negócio.

Para que essa abordagem gere bons modelos de gestão e passe a fazer parte da rotina das empresas, é preciso pensar em como inseri-la nos processos já existentes nas organizações. Um aspecto crucial é entender o papel das equipes de projeto nesse contexto, o qual chamaremos de equipes híbridas, tema abordado no próximo capítulo.

CAPÍTULO 7
Preparando a organização para o hibridismo

7.1 Organizações híbridas e o novo normal

O Capítulo 6 descreveu um projeto complexo que combina técnicas preditivas, baseadas em maior previsibilidade e antecipação, e técnicas da abordagem ágil, voltadas para maior adaptabilidade e velocidade. A matriz e o processo de customização em si poderiam ser aplicados para outros projetos da organização, mesmo os que possuem características mais próximas do ambiente preditivo como melhoria.

Porém, o método em si está operando em um nível tático, de projeto, o que pode não ser suficiente para o sucesso na sua utilização. As escolhas e a habilidade no uso do método de customização dependem da capacitação dos profissionais, da cultura da empresa, da estrutura organizacional adequada etc. Pressupõe uma série de fatores que condicionam esta prática.

Portanto, a empresa precisa desdobrar e tornar transparente a estratégia em direção ao hibridismo, e obter a cooperação de todas as gerências e colaboradores, atuando em redes descentralizadas de pequenas equipes para pavimentar o caminho em direção à agilidade e melhores resultados.

Empresas como Spotify,[1] SpaceX e Haier, dentre tantas outras que poderíamos citar, caminham nesse sentido e conseguiram se estruturar na forma de várias pequenas equipes que cooperam entre si, de forma flexível. O resultado é a realização de projetos complexos, de maneira rápida e descentralizada, e mais orgânica. Equilibrando, portanto, estrutura e flexibilidade: promovendo a agilidade necessária para o sucesso do negócio.

---
[1] O caso do Spotify é apresentado em Bäcklander (2019).

O ano de 2020 nunca mais será esquecido e efetivamente é um divisor de águas. A pandemia de Covid-19 ajudou a fortalecer essas tendências. As empresas que estavam resistindo a esse movimento, foram obrigadas a seguir para o mundo virtual e rapidamente se reinventar com pequenas equipes distribuídas.

O desafio é "projetar" uma organização, isto é, realizar as transformações que propiciem e disseminem esse novo modelo mental, capaz de promover uma cultura que sustente uma dose equilibrada de flexibilidade, permitindo adaptação e disciplina necessárias para os projetos, conforme as condições do ambiente. Conceitos centrais para caminhar em direção ao hibridismo.

Para entendermos como isso é possível, precisamos recorrer a algumas teorias importantes. A primeira delas é a teoria sobre Ambidestria Organizacional, observada primeiramente na década de 1960, quando estudos comprovaram que organizações que atuavam em ambientes estáveis desenvolviam um conjunto de padrões e regras mais robustos e estáveis. Contrariamente, organizações que atuavam em ambientes turbulentos desenvolviam sistemas de gestão mais orgânicos, com número menor de regras, maior informalidade e menor detalhamento de regras e responsabilidades (O'REILLY III; TUSHMAN, 2013).

Esse fenômeno foi chamado de Ambidestria Organizacional, que, de forma simplificada, é a capacidade que uma organização possui de utilizar diferentes abordagens e métodos gerenciais, adaptando-se a cada situação (TURNER; SWART; MAYLOR, 2013).

Segundo essa teoria, as organizações que possuem mais ambidestria são aquelas mais voltadas para ambientes de inovação e complexos. Ambientes onde se busca a exploração (*exploration* – foco no curto prazo, busca pela eficiência, disciplina, crescer e sustentar o negócio atual) de novas oportunidades do que aquelas que têm como foco a excelência no que fazem para gerar mais valor das oportunidades existentes (*exploitation* – foco no longo prazo, busca pela inovação, experimentação, identificar e desenvolver novos negócios).

Há evidências de que o desequilíbrio entre o foco existente entre estas estratégias e o nível de ambidestria afeta o desempenho do negócio, principalmente no médio e longo prazo. Portanto, hoje é quase unanimidade que as organizações precisam desenvolver esta capacidade de adaptação, relacionada diretamente à ambidestria (HE; WONG, 2004).

Essa capacidade está relacionada com a fluidez de responsabilidades e maior autonomia dos indivíduos, gerando equipes capazes de tomar decisões rápidas. A abordagem ágil introduziu um outro conceito fundamental para esta capacidade de adaptação: a autogestão. Os autores dessa abordagem consideram a autogestão como um dos elementos fundamentais e definem equipes autogeridas como aquelas em que os membros gerenciam a sua própria carga de trabalho, trocam atividades entre si conforme a necessidade, fazem os ajustes necessários e tomam decisões sobre suas formas de trabalho e de entregar valor para o cliente e a organização.

Capítulo 7 • PREPARANDO A ORGANIZAÇÃO PARA O HIBRIDISMO

A criação de uma equipe desse tipo não se faz com "magia", mas sim por meio de um processo delicado de desenvolvimento de competências e estabelecimento de um ambiente com regras simples, visão e papéis muito claros. Isso transforma a organização, trazendo uma cultura organizacional (valores, atitudes e cerimônias) que transpassa todas as equipes e contribui para a autonomia, autoconfiança e habilidade para solucionar os problemas rapidamente. Torna-os aptos para agir de maneira ágil e efetiva e, ao mesmo tempo, coordenada e sem riscos de decisões fora de seu círculo de influência.

Aqui precisamos considerar os diversos trabalhos que estudaram e evidenciaram melhores formas de se desenvolver equipes de alto desempenho, desde o clássico modelo de Bruce Tuckman (TUCKMAN, 1977) até estudos mais recentes (CROSS; CARBONI, 2021) investigando as disfunções que afetam a colaboração entre indivíduos. Outro aspecto importante são os ambientes de grandes organizações e áreas de negócio onde é comum estruturas de times de times (do inglês *Team of Teams*).

Para desenvolver a autogestão, devemos considerar alguns papéis essenciais, conforme síntese apresentada no Quadro 7.1.

Quadro 7.1 Papéis em uma equipe de gestão de projetos ágil e autogerida

Papéis	Definição	Interage com	Novas equipes	Equipes maduras
Mentor	Orienta e apoia a equipe inicialmente, ajuda-os a se tornarem confiantes no uso de métodos ágeis, garante aderência contínua aos métodos ágeis e incentiva o desenvolvimento de práticas de auto-organização na equipe.	Equipe (Alta gerência)	*Agile coach*	Qualquer um
Coordinator	Atua como representante da equipe para gerenciar as expectativas do cliente e coordenar a colaboração do cliente com a equipe.	Equipe, clientes	Desenvolvedores, analistas de negócios, *agile coach*	Qualquer um
Translator	Compreende e traduz a linguagem de negócios usada pelos clientes e a terminologia técnica usada pela equipe para melhorar a comunicação entre os dois.	Equipe, clientes	Analistas de negócio	Qualquer um
Champion	Defende a causa ágil com a alta direção dentro de sua organização a fim de obter suporte para o time ágil auto-organizado.	Alta gerência	*Agile coach*	Qualquer um

(Continua)

(Continuação)

Papéis	Definição	Interage com	Novas equipes	Equipes maduras
Promoter	Promove a agilidade com os clientes e tenta garantir seu envolvimento e colaboração para apoiar o funcionamento eficiente da equipe ágil auto-organizada.	Clientes	Agile coach	Qualquer um
Terminator	Identifica os membros da equipe que ameaçam o funcionamento adequado e a produtividade da equipe ágil auto-organizada e envolve o suporte da alta administração na remoção desses membros da equipe.	Equipe, alta administração	Agile coach	Agile coach (+ equipe)

Fonte: síntese realizada por meio de revisão bibliográfica sistemática de Hoda *et al.* (2012).

A atuação da equipe também não será perfeita e sem imprevistos. Haverá muitas situações de exceção ao longo do processo. Sempre existirão equipes mais capazes que outras para atuar em ambientes de inovação e complexidade. Uma teoria que tem lançado luz sobre este processo é a teoria sobre "improvisação". "Improvisação é a habilidade de criar e implementar soluções novas e não planejadas em face a problemas e mudanças inesperados" (CONFORTO; REBENTISCH; AMARAL, 2016, p. 8).

Na linguagem popular, a improvisação pode ter uma acepção de algo intuitivo, criativo e puramente espontâneo. Na teoria das organizações é, porém, um termo mais complexo que indica esse fenômeno, mas que tem várias implicações organizacionais. Também pode parecer uma terminologia e uma forma de abordagem inadequada para uma equipe de projeto.

Em projetos técnicos ou de desenvolvimento de produtos, improvisar pode soar muito negativo. Assim, é preciso utilizar o termo com cuidado. Porém, dada a complexidade dos empreendimentos atuais, é preciso reconhecer que não há como escapar de situações como esta. Um mínimo de improvisação é uma realidade que, bem administrada, pode contribuir para a adaptação, flexibilidade e inovação, especialmente para contextos de projeto com pouca previsibilidade.

O caminho para uma organização apta para colher os benefícios de modelos híbridos e desenvolver agilidade nos negócios perpassa a criação de um ambiente adaptativo. Nele, estará presente uma equipe capaz de lidar com eventuais eventos de "improvisação". Visão muito bem estabelecida, papéis claros, cerimônias internalizadas e bem comunicadas. Tudo isso, fundamentado em princípios e valores da agilidade, irá consolidar uma cultura organizacional forte e propícia a esses métodos. Uma cultura que siga os princípios do hibridismo, valorize a autogestão e que seja compartilhada por uma comunidade de colaboradores preparados para situações de emergência como a improvisação.

Acreditamos também que essa cultura só poderá emergir se a estrutura organizacional estiver adequada a esses novos princípios organizacionais: estruturas horizontais e em rede. Descreveremos esses elementos nas próximas seções. Comecemos pelos papéis.

7.2 Papéis e responsabilidades no hibridismo

Entre o final da década de 1990 e o começo do novo milênio, aprendemos quão difícil foi a tarefa de migrar das estruturas matricial e funcional, com as suas responsabilidades mais definidas, para um ambiente orgânico de equipes autogeridas. Esse processo demorou anos em algumas organizações, e as atuais organizações ainda têm um longo caminho a percorrer para a transformação. Essa evolução na forma como as organizações operam depende de uma mudança completa no modelo operacional, processos, forma de trabalho, cultura, valores e hábitos.

Com a disseminação de modelos da abordagem ágil, uma mudança importante no nível de times foi a introdução de dois papéis: o *Product Owner* (PO) e o *Scrum Master*. O primeiro como a voz do cliente dentro do projeto, priorizando entregas e auxiliando na tomada rápida de decisões. Já o segundo, o *Scrum Master*, agindo como um *coach* para o desenvolvimento e a internalização das práticas e dos rituais de gestão e desenvolvimento de produtos, além de apoiar o time na melhoria de habilidades, comportamentos e atitudes.

Essa transformação foi marcada também pela figura de profissionais especializados no processo de ensinar e acompanhar essa jornada: os "agilistas" (ou *Agile Coach*). Esse profissional com foco na transformação foi um marco também da época da introdução da abordagem ágil. As empresas e profissionais que se enveredaram nessa jornada sabem do que estamos falando. Esforços significativos foram necessários para realizar essa transformação, e atualmente é uma posição e profissional muito relevante para a adoção de novos modelos de gestão.

Sem sombra de dúvida, a abordagem da autogestão utilizada na abordagem ágil também se faz necessária no ambiente híbrido. Trabalhar em equipes e estruturas que proporcionam maior colaboração é o estado da arte. A organização que deseja migrar para o hibridismo precisa, portanto, incorporar o conceito da autogestão e ter a capacidade de criar equipes com esse perfil.

Há, porém, uma diferença entre a autogestão no ambiente puramente ágil e a autogestão no ambiente híbrido, pois novos desafios se apresentam no universo do hibridismo. O principal deles é que não há mais os rituais seguros, especificamente a "receita" única que guia *Scrum Masters* e Agilistas na condução do projeto. Isso é uma grande diferença que traz novos níveis de complexidade para a missão de aconselhamento, tão necessária no ambiente ágil.

Além disso, a perspectiva mais ampla do hibridismo abre também espaço para que os membros tragam novos métodos e proponham novas formas de proceder, o que pode se transformar em caos sem o devido equilíbrio entre este novo grau de liberdade e certos parâmetros ou direcionamentos.

A solução para essa questão está nas teorias e experiências das últimas décadas, algumas das quais esquecidas, como a das empresas com a estrutura organizacional formada por redes distribuídas e na proposta de holocracia (SCHWER; HITZ, 2018).

São propostas de substituição da clássica cadeia de comando direta, que ainda está presente na organização das equipes, para estruturas em que não há um nó central de controle. Um tipo de organização que facilita a autogestão, pois promove a autonomia do membro mais abaixo da hierarquia, dando a ele poder de decisão.

Além disso, facilita a cooperação oferecendo mais liberdade para que um colaborador possa se comunicar e interagir com outros de processos-chave fora da sua área de influência, dando mais flexibilidade que a estrutura de distribuição de papéis pela alta direção, comum nas estruturas organizacionais clássicas de projeto.

Um bom exemplo que ilustra esse tipo de estrutura é talvez pouco conhecido do grande público. A empresa chinesa Haier, que atua no segmento de equipamentos eletrônicos e eletrodomésticos, fez mudanças radicais em sua estrutura e se tornou um caso de destaque nas publicações da Harvard Business School. A empresa é conhecida pela sua abordagem centrada em times autogeridos e comunidades de interesse que competiam internamente para desenvolver e operar os projetos.

Uma das grandes mudanças realizadas pela liderança da empresa foi o desenho de um ecossistema suportado por plataformas de empreendedorismo (ou *entrepreneurial platforms*), apoiando centenas de microempresas dentro da organização. Essas microempresas competem pelo desenho, desenvolvimento e distribuição de novos produtos e serviços, inclusive por talentos e investimento, que pode ser interno ou externo.[2] Dentre mais de 20 plataformas, eles possuem negócios na área de ar-condicionado e purificadores de água, uma empresa de logística e uma empresa de dieta associada aos refrigeradores inteligentes. Guarda muita semelhança com os princípios da holocracia.

Retornando ao caso apresentado no Capítulo 4, aprendemos que a estrutura organizacional distribuída agiu como um elemento fundamental para fornecer a capacidade de adaptação. Assim, para chegarmos ao hibridismo, teremos pela frente um repensar das estruturas organizacionais, em busca da horizontalização e rede, tal como o caso apresentado.

As equipes fundamentadas em redes distribuídas são apresentadas de maneira esquemática na Figura 7.1. Os vínculos entre os membros, por tom de cinza, indicam equipes diferentes que se comunicam entre si e podem ajudar de maneira orgânica. Ela pode ser obtida da combinação de conceitos apresentados anteriormente: autogestão, improvisação e estruturas em rede (holonômica, por empreendedorismo etc.).

O resultado: estruturas organizacionais mais flexíveis, capazes de transitar de um extremo, onde papéis mais claros são utilizados em uma situação de projeto de ambiente mais preditivo, a outro com nível de fluidez por meio de *squads*, em uma situação de incertezas elevadas, resultando, assim, em equipes autogerenciadas. Ou seja, a prioridade nesse caso é a capacidade de adaptação no lugar de uma prescrição única de papéis.

---

[2] After 17 Harvard case studies, Haier starts a fresh spin cycle – Finantial Times. https://www.ft.com/content/4afb31b0-91eb-11e5-bd82-c1fb87bef7af. Acesso em: 19 dez. 2022. Veja também Hamel e Zanini (2018, p. 50-59).

Capítulo 7 • PREPARANDO A ORGANIZAÇÃO PARA O HIBRIDISMO

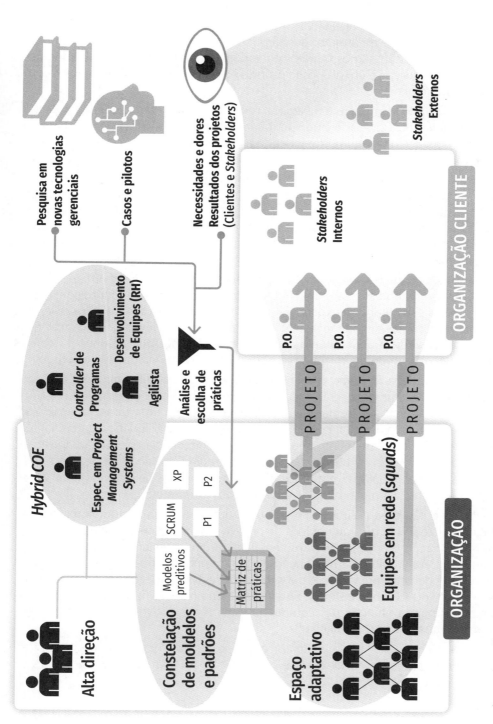

Figura 7.1 Papéis para a implementação de modelos híbridos nas organizações.

O uso de círculos na Figura 7.1 não é fruto do acaso. Na teoria da holocracia, um círculo é formado por um grupo de papéis que se comporta como um ente próprio, um hólon (ROBERTSON; ANNA, 2016). É como um órgão do corpo humano, formado por células especializadas, que são papéis. Cada um desses órgãos, que pode ser uma equipe de projeto, possui um propósito, uma missão bem definida, estabelecida na visão. Vários projetos podem fazer parte de um círculo maior, um programa, que servirá a um propósito próprio e pode ter outros colaboradores com papéis complementares.

Extrapolando essa ideia, tem-se uma rede de equipes de projeto com interseções e relações de todo-parte e que permitem que o propósito da organização seja cumprido por meio de equipes atendendo a cada uma delas.

Os colaboradores, pessoas dentro da organização, são alocados aos papéis conforme seus talentos, competências e habilidades, em um processo de governança que precisa ser estabelecido claramente, mas que permitiria grande flexibilidade para os gestores no que diz respeito ao reconhecimento, premiação e manutenção da motivação e comprometimento. Aliás, a transformação de uma estrutura organizacional tradicional para uma em rede tem, como um de seus fatores fundamentais, a definição desse processo de governança.

Um meio prático de se fazer isso é o uso de "reuniões de governança", em que todos os colaboradores de um círculo apresentam suas dificuldades para realizar as tarefas e diferença de expectativas em relação ao seu trabalho e dos colegas. Discutem propostas de mudanças nas condições, as quais levam a mudanças nos papéis, ampliando o alinhamento. É o que acontece no ritual conhecido como *Sprint Review* da abordagem ágil, mas aqui deverá ocorrer na organização inteira.

Uma organização como esta não é fácil de se construir e também não são "panaceias". Dificilmente serão criadas *top-down*, por meio de uma norma, simples direcionamento ou treinamento. Elas dependem de uma transformação nos princípios e de uma mudança na visão de como a responsabilidade é gerenciada e distribuída. Consequentemente, seu desenvolvimento deixa de ser uma imposição da alta direção e se torna um processo em que os círculos são identificados e mudanças são implementadas em todos os âmbitos (espaços físicos, missão e visão organizacionais, definição clara de papéis, tribos e redes etc.).

Surge então o papel importantíssimo de uma outra estrutura organizacional, que complete os círculos ou equipes de projeto e de programa, suportando-as por meio da criação das condições ambientais para que esses círculos possam atuar de maneira autônoma e harmônica ao mesmo tempo. Em nossa visão, o segundo diferencial de uma organização híbrida: a necessidade de um novo Centro de Excelência (ou COE – *Center of Excellence*), cuja responsabilidade será criar as condições para a atuação das equipes, o espaço adaptativo, e que tenha como principal missão a transformação.

Essa necessidade já está presente em propostas na literatura de negócios. Por exemplo, no *framework* SAFe propõe-se o LACE (*Lean Agile Center of Excellence*).[3]

---

[3] Disponível em: https://www.scaledagileframework.com/lace/. Acesso em: 4 jul. 2022.

Capítulo 7 • PREPARANDO A ORGANIZAÇÃO PARA O HIBRIDISMO

O foco dessas propostas é no fornecimento de conhecimento. Consideramos, porém, que há outras ações necessárias e muito importantes como o estabelecimento de uma governança efetiva. E acreditamos também no monitoramento e uso futuro da inteligência artificial. Assim, utilizamos um novo nome e denominaremos, neste livro, *Hybrid Center of Excellence* (HYCE).

O HYCE é estratégico, pois precisa estar alinhado com o mercado, clientes, especialmente os *Product Owners*, e ser um centro de transformação mais do que um centro operacional de condução e controle de projetos, como no ambiente preditivo, ou um *coach* para garantir o uso das práticas, no ambiente adaptativo. Ele unifica as funções e vai além. Precisará centralizar informações sim, como nos PMOs mais tradicionais, mas, ao contrário de ditar padrões, sua principal missão será criar as condições ideais para a promoção do ambiente adaptativo: técnicos, como os métodos de diagnóstico, inferência e acompanhamento do Capítulo 5, de governança, como promover os processos para garantir os espaços adaptativos e organizações em rede, e de recursos humanos, como o desenvolvimento dos funcionários, preparação para improvisação e outros.

Obviamente, nesse esforço, funções clássicas de apoio técnico e estudo de métodos para serem introduzidos na organização, como apoio em programas complexos, se mantêm. Competências em modelos e métodos da abordagem preditiva, quase inexistentes em centros de excelência para a abordagem ágil, precisam ser revisitadas e incorporadas, tais como: criação de lista de indicadores, gestão de programas e múltiplos projetos e a capacidade de implementar ferramentas de TI, incluindo Inteligência de Negócios (*Business Intelligence*), *Data Analytics*, para analisar dados das várias equipes ou *squads*, auxiliando-os no trato da complexidade.

O novo foco, porém, demandará novos conjuntos de atribuições como:

a) apoio com profissionais especialistas para o uso de diferentes abordagens de gestão;
b) capacidade de analisar criticamente métodos e ferramentas de diferentes abordagens;
c) oferecer ajuda aos gerentes de projeto na customização dos métodos empregados em cada projeto;
d) apoio à alta direção no diagnóstico de problemas e definição das estruturas de governança interna e externa entre as equipes de projeto (círculos);
e) exercer o papel de alinhar visão de cada equipe de projeto com os propósitos da organização;
f) zelar pela cultura e princípios necessários por meio da execução de pesquisas e diagnósticos internos e sugestões de ação para alta direção e membros das equipes de projeto.

Em especial, precisarão se capacitar para lidar com a governança na condução em rede de projetos complexos, que demandam várias equipes trabalhando de forma alinhada. Alguns dos papéis necessários para implementar um centro de excelência em hibridismo incluem:

- **Apoiar a governança entre equipes de projeto nos programas complexos.** Um dos grandes desafios da abordagem híbrida é o enfrentamento de projetos complexos. No uso de modelos híbridos de gestão, a flexibilidade para esse tipo de situação pode ser conferida por meio do estabelecimento da estrutura de governança do programa. Nesse caso, ao invés de coordenar (planejar, controlar e se responsabilizar pelos resultados), o HYCE deve apoiar o desdobramento do escopo e visão do projeto em visões específicas capazes de ser desenvolvidas por equipes autônomas. Além disso, auxiliar na constituição inicial dessas equipes, ou círculos, e a instituir um processo que garanta uma governança adequada, isso é, distribuição de papéis, integração e alinhamento entre estas equipes. Em seguida, o HYCE deverá acompanhar o processo, mais do que conduzir ou controlá-lo, atuando apenas no caso de problemas e disfunções que precisem ser corrigidas na governança.
- **Fornecer conhecimento especializado para as equipes sobre todos os métodos de gestão de projetos.** Buscar conhecimento fora da organização e manter um "estoque" de soluções técnicas em gerenciamento de projetos. Devem ter os conhecimentos dos métodos preditivos com formação sólida em técnicas de Gestão de Programas e Gestão de Portfólio, bem como as disciplinas e princípios essenciais necessários para o uso efetivo de uma abordagem preditiva.
- **Fornecer conhecimento especializado na abordagem ágil.** O hibridismo depende do domínio e do conhecimento de vários modelos e métodos da abordagem ágil. A necessidade de pessoas que possam liderar a introdução dessas técnicas é, portanto, fundamental. A diferença é que os profissionais devem estar preparados para atuar em um ambiente híbrido. Deve saber reconhecer a importância da abordagem preditiva nos contextos corretos, ter um domínio mínimo sobre essas e outras abordagens e saber trabalhar de forma integrada e colaborativa com os diferentes especialistas.
- **Fornecer conhecimento especializado e apoio na customização de métodos (*tailoring*).** Um dos desafios da gestão híbrida é a customização. Embora ela deva ser realizada no nível de projeto (ou grupo de projetos), isso é, pelas equipes, e não pelo HYCE, trata-se de um assunto muito especializado e desafiador. Não faz sentido que uma organização tenha vários especialistas neste assunto. A melhor alternativa é manter profissionais especializados no HYCE de forma que possam apoiar todos os gestores da empresa no assunto, oferecendo apoio técnico na customização, por meio de treinamentos, modelos e ferramentas.
- **Serviços especializados em *Data Science* aplicada ao gerenciamento de projetos.** A constituição de equipes em rede sem dúvida é um avanço

para a flexibilidade, mas pode ser um pesadelo em termos de eficiência e eficácia das decisões. A organização por "tribos" para compartilhar conhecimento ajuda, mas o fato é que se cada equipe de projeto utilizar combinação específica de métodos e práticas, como saber quais delas estão realmente contribuindo positivamente para a organização? Está havendo desperdício? Qual a eficácia das customizações? O uso intensivo das novas tecnologias de mineração de dados sobre os projetos, pessoas, clientes etc. é uma alternativa que se tornará cada vez mais importante para responder a esses questionamentos. Integrações de dados de diferentes sistemas se tornam fundamentais e necessários. E mais, os dados de projetos e mesmo do impacto dos projetos podem ser coletados em múltiplas plataformas. Saber extrair indicadores desses ambientes incluindo, no futuro, o uso de *Data Analytics* e processos automatizados inteligentes são competências que se tornarão fundamentais para o sucesso desse tipo de organização. Talvez no futuro evoluam inclusive para sistemas de recomendação de práticas e métodos.

♦ **Desenvolvimento de pessoas e equipes**. O uso da abordagem do hibridismo depende muito da preparação das equipes e de equipes sólidas, comprometidas e que atuem bem em conjunto. A todo momento essas equipes precisam ser formadas e, depois de constituídas, precisam ser acompanhadas e estimuladas, o que entendemos por "desenvolvimento". Técnicas do campo da psicologia como diagnóstico de perfis (de aprendizagem, de habilidades sociais e outros), bem como uma aproximação e apoio constante da área de Recursos Humanos para a "cobertura" de *gaps*, podem ser muito úteis. Por isso, incorporamos esse papel nesta estrutura. Normalmente, os agilistas dominam mais fortemente os aspectos conceituais e técnicos das ferramentas de Gestão de Pessoas, assim, uma parceria com o RH, acessando profissionais com formações específicas no desenvolvimento de habilidades sociais e liderança, pode contribuir para o aperfeiçoamento das habilidades necessárias para a transformação da forma de trabalho em um ambiente híbrido.

Com essas capacidades, o HYCE para o desenvolvimento e implementação da abordagem do hibridismo poderia atuar em três frentes principais:

1. **Avaliação do emprego de métodos e ferramentas de gestão**. Avaliar o resultado da aplicação dos métodos pelas equipes unindo informações dos clientes, literatura e testes (canto superior direito da Figura 7.1).
2. **Consolidação de constelações de padrões e métodos**. Uma barreira para a abordagem híbrida está na enorme quantidade de métodos, técnicas e linguagens diferentes. Não seria produtivo deixar que os membros das equipes de projeto enfrentassem esse desafio de maneira solitária. O HYCE pode ajudar oferecendo constelações de padrões, e não apenas um único padrão de projeto. Isso é, ele poderia identificar as técnicas, tanto da abordagem preditiva como da abordagem ágil, que são mais adequa-

das e que melhor estão funcionando para a organização. E utilizando, por exemplo, a técnica de Matriz de Práticas proposta no Capítulo 5, deve reduzir o escopo de opções, facilitando o trabalho de customização.

3. **Consolidação de um espaço adaptativo**.[4] O conceito de *adaptive space* tem como origem a teoria da liderança complexa (*Complexity Leadership Theory*), que foi desenvolvida com o intuito de entender como os líderes podem interagir com superestruturas complexas de forma a coordenar e construir adaptações nessas estruturas (UHL-BIEN; MARION; MCKELVEY, 2007, p. 302). Uma das ideias centrais é que as organizações adaptativas, que lidam melhor com a complexidade, possuem a característica de que as regras burocráticas da estrutura organizacional tradicional (cadeia de comando) não são o fim último e principal. Elas podem ser desafiadas e transformadas diante da situação. Isso cria uma condição que eles denominam espaço adaptativo, no qual líderes podem, por meio da sua visão, aconselhamento e exemplo criar adaptações necessárias para o melhor desempenho do empreendimento (*adaptive spaces*) (UHL-BIEN; ARENA, 2017). Portanto, é papel do COE criar no ambiente um espaço de adaptação.

Talvez o aspecto mais novo para esses centros de excelência seja a criação desses espaços. Como é possível criá-los? Algumas orientações incluem: (a) desenvolver mecanismos como comunicação e eventos de sensibilização para criar senso de propósito geral da organização e incentivar o alinhamento com as equipes de projetos; (b) estabelecer as reuniões de governança entre as equipes de projeto (que podem estar utilizando abordagens mais alinhadas ao ágil ou preditiva); (c) garantir a clareza dos papéis que estão definidos para a organização; (d) garantir que as equipes estejam desenvolvidas e tenham maturidade correspondente ao grau de autonomia ofertado; e (e) identificar problemas sistêmicos que afetam a percepção e aplicação dos princípios e valores, garantindo a cultura organizacional.

Deixamos o alerta de que o termo **papéis** aqui significa níveis de responsabilidade, e não necessariamente cargos ou pessoas. Ou seja, o importante é que estes papéis estejam presentes, mesmo que acumulados em um mesmo profissional.

7.3 Características das equipes no hibridismo

Algumas caraterísticas e comportamentos das equipes são essenciais para se ter melhores resultados com o uso da abordagem híbrida. Essas características ou comportamentos já estão presentes em algumas organizações que utilizam abordagens mais modernas de gestão. São elas:

- **Pensamento coletivo e visão holística**: o pensamento coletivo é caracterizado por uma visão holística em vez da visão individual, no que diz res-

---

[4] O conceito de *Adaptative Space* foi desenvolvido no âmbito da *Complexity Leadership Theory*. Para saber mais sobre a teoria em si, consulte Uhl-Bien, Marion and McKelvey (2007).

peito a tarefas e papéis (WHITWORTH; BIDDLE, 2007; WHITHWORTH, 2008). Essa visão coletiva está fortemente representada no modo de trabalho das equipes. Os membros da equipe decidem coletivamente sobre o planejamento, incluindo o trabalho que precisa ser feito e como executar o trabalho, que inclui membros da equipe atribuindo tarefas para si mesmos, sem a aprovação do líder ou a microgestão do trabalho realizado pela liderança, e assim, a equipe deve garantir que os resultados sejam satisfatórios (ROBINSON; SHARP, 2004).

- **Tomada de decisão colaborativa**: o processo colaborativo de tomada de decisão é outro traço forte das equipes que precisa estar presente no hibridismo. Os membros são considerados no mesmo nível, o que revela o aspecto democrático dessas equipes. Nerur *et al.* (2005) acrescentam que, quando os membros têm poder discricionário e tomam parte na tomada de decisões, eles ganham habilidades interfuncionais.
- **Permutabilidade de funções**: é importante desenvolver uma equipe em que seus membros possam ser capazes de realizar e suportar as funções dos outros membros quando necessário, não em sua totalidade, mas pelo menos parcialmente. Isso significa, que a permutabilidade permite que os membros ajudem uns aos outros em suas atividades. Para Nerur e Balijepally (2007), é preciso incentivar a formação de equipes com intercambiabilidade de funções, no mesmo sentido da redundância de funções mencionadas por Morgan *et al.* (1986).
- **Comunicação e conscientização**: segundo Whitworth e Biddle (2007), a comunicação e a conscientização da equipe são outras características fundamentais de equipes com alta *performance*. Esses aspectos são construídos por meio de comunicação bastante regular, permitindo que os membros estejam cientes das atividades e do desempenho de todos. Dar e receber *feedback* sobre o desempenho em tarefas e compartilhar conhecimento também são práticas importantes. Como consequência, as equipes reforçam o esforço coletivo e a responsabilidade.
- **Autonomia com responsabilidade**: as equipes que atuam em ambientes dinâmicos enfrentam muitos desafios. Em um contexto de abordagem híbrida, é preciso equilibrar autonomia para agir e tomar decisões com a responsabilidade pelos resultados dessas decisões. Da mesma forma, o desafio de equilibrar os benefícios da fertilização cruzada sem perder a eficiência e eficácia do trabalho de especialização e, além disso, lidar com a pressão da iteração sem deixar de lado a aprendizagem constante, também devem estar presentes (HODA; NOBLE; MARSHALL, 2012).

Uma característica importante para a abordagem do hibridismo é a **improvisação**. Dada a sua complexidade e diferentes interpretações, decidimos tratar com mais detalhes essa característica na próxima seção.

7.4 Improvisação para apoiar a adaptação no hibridismo

Todo projeto, em especial em ambientes dinâmicos, é composto por um conjunto de hipóteses que precisam ser testadas. Adaptação hoje em dia é palavra de ordem. No ambiente do hibridismo o nível de instabilidade é alto, o que gera uma demanda significativa de adaptação. As equipes de projeto precisam, portanto, saber lidar com qualquer mudança que afete a execução do projeto.

A adaptação apresenta aspectos importantes, como a colaboração na tomada de decisão, a discussão de problemas urgentes e a capacidade de agir em um curto espaço de tempo (NERUR et al., 2005; WHITWORTH; BIDDLE, 2007). Além disso, o uso de práticas da abordagem ágil, como as reuniões diárias, está diretamente relacionado à resolução mais rápida de problemas durante o desenvolvimento do projeto, especialmente por incentivar a comunicação constante e sem filtros entre os membros da equipe (PIKKARAINEN et al., 2008). Apesar da importância e da necessidade de adaptações, não existem diretrizes suficientes na literatura sobre como, de fato, as equipes devem lidar com as incertezas e as tomadas de decisão presentes nos projetos (DONMEZ; GROTE, 2018).

O impacto da improvisação na adaptação de equipes de projeto é um fenômeno identificado em estudos desde o início do desenvolvimento de produtos. Existem três grandes grupos de definições de improvisação: o primeiro foca na proximidade temporal entre planejamento e execução (MOORMAN; MINER, 1998; CUNHA et al., 1999); o segundo entende improvisação como um tipo de aprendizagem (MINER et al., 2001); e o terceiro considera a improvisação como uma habilidade (VERA; CROSSAN, 2005; LEYBOURNE; SADLER-SMITH, 2006; CONFORTO et al., 2016).

Essas definições destacam diferentes aspectos do mesmo fenômeno, sendo, portanto, complementares, e não controversas. A aprendizagem pode acontecer em um curto período de tempo, quando um problema não planejado surge e a solução depende tanto da equipe quanto das habilidades individuais de cada um dos seus membros.

O que estamos aprimorando é que equipes podem ser preparadas para lidar melhor com esses acontecimentos. Uma analogia que ajuda a explicar o que significa preparar alguém para a improvisação está nas situações de urgência e emergência. Lembre-se, por exemplo, das instruções oferecidas antes da decolagem dos aviões. Repete-se um ritual avisando os passageiros de um conjunto pequeno, mas importante, de regras que são ilustradas à exaustão e com exemplos. O intuito é fixar na mente das pessoas essas regras, como gatilhos, pois não sabemos como pode ser o acidente e no momento que ocorra os passageiros terão que "improvisar" uma solução. Um conjunto "pequeno" de regras gerais pode, porém, fazer grande diferença, e nesse caso salvar vidas.

O mesmo vale para os projetos. Não se sabe como serão as urgências e emergências no decorrer de um projeto complexo, como os que ocorrem em ambientes híbridos, mas uma equipe munida de algumas regras básicas pode reagir melhor, evitando assim inúmeros erros. É comum também a comparação com a música. Enquanto o Plano do Projeto pode ser visto como tocar em uma orquestra, com todas as notas previamente definidas e precisamente organizadas nos compassos para a execução, no outro extremo temos a habilidade de improvisação necessária para o *Jazz*, em que cada músico munido de seu ferramental (escalas, fraseados etc.) segue uma estrutura básica (forma da música) e assim tem a liberdade para criar arranjos no momento da execução, encontrando a solução que lhe parece melhor no contexto (CONFORTO *et al.*, 2016).

Outro aprendizado nos últimos anos foi que a relação entre essa capacidade de atuar de maneira positiva diante das adversidades pode tornar a equipe mais apta a lidar com o fenômeno da improvisação e que isso impacta diretamente na agilidade ou capacidade de adaptação das equipes. Um exemplo é o levantamento descrito em Conforto *et al.* (2016), que indicou um relacionamento entre o nível de improvisação e a agilidade da equipe. Hábitos e estratégias para adaptação.

7.4.1 O fenômeno da improvisação

Para melhor entender esta característica citamos aqui o estudo realizado por Reigado (2018), que acompanhou o trabalho de duas equipes ágeis com o objetivo de identificar como a improvisação ocorria nessas equipes.

A empresa estudada compreende uma organização de Tecnologia da Informação *Business-to-Business* (B2B), que realiza diferentes tipos de serviços, como a criação e manutenção de aplicativos ERP, o desenvolvimento completo de soluções corporativas, melhorias e manutenção de soluções *web*, plataformas de comércio eletrônico e terceirização de servidores e bancos de dados.

A improvisação foi analisada por meio de episódios. Um episódio de improvisação foi definido como situações em que o plano atual do projeto era insuficiente, de acordo com a percepção de um membro da equipe ou de toda a equipe e exigia ação imediata e/ou mudança nas próximas etapas. Todo episódio de improvisação possui algumas características comuns, tais como:

a) gatilho que marca seu início;
b) busca de soluções;
c) definição da solução;
d) execução da solução; e
e) verificação da efetividade da solução, que marca o fim do fenômeno.

Para cada episódio podemos adotar uma estratégia diferente de improvisação, explicadas a seguir. Utilizando esse procedimento, conseguimos identificar, em primeiro lugar, a "anatomia" ou dinâmica da improvisação nas equipes.

A primeira característica da improvisação é que ela acontece em episódios que iniciam em situações em que o plano atual do projeto é insuficiente, de acordo com a percepção de ao menos um membro da equipe. Trata-se de uma incongruência entre a realidade e o direcionamento que está em curso pela equipe.

Precisa ser um problema que exija ação imediata e/ou mudança nas próximas etapas, com efeitos sobre os resultados do projeto. Todo episódio de improvisação possui este "gatilho" que marca seu início.

O primeiro passo sempre é uma contenção, evitando perdas nos casos em que o problema está impactando de forma deletéria nos resultados do projeto. Segue uma fase de busca de soluções, uma fase de definição da solução, uma fase de execução da solução e uma fase de verificação da efetividade da solução, que marca o fim do fenômeno.

As equipes podem iniciar o uso de algumas estratégias para lidar com a improvisação desde o surgimento do evento "gatilho" que demanda a atitude. Devem considerar vários fatores, como a complexidade e criticidade do problema, adequando as estratégias conforme esta análise. Hábitos, por sua vez, são definidos como comportamentos que favorecem o sucesso da improvisação. Eles são observados em diferentes momentos ao decorrer de cada episódio e também nas ações utilizadas para implementar as estratégias.

7.4.2 Estratégias para aprimorar a adaptação considerando a improvisação

A primeira das estratégias é lidar com o impacto da urgência, conhecido também como "apagar incêndio". Os membros da equipe devem estar preparados para uma abordagem positiva do problema. A seguir apresentamos cada uma dessas estratégias:

Apagar incêndio

"Apagar incêndio" compreende abordar o problema imediatamente após a sua identificação de forma positiva, identificando os efeitos imediatos, o grau de impacto e as contramedidas de contingenciamento ou eliminação imediata. Saber como se comportar nessa situação, de forma produtiva e sem pânico, é uma qualidade que contribui diretamente na velocidade da resolução do problema. As boas práticas indicam que os membros de equipe precisam considerar dois critérios: (1) o grau de impacto do problema e (2) o nível de complexidade do problema.

Caso o impacto do problema em relação ao andamento do projeto seja alto, a ação deve ser acionada imediatamente. A equipe então avalia a complexidade do problema e, caso seja considerada simples (ou seja, possui uma causa conhecida), a equipe deve se concentrar em identificar ações e mobilizar os esforços de todos para uma solução imediata. Caso contrário, eles devem direcionar seus esforços para uma solução paliativa.

A estratégia "apagar incêndio" é bastante específica e diz respeito a situações em que o impacto potencial do problema é alto e sua solução é pontual. Se assemelha a um estado ou modo de crise em que as pessoas rapidamente alteram comportamentos, forma de trabalho e responsabilidades para resolver um problema crítico de forma imediata.[5]

---

[5] Veja também o relatório desenvolvido pela Brightline sobre aprendizagem em momentos de crise, disponível em: https://www.brightline.org/resources/learning-from-crisis-mode/. Acesso em: 4 jul. 2022.

Ela se aproxima do conceito de urgência encontrado na teoria, mas se diferencia pela aplicação e teste imediato de soluções, com o apoio de toda a equipe. Assim que o problema é identificado, a equipe imediatamente se concentra em resolvê-lo, testando possíveis soluções, colocando-as em prática imediatamente, sem qualquer esforço de teorização ou planejamento.

Agindo em conjunto com o cliente

Essa estratégia compreende envolver o cliente na solução de um problema de diferentes maneiras e mantê-lo informado sobre esse problema. Uma das evidências mais fortes dessa estratégia foi a participação essencial do desenvolvedor de uma empresa cliente no desenvolvimento de um *script* que formava a solução para um problema identificado na entrega da equipe.

Essa estratégia também envolve o escalonamento de problemas. A equipe de projeto enfrentou uma indisponibilidade do cliente, que deveria revisar o código. Depois de discutir a situação, a equipe decidiu envolver a alta administração, a qual decidiu e informou que a prioridade da equipe do cliente deveria ser a revisão do código, favorecendo assim o cumprimento da atividade.

Embora houvesse um PO (*Product Owner*) atribuído ao projeto, ele não tinha a autonomia necessária (responsabilidade, atitude e conhecimento); portanto, ele não poderia contribuir para a solução desse problema. Após um curto período de desgaste, ficou evidente para os membros da equipe que alguma ação deveria ser tomada. Na prática, isso significa que, embora exista um PO designado para um projeto, não há garantia de envolvimento do cliente durante a adaptação do plano; portanto, a equipe deve monitorar essa possibilidade e executar as ações para garantir o envolvimento do cliente.

Quebrar regras de trabalho padrão

Essa estratégia compreende os momentos em que a equipe, diante de um problema, opta por agir de maneira diferente do seu modo usual de trabalho, e essa atitude é essencial para a elaboração da solução de um problema. Como exemplo, temos que uma das equipes estudadas acelerou as etapas de planejamento e desenvolvimento de uma entrega do projeto porque, segundo eles, era algo simples de ser realizado, e desenvolveu o restante como uma única história (*user stories*). Consequentemente, o que deveria ser uma nova história foi aglutinada a uma outra história já existente.

Embora as etapas de planejamento e desenvolvimento do componente tenham sido executadas de maneira acelerada, algo considerado não recomendado pela equipe permitiu que essa resolvesse um problema inesperado.

Em outro episódio, enquanto a equipe A aguardava a revisão do código pela equipe do cliente, alguns de seus membros ficaram ociosos. A equipe optou por avançar o trabalho em outra história. Embora essa atitude reflita um bom uso do tempo do desenvolvedor, ela também representa que uma das regras do quadro Kanban da equipe estava sendo quebrada, uma vez que a equipe estava acostumada a trabalhar com no máximo duas histórias no WIP.

Recalcular a rota

A estratégia de "recalcular a rota" é caracterizada pela revisão do plano, uma vez que esse seja considerado irreal pela equipe. Uma característica dessa estratégia é que a equipe refaz o plano para cada história do épico, e não apenas para os atrasados. A justificativa para essa decisão é que todas as histórias foram planejadas de acordo com as mesmas premissas. Portanto, a equipe estima novamente a duração com informações mais precisas sobre a equipe do cliente, responsável pela revisão do código do sistema em que estava trabalhando.

7.4.3 Hábitos para aprimorar a adaptação por meio de improvisação

Os quatro hábitos citados estão relacionados aos episódios de improvisação e estão presentes na rotina e cultura das equipes estudadas pelos autores deste livro. Os quatro hábitos a seguir foram observados em momentos de identificação e análise de um problema; e a definição e execução de possíveis soluções contribuem para o tratamento bem-sucedido de problemas e mudanças inesperadas.

Presença de alertas

A presença de alertas é observada várias vezes ao longo do desenvolvimento de um projeto, e ocorrem principalmente durante as reuniões diárias. Diferentes membros da equipe, incluindo o líder, emitem avisos de alerta sobre algum risco ou problema relacionado ao projeto.

Podemos citar como exemplos os avisos referentes à necessidade de alinhar aspectos do projeto com o cliente, avisos alertando sobre riscos identificados para o sucesso da história atual, compartilhamento de experiência sobre determinada história e sobre ações importantes que a equipe não deve esquecer de realizar.

Esses alertas preparam a equipe de projeto para lidar com possíveis problemas e contribuem diretamente para a identificação antecipada de problemas e riscos no projeto.

Atitude positiva

Este hábito compreende atitudes positivas dos membros da equipe perante os problemas inesperados que surgem no projeto. Uma dessas atitudes é a não imposição de culpa, que consiste em a equipe não responsabilizar uma única pessoa responsável pelos problemas, mas, ao invés disso, todos assumem a responsabilidade de forma conjunta e agem a favor da resolução. Outra atitude de destaque é o ato do líder da equipe transmitir tranquilidade em relação a possíveis mudanças no plano do projeto, valorizando a capacidade de a equipe perceber necessidades de mudança.

Foco em ajudar

Ajudar é um dos hábitos mais recorrentes na rotina das equipes observadas. Essa ajuda pode partir de um pedido dos membros para outros colegas, mesmo quando estes não estão envolvidos diretamente naquela atividade. Também envolve a oferta de ajuda de forma voluntária, quando um dos membros percebe alguma dificuldade na realização de determinada atividade por outro membro da equipe.

Ouvir o cliente

O hábito de "ouvir o cliente" envolve duas situações. A primeira ocorre quando membros da equipe aceitam sugestões da equipe do cliente. A segunda é quando o próprio cliente identifica um problema e compartilha com a equipe de projeto.

7.4.4 Síntese da competência da improvisação para o hibridismo

A Figura 7.2 sintetiza as estratégias e hábitos para aplicar a improvisação nas equipes de projetos que adotam modelos híbridos. O contexto é um fator-chave para selecionar a melhor estratégia. O primeiro critério a ser levado em consideração é a complexidade do problema identificado. Problemas simples e com causas evidentes levam a equipe a tomar ações de forma imediata, usando assim a estratégia "apagar incêndio". Além disso, essa estratégia foi justificada em casos em que o impacto potencial do problema, em particular de caráter financeiro, é alto. A estratégia visa a conter as despesas imediatamente até que a causa seja tratada e o problema seja resolvido completamente.

Ao aplicar a estratégia de "apagar incêndio", a equipe pode esbarrar em uma norma ou regra estabelecida pela organização, podendo colocar em prática a estratégia de "quebrar regras de trabalho padrão". Ao executar qualquer uma dessa duas estratégias mencionadas, a equipe precisa estar atenta ao envolvimento do cliente, avaliando se a participação desse está adequada com a necessidade do projeto, ou então implementar uma estratégia buscando obter maior suporte por meio de iniciativas como escalonar o problema ou aprimorar a comunicação e a interação.

Após aplicar essas estratégias, a equipe também pode utilizar a estratégia de "recalcular a rota" para ajustar o plano do projeto, mas também pode aplicar essa estratégia de forma direta ao identificar o problema. Nos casos em que não há urgência e nenhuma alteração é necessária nas regras, a equipe adapta o plano com calma de acordo com as novas premissas. A estratégia de "recalcular a rota" requer um grande esforço: elaboração de um novo plano de projeto e revisão do *backlog* do produto, histórias, tarefas e impedimentos do projeto, e é finalizada com a apresentação dos novos prazos viáveis para a equipe e o PO.

Uma vez eliminado o problema, a adaptação é considerada como completa, como mostrado no canto superior direito da Figura 7.2. No entanto, há casos em que o problema permanece, como quando a estratégia "apagar fogo" é utilizada apenas para conter o impacto do problema, e não sua causa raiz, tendo a necessidade de se avaliar o problema de forma mais aprofundada buscando soluções para sua causa raiz.

Em alguns casos, uma única situação de incongruência pode desencadear uma série de situações problemáticas, sendo necessário o uso de diferentes estratégias. Os hábitos estão localizados na parte inferior da Figura 7.2, uma vez que estão presentes regularmente no dia a dia da equipe, apoiando uma grande variedade de ações e estratégias de improvisação.

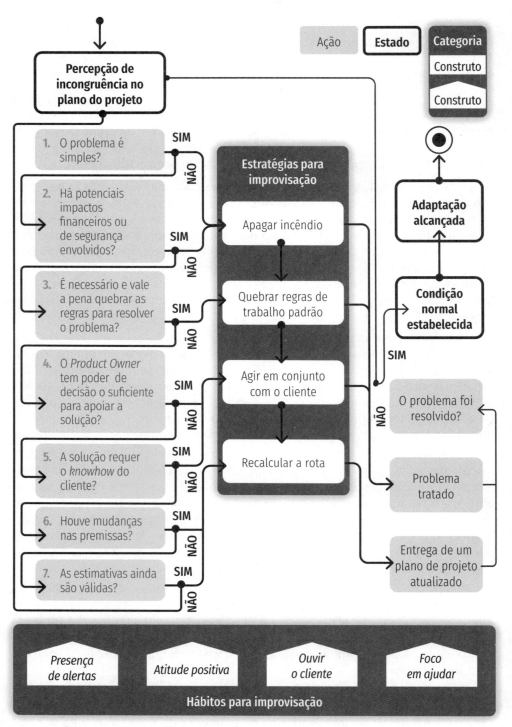

Figura 7.2 Modelo conceitual de adaptação em equipes ágeis e híbridas.

Fonte: baseada nos resultados descritos por Reigado (2018).

Essas estratégias e hábitos podem ser usados para preparar líderes, gestores de projetos, *Scrum Masters*, agilistas, profissionais do COE e membros da equipe para identificar esses momentos e fornecer a eles um repertório de como lidar com essas situações.

Uma vez que entendemos as características mais relevantes de equipes que buscam adotar a abordagem do hibridismo, precisamos agora demonstrar como integramos as equipes nesse contexto, para um melhor uso e resultados dos modelos híbridos de gestão.

7.5 Modelos híbridos para ambientes regulados

Setores como alimentação, aeronáutica, equipamentos médicos, automotivo, financeiro e farmacêutico são regulados por normas, padrões e diretrizes. Isso exige que as empresas se organizem de maneira particular, tendo como foco a rastreabilidade, garantia de qualidade, segurança, efetividade, verificação e validação dos produtos e serviços desenvolvidos.

Esses ambientes são desafiadores quando o assunto é desenvolver projetos de inovação. A aplicação de modelos híbridos de gestão nesse cenário pode ser uma estratégia importante, pois permite incorporar os benefícios das equipes e práticas ágeis, necessárias quando se envolve o desenvolvimento de uma nova tecnologia, adequando-a às limitações impostas pelo rigor de atendimento às normas, *compliance*, que regem esses setores.

Iterações com constante entrega de valor, *feedback* dos clientes e priorização são esforços mais característicos da gestão ágil e são fundamentais quando acontece a inclusão de novas tecnologias. Em ambientes regulados, porém, essa mudança constante aumenta significativamente o risco de que alguma norma deixe de ser atendida, fator crítico em condições em indústrias cujo produto pode trazer risco de acidentes: indústria de equipamentos médicos, aeroespacial e automotivo, por exemplo.

Os conflitos entre a abordagem ágil e o ambiente regulado foram resumidos por um dos autores da área conforme Quadro 7.2.

Quadro 7.2 Conflitos entre a abordagem ágil e o ambiente regulado

Preocupação	Recomendações da abordagem ágil	Características do ambiente regulado	Conflito assumido
Garantia da qualidade	*Time-to-market* desafiador e senso de urgência são características presentes na abordagem ágil. O conceito de "suficientemente bom" *versus* "perfeição" idem.	Rigor, intolerância à falha e excelência comuns aos ambientes regulados.	Compromisso entre decisões rápidas e rigor no desenvolvimento.

(Continua)

(Continuação)

Preocupação	Recomendações da abordagem ágil	Características do ambiente regulado	Conflito assumido
Segurança operacional e ausência de riscos	Abordagens ágeis pregam que o produto funcionando é prioridade em relação à documentação e uso de padrões, restritos ao mínimo necessário. Planos não são detalhados e, portanto, a identificação dos riscos é pouco detalhada.	O ambiente regulado exige boas práticas de projeto e atendimento a padrões para a garantia da qualidade e ausência de falhas.	Compromisso entre foco em resultados e identificação de riscos e falhas.
Efetividade	O foco é no produto funcionando com priorização pelo cliente.	Exige, além do atendimento às necessidades do cliente, a aderência a todas as normas e regulações vigentes.	Compromisso entre satisfação dos clientes e aderência às normas do setor.
Rastreabilidade	Os planos não são detalhados e os sistemas de controle em quadros não são desenvolvidos visando ao histórico do processo.	Exigem a rastreabilidade das atividades de projeto, como foram planejadas as decisões, quem realizou cada tarefa, registro dos resultados, análises críticas e contramedidas.	Compromisso entre simplicidade na documentação e rastreabilidade das atividades.
Verificação e validação	A qualidade é assegurada pelo produto funcionando e aceitação do *Product Owner*, mais do que em testes formais.	Exigem testes por meio de controle de qualidade e auditorias de projetos formalmente realizados.	Compromisso entre autonomia na entrega das tarefas e testes de qualidade.

Fonte: adaptado de Fitzgerald *et al.* (2013).

Modelos híbridos podem ser a solução para atender esses requisitos de ambientes regulados e complexos e assim contribuir para o equilíbrio entre agilidade e *compliance*.

Um levantamento e uma análise dos modelos propostos na literatura traz um conjunto de recomendações para modelos híbridos serem adotados com sucesso nesses ambientes (SILVA; BIANCHI; AMARAL, 2019). Essas recomendações são classificadas em quatro categorias:

- **Introdução de novos papéis**. É comum nestes modelos a introdução de novos papéis, sendo dois grupos mais relevantes em função da frequência alta com que aparecem nos modelos. Novos papéis para profissionais ou equipes para garantia da qualidade, de tal forma que possam realizar o acompanhamento das entregas com três funções principais: (1) supervisão da equipe para garantir o uso de padrões de projeto exigidos pelas certificações; (2) controle de qualidade por meio de verificações, auditorias e testes; (3) registro dos testes e avaliações para fins de rastreabilidade. O segundo grupo inclui papéis relacionados com o controle de configuração com a função de observar e auditar a estrutura de produtos e documentação para garantir a consistência das especificações técnicas. Há também outros papéis sugeridos como revisores técnicos e de homologação.

- **Novos artefatos como o *Product Backlog* Duplicado e Quadro de Não Conformidade.** Uma das dificuldades está em conciliar as demandas de atendimento a requisitos de normas com as demandas e priorização dos clientes. Uma forma para solucionar esse problema específico, sem excesso de padrões, é a introdução de novos artefatos como, por exemplo, um *Backlog* de Requisitos de Normalização. Nesse caso, além do *backlog* normal de produto, o *Product Backlog*, a equipe mantém um segundo *backlog* contendo os requisitos de certificação, homologação e *compliance*, e até um *backlog* de riscos priorizados. Aqui é preciso garantir que existe documentação e informação que possa ser auditada e rastreada. Outro exemplo é um quadro específico de Não Conformidades que poderia atuar de forma semelhante aos impedimentos. Isso é, conforme o membro da equipe de Garantia de Qualidade, *Product Owner* ou membro do projeto identifica uma Não Conformidade, esse item é inserido no quadro e precisa ser endereçado pela equipe.

- **Introdução de novas atividades.** Há também adição de práticas de redundância ou detalhamento para reforçar pontos da gestão de projetos que possam gerar falhas. Por exemplo, há modelos que propõem uma atividade de refinamento das tarefas identificadas no *Product Backlog*. Assim, após a discussão com o *Product Owner* e "quebra" das tarefas com o foco em resultados, a equipe tem a oportunidade de verificar com calma este plano e, assim, ter a possibilidade de identificar tarefas ausentes e que possam comprometer a *compliance* ou rastreabilidade. Outra atividade comumente adicionada são tarefas de verificação de interfaces, que podem ser necessárias para o caso em que há utilização de níveis de planejamento distintos como combinação de WBS geral do projeto com *backlog* de equipes.

- **Introdução de ponto de verificação para a qualidade e segurança.** Os ambientes regulados requerem que o produto seja certificado, isso é, validado conforme requisitos de conformidade e regulamentação. Introdução de tarefas específicas para este fim nas histórias ou requisitos e especificações precisam fazer parte da descrição das práticas de planejamento adotadas no modelo híbrido. Isso também inclui critérios para aceitação de riscos, critérios para priorização da segurança e qualidade do produto do projeto, ter ferramentas que ajudem no acompanhamento do desenvolvimento e permitam auditorias frequentes, e minimamente um processo de *compliance* desenhado para avaliação do produto. Importante considerar também a integração com outras áreas, como jurídico, e ter membros dessas áreas dedicados para atender prontamente às demandas dos projetos.

Essas recomendações são importantes para ambientes regulados, mas podem representar um aumento de complexidade na gestão. Por isso, é importante adotá-las com parcimônia. Outro cuidado importante é com os Sistemas de Informação e ferramentas de controle visual, especialmente digitais, que podem trazer maior rastreabilidade e qualidade dos dados dos projetos. São grandes aliados para manter o registro das atividades de desenvolvimento, testes e integração para verificação de requisitos, e automação de relatórios para conferência e tomada de decisão.

7.6 Fatores críticos de sucesso para o hibridismo

Após conhecer as características das equipes que atuam com modelos híbridos de gestão, queremos fechar este capítulo apresentando uma síntese dos principais fatores críticos de sucesso para a adoção da abordagem do hibridismo.

Organizamos os fatores em três categorias: (1) liderança e cultura; (2) organização e processos; e (3) equipes e competências. Não temos a intenção de que esta lista seja exaustiva e contenha todos os fatores críticos possíveis, pois sabemos que para cada contexto de negócios, poderemos encontrar um cenário mais ou menos desafiador para esse tipo de transformação do modelo de gestão.

Os fatores apresentados aqui foram identificados com base em nossos estudos ao longo dos anos e verificados em nossa experiência prática no dia a dia das organizações que fizeram ou estão nesta jornada.

Liderança e cultura

- O papel importante dos executivos da alta liderança da organização (*C-Level*) que precisam compreender a necessidade de modelos de gestão customizados.
- CEOs capazes de praticar, disseminar e servir de exemplo para o uso da abordagem do hibridismo. Atuar como verdadeiros influenciadores desta abordagem, como no caso da Bosch.
- Liderança participativa, estimulando a participação das equipes nos processos organizacionais e tomada de decisões.
- Revisar a forma de avaliação de desempenho e recompensas adotado pela empresa. É condição essencial para escalar o uso da abordagem para toda a organização.
- Ficar atento aos grupos que poderão oferecer resistência às mudanças necessárias para adoção da abordagem do hibridismo. Procurar engajar esse público logo no início da transformação.

Organização e processos

- Colaboração e comunicação ativa entre diferentes pessoas e áreas da organização, eliminando potenciais silos e fomentando a flexibilidade e rapidez necessárias.

Capítulo 7 • PREPARANDO A ORGANIZAÇÃO PARA O HIBRIDISMO

- Existência de condições para a formação de redes e de um espaço adaptativo, para que essa abordagem e seus princípios possam ser experimentados e aprimorados.
- Fortalecer ainda mais o senso de orientação à entrega de valor ao cliente. Isso é condição de sucesso para qualquer que seja a abordagem escolhida pela empresa.
- Ter um processo de gestão das mudanças em nível corporativo, que seja efetivo para apoiar a transformação e adoção da abordagem do hibridismo.
- O uso de tecnologias como análises de dados, inteligência artificial e automação para ajudar a transformar processos e rotinas.

Equipes e competências

- Os times precisam desenvolver e evoluir o comportamento e pensamento para alinhar aos princípios e práticas do hibridismo.
- A formação contínua de profissionais capazes de compreender e utilizar a filosofia da gestão customizada de projetos para atuar em diferentes contextos de negócio.
- Cuidar para a formação de colaboradores com conhecimento amplo sobre métodos, práticas, técnicas e ferramentas de diferentes abordagens.
- Ter clareza na definição de papéis e responsabilidades para evitar confusão e sobreposição de papéis na adoção e uso de modelos híbridos de gestão.
- Fomentar e reconhecer a importância da autonomia com responsabilidade para a tomada de decisões e ao mesmo tempo evitar exageros e riscos desnecessários.
- Promover a competência para improvisação, competência essencial para a inovação em produtos e serviços, e criação de um modelo de gestão moderno.

Toda jornada de transformação precisa ser bem planejada e executada para que se obtenham os resultados esperados e tenha sucesso. No final do dia, precisamos entregar melhores resultados e valor para nossos clientes, e ter um modelo operacional e de gestão que atenda às demandas e necessidades do negócio. Muitas organizações gastam muitos recursos e investem tempo dos seus altos executivos para manter e aprimorar formas de medir resultados, mas investem pouco em novas formas de operar para de fato aprimorar o modelo operacional e resolver as causas dos seus problemas de desempenho e resultados.

Além disso, durante a pandemia, vimos um grande movimento de investimento em tecnologias para facilitar o trabalho das equipes, mas não vimos investimento em nível similar nas transformações necessárias no modelo de gestão, estrutura organizacional, processos e práticas. Por isso, nenhuma transformação no modelo de gestão irá de fato acontecer ou ter o resultado desejado se não houver mudanças nessa visão, e a alta liderança entender que uma transformação do nível que apresentamos no caso da Bosch só acontece quando há comprometimento e alinhamento em todos os níveis organizacionais.

CAPÍTULO 8
A gestão na era do hibridismo

Iniciamos o livro descrevendo como a disciplina da gestão de projetos está mudando radicalmente, e os modelos de gestão precisam ser aprimorados para apoiarem a agilidade nos negócios. Desde o surgimento das primeiras técnicas e ferramentas nas décadas de 1950, 1960 e 1970, essa disciplina passou por avanços importantes, e atualmente, apesar de ainda muito presente nas organizações, esta visão orientada por projetos tem sido substituída por uma visão orientada por produtos ou por fluxo de valor, do inglês *value streams*.

Mas isso significa que a gestão de projetos vai desaparecer ou deixar de ser relevante? A resposta é não. Será necessário encontrar formas de convivência e modelos que seguem os mesmos princípios do hibridismo capazes de endereçar os problemas de gestão de portfólio e orçamentação, só para citar alguns. Reconhecemos que os conhecimentos acumulados ao longo das últimas décadas nessa disciplina são essenciais para muitas organizações para o desenvolvimento de novos produtos e serviços. Em um mundo cada vez mais orientado por valor e com foco no cliente, soma-se a visão da abordagem do hibridismo, e temos uma oportunidade para repensar e inovar os modelos de gestão para definir e executar com sucesso os mais diferentes projetos e iniciativas nas organizações.

O ambiente de trabalho e de negócios cada vez mais "digital" promove novas rotinas, rompe com barreiras geográficas e dá escala àquilo que antes estava restrito a uma iniciativa local. Entramos em uma década que já começou muito diferente das anteriores. Esse é certamente um mundo diferente, está cada dia mais complexo, dinâmico, e apresenta inúmeros desafios para os(as) executivos(as) das empresas e profissionais de gestão.

Neste capítulo, vamos discutir alguns direcionamentos e oportunidades olhando por diversos ângulos dessa disciplina e considerando as contribuições deste livro para a discussão do hibridismo e algumas ações para avançarmos neste tema. Não temos a pretensão de deixar uma receita pronta, ou ter todas as respostas, tampouco sermos exaustivos. O objetivo neste momento é listarmos algumas ideias e rumos que, a partir do nosso trabalho e experiência, acreditamos ter potencial para evolução.

8.1 A profissão de gestão de projetos

Várias pesquisas e jornais vêm anunciando as apostas no modelo que prevalecerá após passarmos as piores fases da pandemia e podermos retomar alguma normalidade. O trabalho remoto (*home-office*) tem vantagens, mas também uma lista de desvantagens. Pensando nisso, as empresas já implementaram estratégias para o retorno ao "novo normal". É fato que muitos preferem continuar com o trabalho remoto, já outros preferem o retorno aos escritórios e salas compartilhadas.

O consenso é que as organizações precisam oferecer opções, e essas opções passam pelo conceito de "modelo híbrido", em que é possível executar as atividades profissionais de diferentes formas. Sem dúvida muitos avanços foram feitos no que diz respeito à organização dos times e rotinas no desenvolvimento de novos produtos e serviços e à própria gestão desses projetos ou fluxos de valor. Assim, há muito espaço para inovações na forma como conduzimos esse tipo de trabalho.

A profissão de gestão de projetos ainda é muito relevante na maioria das organizações, porém, com o avanço das tecnologias que apoiam o trabalho de gestão e a necessidade de ter modelos e práticas customizadas para cada contexto de negócio, há contribuições para algumas mudanças e oportunidades relevantes, tais como:

- **Reconhecimento da profissão**. Sem dúvida a função de definir, organizar e gerenciar projetos ou desenvolvimento de produtos não vai sumir. No entanto, poderá mudar de foco e até de nome, se pensarmos em como as organizações atualmente estão se estruturando por fluxo de valor ou por produtos. É importante esses profissionais acompanharem essas tendências e estarem preparados para agregar novos conhecimentos e habilidades rapidamente.

- **Agregar novas funções**. O profissional com visão estratégica e capaz de criar e não simplesmente copiar soluções prontas (ou modelos de mercado) será muito mais valorizado na era do hibridismo. Com o avanço das tecnologias, estima-se que em uma década muitas das atividades operacionais e de controle executadas por um profissional de gestão de projetos poderão ser conduzidas com o acionamento por voz ou até mesmo serem substituídas por robôs e algoritmos que realizarão análises avançadas e sistêmicas, antes feitas por um profissional com anos de experiência. Por isso, é importante ficar atento às novas funções que um gerente de projetos poderá assumir no mundo digital, mesmo não tendo mais o título de "gerente de projetos" em seu crachá.

- **Conhecimento**. O profissional que deseja atuar com o desenvolvimento de produtos e serviços em um mundo digital precisa adquirir diferentes conhecimentos, conceitos e práticas de gestão. E não se limite a estudar ou aprender conceitos relacionados a sua principal área de atuação. Hoje, conhecer temas como *Big Data*, inteligência artificial, *Blockchain*, computação em nuvem, dentre outros, é importante para qualquer profissional que deseja atuar com modelos híbridos de gestão e atuar na liderança das transformações organizacionais. Portanto, ter lateralidade de conhecimento é essencial.

- **Repertório**. Arriscamos dizer que a experiência com diferentes tipos de projetos e contextos de negócio é cada vez mais relevante. Aqui emprestamos o conceito de profissional com competências no formato "T", ou seja, possui experiência e conhecimento aprofundado em determinado tema, mas também conhece de outros temas em bom nível para discussões produtivas e resolução de problemas complexos. Portanto, a ideia de repertório aqui proposta é no sentido de promover diferentes experiências, assim o profissional terá conhecimento e destreza para conseguir "ligar os pontos", e assim ser capaz de propor soluções inovadoras e efetivas.

O papel desses gestores está em plena adaptação e se expandindo dentro das organizações. Cada vez mais estão contribuindo para a gestão estratégica da empresa. Esses profissionais devem ser versáteis, no sentido de conhecer uma ampla gama de métodos e práticas, ser bons comunicadores, independentemente do público, e *big thinkers*, sendo adaptáveis, flexíveis e emocionalmente inteligentes.[1]

8.2 O desafio para a alta gestão

A alta gestão das organizações precisa se preocupar em como criar um ambiente adaptativo para que as equipes possam ser transformadas, adaptando-se à realidade dos clientes e demandas do ambiente no momento presente. É sua nova missão, que não está presente nos ambientes organizacionais atuais, limitados por silos, processos complexos, busca por controles cada vez mais rígidos, pouca autonomia e uma visão tradicional de operação pautada em comando e controle.

Os líderes de grandes organizações que precisam se transformar entendem que o investimento em novas formas de trabalho, estrutura organizacional, modelo operacional, governança e práticas e ferramentas de gestão são fatores críticos de sucesso nessa era digital. Assim, o conhecimento sobre o hibridismo contribui para acelerar este processo de transformação. Aqui vamos listar algumas ações e oportunidades que os executivos precisam considerar. Por exemplo:

- Criar uma coalizão para discutir o avanço dos modelos de gestão pautados no hibridismo. Aqui precisamos dos líderes das mais diversas áreas de uma organização, Recursos Humanos, Tecnologia, Processos, Operações, Finanças, para que possam realmente tratar o tema de forma abrangente. Esse é um assunto estratégico, e não apenas tático. Não dá para delegar essa responsabilidade para os profissionais que atuam no dia a dia da operação e esperar resultados de grande impacto na organização.

---

[1] Capacidade de reconhecer e avaliar os seus próprios sentimentos e os dos outros, e usar informações emocionais para guiar seu pensamento e comportamento e influenciar o dos outros (GOLEMAN, 1995; SALOVEY; MAYER, 1990).

- Estabelecer uma estrutura formal. A dica aqui é criar uma estrutura que podemos chamar de Escritório de Transformação. Trata-se de uma estrutura com processos e pessoas que ajuda na organização e orquestração da transformação, incluindo os objetivos, iniciativas, planos, equipes e investimentos para a adoção de uma nova forma de trabalho.
- Investir em treinamentos específicos. O segredo aqui é ter um programa formal para o ensino de novas competências necessárias para a construção e adoção do hibridismo. Um primeiro treinamento desta trilha voltada para o hibridismo poderá focar nos conceitos fundamentais sobre modelos híbridos que pode ser embasado no conteúdo deste livro.
- Apoiar a experimentação de diferentes práticas e métodos. O importante dessa ação é entender que a construção de modelos híbridos é um processo iterativo e baseado em melhoria contínua. Dessa forma, ter apoio da alta gestão para o teste desses modelos é fundamental para criar uma cultura voltada ao hibridismo, e uma cultura de busca incansável pela melhoria e evolução das práticas de gestão.
- Apoiar a revisão e inovação nas estruturas organizacionais, modelo operacional, governança, métricas e indicadores. Conforme discutido ao longo deste livro, fica evidente a necessidade de revisitar e evoluir diversos aspectos das organizações. Por exemplo, a forma como as áreas estão estruturadas, o modelo operacional, que irá evoluir a partir da introdução dos modelos híbridos, bem como a forma como os resultados dos projetos e o desempenho do processo de gestão são acompanhados e avaliados.
- Apoiar o uso em escala dos modelos na organização. Para que os modelos híbridos realmente impactem positivamente os resultados do negócio é preciso a adoção em escala. Não adianta alguns poucos times ou apenas uma área da organização usar esta abordagem. Uma vez compreendida, a abordagem do hibridismo deve estar em todos os níveis e áreas da organização para realmente entregar seus benefícios.
- Investir em tecnologia e sistemas que irão apoiar essa abordagem. Atualmente, os executivos podem ser chamados de "os novos tecnologistas", pois precisam estar atentos à evolução da tecnologia e seu impacto para os seus negócios. Novos sistemas e ferramentas surgem diariamente, o importante aqui é usar a tecnologia como um meio para ter mais eficiência, eficácia e qualidade nos processos. A tecnologia deve ser uma aliada no desenho e implementação dos modelos híbridos.

São muitos os desafios para a alta gestão das organizações que precisam se transformar e modernizar seus modelos operacionais e formas de trabalho. Por isso, é importante que esse assunto esteja na pauta de discussões dos executivos em todas as organizações.

8.3   Os novos profissionais para agilidade nos negócios

O termo "agilista" ganhou notoriedade a partir do avanço da adoção dos métodos e práticas da abordagem ágil e com a subsequente necessidade de ter profissionais especializados em apoiar times na adoção dessas práticas nas organizações. Estamos falando de dezenas, centenas de profissionais espalhados em times (ou *squads*) na maioria das organizações que adotaram a abordagem ágil.

Esses profissionais, muitos com formação na área de TI ou correlatas, com experiência em desenvolvimento de *software* e em facilitação de times, se tornaram *agile coaches*, ou profissionais que ajudam na adoção de práticas e rituais dos modelos e métodos ágeis. São profissionais essenciais para implementar uma nova cultura, apoiar a adoção de novas práticas e ferramentas e realmente ajudar na transformação da organização.

Como vimos no Capítulo 2, agilidade é uma competência, e dessa forma devemos considerar algo muito além de métodos e práticas. Agilidade também depende da combinação de diferentes fatores organizacionais, de processos, atitudes e comportamentos. Por fim, a agilidade possui diferentes níveis. Podemos tratar agilidade no nível de produtos ou serviços, no nível de processos ou operações, e no nível organizacional. Assim, os novos profissionais da agilidade, neste contexto da abordagem do hibridismo, precisarão:

- Conhecer diferentes abordagens, modelos e práticas, além dos modelos ágeis existentes. Isso implica se aprofundar em práticas específicas de inovação, desenvolvimento de produtos e gestão de projetos e programas mais complexos.
- Conhecer a indústria e o contexto do cliente em detalhes. Cada setor da indústria e cada organização possuem características específicas que precisam ser consideradas no desenvolvimento de modelos híbridos e na adoção desta abordagem e modelo mental de trabalho.
- Desenvolver a habilidade para identificar, mapear e avaliar as características do ambiente organizacional para apoiar a correta adaptação de práticas e ferramentas para alcançar resultados específicos do negócio.
- Desenvolver a habilidade para criar, implementar e aprimorar modelos específicos a partir da combinação de práticas e ferramentas de diferentes abordagens. Aqui não há limites, pois cada ambiente de negócio, projeto ou fluxo de valor poderá ter uma combinação de práticas e ferramentas distinta e única.
- Conhecer as tecnologias que podem ser combinadas e adotadas para tornar o modelo de gestão mais efetivo, confiável, mensurável e ágil. Um bom exemplo que atualmente está sendo adotado em grandes corporações é a computação em nuvem em plataformas como Google Cloud, Amazon Web Services e Microsoft Azure, só para citar algumas.
- Trabalhar novas competências, como a improvisação, conforme discutido no Capítulo 7; esses novos profissionais da agilidade precisam saber como ajudar os times no desenvolvimento de competências que estão evoluindo a partir das últimas décadas como resultado da transformação digital das organizações.

◆ O novo agilista precisa entender a diferença em ser meramente um "praticante" no uso de modelos, para ser um "arquiteto" de modelos de gestão, capaz de guiar a organização e times na construção e implementação de novos modelos. Um complementa o outro, mas a abordagem do hibridismo requer atenção para a necessidade de termos excelentes arquitetos de modelos, além de bons praticantes com experiência e conhecimento comprovados.

Em ambientes de negócios em que os modelos híbridos serão cada vez mais demandados e comuns, o profissional da agilidade deverá focar muito mais na customização e criação de soluções específicas do que na adoção de modelos prontos. Por exemplo, ao invés de garantir o uso das práticas conforme prescritas na literatura e guias, deverão apoiar os times na personalização ou customização destas práticas e cerimônias, combinando com outras ferramentas e métodos.

8.4 Os desafios para a educação

O método de ensino por meio da simples exposição de conhecimento, em que o professor expõe o conteúdo para os alunos, é algo limitado, e está cada dia mais difícil de se justificar, dado o acesso à informação e repertório disponibilizado pela internet. O mundo atual requer profissionais capazes de promover uma discussão, entender uma situação real, realizar uma análise crítica e gerar alternativas de solução para superar os problemas colocados à sua frente.

Isso significa que o profissional desse novo modelo de gestão precisará mostrar mais do que fluência em conceitos ou domínio de métodos. Eles precisarão desenvolver também raciocínio lógico e senso crítico sobre cada método. Saber por exemplo o histórico de desenvolvimento de uma prática, contexto em que são mais comuns, vantagens e desvantagens, potencial contribuição para os resultados, são conhecimentos essenciais e precisam ser considerados no ensino desta disciplina.

Um dos problemas mais comuns na forma como a maioria das instituições ensinam gestão é o enfoque em uma abordagem ou em outra, foco em um modelo, ou método específico. Poucos docentes, cursos e universidades estão conseguindo ir além e mostrar uma visão holística das abordagens, como se relacionam, e realmente discutir soluções únicas, de forma profunda e abrangente que o tema realmente merece. Até pouco tempo atrás, poucos eram os cursos formais de pós-graduação ou graduação habilitados no Brasil que possuíam disciplinas com abordagens mais modernas de gestão, como por exemplo modelos ágeis.

Como resultado, formamos profissionais com viés em uma ou outra abordagem, e o pior, com foco em seguir um guia ou "receita", sem ao menos trabalhar um bom embasamento teórico e prático necessário para serem capazes de criticar as propostas existentes ou até criar novas propostas de modelos. Assim, a grande maioria consegue apenas seguir modelos preexistentes e aplicá-los da forma como foram descritos em livros ou guias.

Então, temos a necessidade de:

- Investir na andragogia das competências ou a capacidade de "aprender a aprender". É preciso exposição a situações complexas, trabalhar a resolução de problemas baseada em projetos, trabalhando em equipes, de forma que os estudantes possam aprender a criar soluções ao invés de utilizar soluções prontas.
- Investir em cursos e disciplinas com foco na integração entre práticas e técnicas, e capacitações e preparação dos estudantes para a criação de modelos de gestão. O desafio atualmente é estrutural e envolve a forma como as disciplinas são apresentadas isoladamente, sem um contexto de problema real que os alunos enfrentarão na vida profissional, e que exigirá integrar diferentes disciplinas para chegar em uma solução.
- Desenvolver certificações ou cursos de curta duração que possam ajudar na reciclagem dos profissionais ativos na indústria. As escolas e cursos de graduação e pós-graduação precisam ter em seu portfólio cursos complementares que tragam novos conhecimentos de fronteira e que talvez não estejam "maduros" suficientemente para substituir uma disciplina curricular padrão ou mesmo integrar a ementa principal do curso.
- Investir em profissionais, professores, tutores e assistentes que tenham conhecimento amplo e experiência diferenciada para trazer o que há de mais recente e inovador no campo da gestão, aliado com a experiência prática que na área da gestão é crucial para ajudar os alunos no entendimento dos desafios do dia a dia da profissão.
- Exercitar os diferentes níveis de conhecimento sobre um tema, usando, por exemplo, a Taxonomia de Bloom. Essa taxonomia visa colocar metas e objetivos educacionais com base em diferentes estágios do aprendizado. Trata-se de uma proposta de ensino estruturada por níveis, em que cada nível exige uma competência específica, por exemplo, habilidades para lembrar conceitos, entender, aplicar, analisar e criar.
- Investir em pesquisa de ponta. Por fim, mas não menos importante, os institutos e escolas precisam investir em pesquisas, seja por meio de parcerias, seja por conta própria, para ter acesso ao que existe de mais avançado em tempo para planejar a evolução dos cursos e formação das pessoas. O tempo de formação está cada vez mais pressionado pela velocidade com que as práticas gerenciais e organizações mudam como resultado das transformações tecnológicas.

Essas são algumas das ações e oportunidades mais urgentes para adaptarmos e evoluirmos a forma como ensinamos gestão, e para que possamos incorporar novas abordagens e práticas como parte essencial do currículo das universidades e escolas em nosso país para a melhor formação dos nossos talentos.

CAPÍTULO 9
Comentário final e despedida

Esperamos que o livro tenha cumprido a promessa de apresentar as bases do hibridismo e ajudá-lo a criar modelos híbridos de gestão. Esperamos também que o conteúdo tenha despertado em você, leitor, o interesse em continuar estudando e se aprofundando nesta abordagem. Nosso desejo é que todos os profissionais possam ser parte deste movimento e contribuam para a evolução dos modelos híbridos de gestão.

Nos dedicamos também a descrever um método para guiar o desenvolvimento de tais modelos, que serve de ponto de partida para as suas próprias experiências. Usamos um exemplo para ilustrar a jornada de implementação de um modelo híbrido.

Como parte dessa transformação, também elencamos as características das organizações e times que adotam modelos híbridos, e apresentamos algumas perspectivas futuras indicando desafios, oportunidades e até alguns tópicos que servem como agenda para o avanço da educação sobre este tema.

O desenvolvimento e o uso de modelos híbridos é certamente uma realidade, principalmente quando o assunto é agilidade nos negócios. Acreditamos que ainda estamos no início da evolução desse tema, mas uma coisa é certa, a necessidade e uso desses modelos deixou de ser tendência e passou a ser realidade nas organizações em todo o mundo.

Temos uma hipótese de que o hibridismo poderá se tornar a abordagem de referência daqui a alguns anos. De qualquer forma, ainda há espaço e oportunidades para desenvolver ferramentas e práticas e aprimorar os conhecimentos contidos nesse livro. Não tínhamos como pretensão mostrar de forma exaustiva essa abordagem, mas sim dar a fundamentação mínima para que mais profissionais possam conhecer e usufruir dos seus benefícios.

Finalizamos o livro arriscando-nos a propor esta área como um dos grandes avanços para os gestores nesta década, desde o surgimento e consolidação dos modelos e métodos preditivos e ágeis, passando pelo surgimento e disseminação de inúmeros modelos e métodos, e tendo agora o foco na agilidade nos negócios.

Entre o surgimento das primeiras técnicas de gerenciamento de projetos, nas décadas de 1930 e 1940, passando pelo surgimento das associações nos anos 1960, 1970 e 1980, até o surgimento das certificações anos 1990, e o crescimento exponencial de *frameworks* e métodos a partir dos anos 2000, houve um aumento no reconhecimento da importância de profissionais especializados nesses modelos para auxiliar as transformações nas organizações.

No entanto, vivemos uma fase de multiplicação de modelos que parece ter atingido um nível de complexidade altíssimo. São tantas propostas, práticas, "receitas", certificações e treinamentos, que confundem profissionais e empresas. Acabam muitas vezes sendo o foco da discussão ao invés do meio para se conseguir um objetivo estratégico, tal como melhorar o foco no cliente e a entrega de valor de forma contínua e eficiente. Assim, entendemos que cresce a cada momento a necessidade de um balanço e uma avaliação mais rigorosa dessas propostas, buscando a sua validação, contextualização e, principalmente, a integração dessas teorias.

Olhando para a academia, encontramos mais argumentos para reforçar essa tese. Em trabalho recente de pesquisa, utilizando a base de dados científica Scopus, identificamos a primeira publicação acadêmica com o termo gestão de projetos em 1941. O número de artigos por ano com o tema manteve-se praticamente constante ao longo dos anos em uma taxa de 12 artigos por ano até 1990. Nesse momento, a situação mudou dramaticamente e os números começaram a aumentar até atingir um pico em 2004 com 9.900 artigos. Certamente um reflexo da preocupação das empresas e profissionais por escrutinar as práticas de gestão de projetos, validando a teoria e métodos, na busca de quantificar os seus impactos.

O problema é que essa dispersão em tantas técnicas e abordagens, bem como a própria dificuldade e limitações dos métodos de validação com dados reais, ainda tornam difícil obtermos recomendações que sejam respaldadas por evidências científicas e que auxiliem na customização e uso dessas práticas, em que pese o grande esforço que tem sido feito pelas associações e profissionais da área.

O hibridismo é um movimento que, a nosso ver, está totalmente alinhado com esse desafio. Está respondendo a essa preocupação. Note também a complexidade que esse desafio enseja, alinhar contexto do ambiente, características do projeto com práticas e ferramentas. Considerando tal complexidade, talvez seja um dos maiores desafios já enfrentados desde o surgimento dessa profissão.

O lado positivo é que, se vencido, pode indicar que já entramos em uma nova era para os modelos de gestão que apoiem a agilidade nos negócios. Uma era de unificação das abordagens em torno de uma teoria central que certamente será mais completa e robusta, e que possa indicar as melhores recomendações aos profissionais, personalizadas para cada situação e fundamentadas em evidências e validações científicas.

Se você chegou até aqui, entendo que esteja motivado o suficiente para se juntar neste grande desafio. Boa sorte, e deixe-nos saber sobre os seus avanços.

APÊNDICE A
As pesquisas que embasam este livro

Os resultados e conceitos que formam a espinha dorsal deste livro foram desenvolvidos e aprimorados por meio de pesquisas acadêmicas conduzidas por um grupo de pesquisadores de diferentes instituições, que contou com a participação e colaboração de profissionais e empresas que atuam no gerenciamento de projetos e desenvolvimento de produtos em diferentes segmentos do mercado.

Os principais trabalhos que fundamentam este livro são destacados a seguir:

- **2007-2009** – Desenvolvimento de um modelo combinando *phase-gates* com práticas e conceitos da abordagem do gerenciamento ágil de projetos. Culminou em um modelo chamado IVPM2 (CONFORTO; AMARAL, 2010; CONFORTO; AMARAL, 2016), apresentado como exemplo nesta obra, e também é parte integrante de um livro sobre gestão de projetos (AMARAL et al., 2011). A novidade e principal contribuição deste estudo foi explorar o uso do gerenciamento ágil em ambientes de projetos além da indústria de *software*. Os resultados desse trabalho receberam prêmios internacionais, e seus autores foram os primeiros brasileiros a receber premiações de renomadas instituições na área de gerenciamento ágil de projetos, tais como Project Management Institute Educational Foundation (PMIEF), International Project Management Association (IPMA) e Production and Operations Management Society (POMS).

- **2009-2013** – Programa de pesquisa, envolvendo trabalhos em diferentes níveis (iniciação científica, mestrado e doutorado), cujo objetivo foi explorar a teoria da agilidade no gerenciamento de projetos, utilizada para explicar alguns dos resultados dos modelos híbridos. Dentre as principais contribuições desta pesquisa estão a definição do conceito de agilidade no gerenciamento de projetos, um modelo para entender sua relação com outros elementos do contexto organizacional e práticas de gestão com o desempenho em projetos, e um método para mensurar agilidade em projetos. Esses resultados foram publicados em revistas científicas no Brasil e no exterior (CONFORTO et al., 2016; CONFORTO et al., 2014; ALMEIDA *et al.*, 2012; EDER *et al.*, 2014). A principal contribuição desse programa integrado de pesquisa para este livro está na definição do conceito de agilidade no gerenciamento de projetos, sua relação com a agilidade organizacional e o papel dos modelos híbridos para alcançar melhores resultados em agilidade e desempenho nos projetos e organização.

- **2013-2015** – Dissertação de mestrado cujo foco foi explorar a combinação entre práticas de planejamento da abordagem tradicional e ágil, além de explorar as características dessa proposta de combinação, benefícios, desafios e fatores críticos de sucesso. O trabalho foi pautado por uma extensa revisão da literatura sobre modelos híbridos, suas definições, características, práticas e ferramentas utilizadas. Foram identificados diversos modelos propostos por pesquisadores e consultores que são apresentados de forma resumida neste livro.

- **2013-2015** – O quarto estudo teve abrangência global, conhecido como *PM Agility Global Survey*, compreendendo uma parceria entre EESC/USP e o MIT, CEPE, que indicou tendências, práticas e os desafios para se construir modelos híbridos e sua contribuição para os resultados dos projetos. O objetivo foi explorar a relação entre o conceito de agilidade no gerenciamento de projetos, práticas de gestão, fatores críticos da agilidade, e o desempenho em projetos. Participaram do estudo 856 profissionais de 76 países. Resultados preliminares desse estudo foram publicados em relatórios executivos e artigos em revistas de reconhecimento mundial (CONFORTO; REBENTISCH; AMARAL, 2014). O livro apresenta em diversos capítulos análises e dados deste estudo, algumas publicadas e outras inéditas, sobre os resultados e evidências que embasam a tendência no uso de modelos híbridos, suas características e contribuição para o desempenho da agilidade e projetos nas organizações.

- **2015-2017** – Dissertação de mestrado cujo objetivo foi desenvolver uma ferramenta de configuração de modelos híbridos de gestão de projetos que fosse capaz de auxiliar as equipes na personalização de modelos de gestão frente às necessidades específicas de cada projeto dentro de uma mesma organização, levando-se em consideração a relação entre características e contexto de um projeto com práticas gerenciais. A ferramenta é fundamentada em uma Matriz Morfológica e cujo propósito é apoiar a configuração de modelos híbridos de gestão de projetos. O trabalho envolveu uma extensa revisão da literatura sobre os temas gestão tradicional de projetos, gestão ágil de projetos, modelos híbridos e ferramentas que visam diagnosticar o gerenciamento de um projeto. Dentre as principais contribuições dessa pesquisa estão a ferramenta proposta, a qual permite com que os usuários escolham dentre várias alternativas, as práticas de gestão que mais se adequam às necessidades de seus projetos e a proposta de um procedimento para a configuração de modelos híbridos de gestão.

O Quadro A.1 apresenta uma síntese dos estudos e suas principais informações.

Apêndice A • AS PESQUISAS QUE EMBASAM ESTE LIVRO

Quadro A.1 Principais trabalhos que fundamentam este livro

Características	Estudo 1	Estudo 2	Estudo 3	Estudo 4	Estudo 5	Estudo 6
Ano início e fim	2007-2009	2009-2013	2013-2015	2013-2015	2015-2017	2017-2021
Duração (anos)	2,5	4	2	2	2	4
País de execução	Brasil	Brasil	Estados Unidos	Brasil	Brasil	Brasil
Abrangência	Local	Regional	Global	Local	Local	Local
Métodos empregados	Pesquisa bibliográfica; Pesquisa-ação	Pesquisa bibliográfica; Análise semântica; Estudos de caso; Survey	Survey	Pesquisa bibliográfica sistemática; Estudo de caso	Revisão bibliográfica sistemática; Estudo de caso	Pesquisa bibliográfica sistemática; Mineração de dados; Meta-análise
Quantidade de empresas participantes	2	Estudos de caso (3); Survey (diversas)	Diversas	---	1	---
Setores da indústria	P&D; Serviços de Design	Desenvolvimento de software; Máquinas e equipamentos	Diversos	Educação	Desenvolvimento de software	Diversos
Quantidade de profissionais participantes	20-30 (duas empresas)	171 (Survey)	876 (Survey)	20-30	10	6

(Continua)

165

(Continuação)

Características	Estudo 1	Estudo 2	Estudo 3	Estudo 4	Estudo 5	Estudo 6
Quantidade Pesquisadores envolvidos	2	7	3	2	2	2
Instituições de pesquisa envolvidas	1 (EESC/USP)	2 (EESC/USP, UFSCar)	2 (MIT/CEPE, EESC/USP)	1 (EESC/USP)	1 (EESC/USP)	2 (MIT/CEPE, EESC/USP)
Fontes de financiamento das pesquisas	FAPESP, CNPq	FAPESP, CNPq, CAPES	CNPq, MIT/CEPE	CAPES	CAPES	CAPES
Principais referências (publicações)	Conforto e Amaral (2010); Amaral et al. (2011); Conforto e Amaral (2016)	Almeida et al. (2012); Eder (2012); Conforto et al. (2014); Eder et al. (2014); Almeida et al. (2015)	Conforto, Rebentisch e Amaral (2014)	Conforto et al. (2015); Conforto e Amaral (2016)	Bianchi, Amaral e Conforto (2016); Bianchi (2017); Bianchi e Amaral (2021)	Bianchi e Amaral (2021); Bianchi, Conforto e Amaral (2021); Bianchi et al. (2021); Bianchi (2022)

Apêndice A • AS PESQUISAS QUE EMBASAM ESTE LIVRO

Os trabalhos destacados revelam a base empírica para os conceitos e práticas apresentadas ao longo desta obra, entretanto, ressalta-se que muito ainda precisa ser descoberto e explorado nesta temática.

Além da necessidade de mais pesquisas para continuar desenvolvendo o tema, mais casos precisam ser conduzidos, documentados e explorados a fim de construir uma teoria robusta e mais completa possível para apoiar organizações no uso dos modelos híbridos de gestão.

Portanto, não é pretensão dos autores que este livro seja a última palavra no que tange modelos híbridos, mas que seja um convite para que mais pesquisas e discussões, experiências e relatos sejam documentados e compartilhados, mantendo assim uma discussão aberta entre profissionais sobre este tema tão crítico para as organizações atualmente.

APÊNDICE B

Roteiro para levantamento das práticas de gerenciamento de projetos

> **Objetivo**: entender o gerenciamento de projetos, identificando as práticas (ações, técnicas e ferramentas) utilizadas no decorrer do processo de gerenciamento.
>
> **Instruções**: as questões funcionam como um guia. Responda livremente, conforme ocorre nos projetos da organização.

Processo de gerenciamento de projetos

1 Iniciação

Nos processos de iniciação, o escopo inicial é definido e os recursos financeiros iniciais são comprometidos. As partes interessadas internas e externas que vão interagir e influenciar o resultado geral do projeto são identificadas. Independentemente do uso de uma abordagem ágil ou tradicional, é criada uma visão de onde se quer chegar com o projeto, o quanto será preciso investir no trabalho e o que se espera receber ao concluí-lo.

Perguntas

1.1 Descreva como se dá o início de um novo projeto.
1.2 Como são definidos os membros do time de projeto? E a quantidade de pessoas na equipe principal do projeto?
1.3 Existe alguma reunião de abertura? O início do projeto é documentado de alguma forma? Quem são os envolvidos?

- Existe uma reunião com o cliente, o que é discutido nessa reunião?
- Desenvolvimento do termo de abertura do projeto ou similar? Se não há um documento oficial, existe breve descrição do escopo do produto (visão do produto) e escopo do projeto?

- Há identificação e definição das partes interessadas?
- Alguma outra técnica ou procedimento é utilizada?

2 Planejamento

O planejamento consiste dos processos realizados para estabelecer o que será executado no projeto, em quanto tempo e o responsável. No modo mais tradicional, é estabelecido o escopo total do esforço, definindo e refinando os objetivos e desenvolvendo o curso de ação necessário para alcançar esses objetivos. Já no modo mais ágil, o planejamento é feito ao começo de cada iteração, ocorrendo a priorização do que deve ser executado naquele momento.

Perguntas

2.1 Como é realizado o planejamento dos projetos?

- O planejamento inicia a partir de algum documento?
- Quem participa desse planejamento? (time, *stakeholders*, cliente etc.)
- Qual o papel do time no planejamento dos projetos?
- Como ocorre a coleta das necessidades e requisitos do cliente? (entrevistas, grupos de discussão, técnicas de criatividade, questionários, observações, protótipos etc.)
- O planejamento é realizado de forma detalhada de uma única vez? Qual o horizonte de tempo do plano do projeto?
- Como as atividades são definidas? Elas são sequenciadas de alguma forma?
- Ferramentas e técnicas utilizadas? (reunião, WBS, quadros, planilhas etc.)
- Como são realizadas as estimativas de tempo, de custo, de recurso etc.? (opinião especializada, estimativa análoga, *story points* etc.) / (homens-hora ou velocidade para concluir as *story points*)
- Há um cronograma do projeto? Como é desenvolvido?
- Como você identifica o valor fundamental do cliente?
- Como ocorre a identificação dos riscos do projeto? E a análise e resposta a esse risco?

2.2 Existem informações que são resgatadas de projetos anteriores? Como se dá o resgate dessas informações?

2.3 Quais os artefatos do planejamento?

2.4 É elaborado algum documento similar ao Documento de escopo? qual o conteúdo desse documento? Que ferramenta utiliza?

2.5 É elaborado algum documento relacionado com prazos e tempo?

2.6 É elaborado documento voltado para riscos?

2.7 Como o plano do projeto é comunicado para os envolvidos no projeto? (time, *stakeholders*, cliente etc.)

3 Execução

Envolve os processos executados para concluir o trabalho que foi definido no planejamento do projeto a fim de cumprir as especificações do projeto. Esse grupo de processos envolve coordenar pessoas e recursos, e gerenciar as expectativas das partes interessadas. No modo tradicional, as atividades do projeto são executadas seguindo o plano de gerenciamento do projeto à risca. Já no modo ágil, os processos são voltados para a interação com o cliente, prototipação, verificação e alteração do plano conforme os resultados alcançados.

Perguntas

3.1 Como a empresa sabe que está satisfazendo os requisitos do cliente durante a execução do projeto?

- Reuniões de avaliação e *feedback* com o cliente; testes; entrega de partes do produto para verificação etc.

3.2 Como a empresa avalia a qualidade do projeto?

- Verificação e controle do escopo do projeto; verificação e controle do cronograma de entregas, controle de mudanças.
- Costuma-se utilizar algum tipo de protótipo?

3.3 Como ocorre a comunicação entre as partes interessadas? (formal, informal; *e-mails*, relatórios, comunicação presencial etc.)

3.4 Com que frequência e como entra em contato com o cliente?

4 Monitoramento e controle

O grupo de processos de monitoramento e controle consiste dos processos necessários para acompanhar, analisar e organizar o progresso e o desempenho do projeto. No modo tradicional, o monitoramento e controle implica que o plano de projeto é correto e completo e que todo desvio precisa ser reduzido com uma intervenção. Já no modo ágil, os planos representam apenas as previsões de desenvolvimento do projeto ocorrendo alterações e ajustes ao longo do projeto a fim de atender às necessidades do cliente.

Perguntas

4.1 Como é realizado o controle dos projetos?

- Com que frequência ocorre o controle/monitoramento do progresso do projeto?
- Existem indicadores de progresso dos projetos? Quais? Baseiam-se em custos, tempo, porcentagem de progresso, entregas parciais, protótipos, artefatos visuais?

- Existem indicadores de satisfação, da equipe e do cliente?
- Existem indicadores de desempenho financeiros e não financeiros, qualidade percebida do produto, envio de relatórios, documentos?
- Quem participa dessa fase? Cliente, *stakeholders* etc.? Qual a frequência de interação?
- Como se dá a participação do cliente nos projetos? Qual a frequência de interação com o cliente?
- Como se dá a interação com o PMO?
- Quais técnicas e ferramentas são utilizadas? (*Sprint review*, *Sprint retrospective*, *software* para gestão de projetos, quadros, planilhas, *ckecklist* etc.)
- Repositório e controle de versões? Há problema de controle de versões? Qual prática é utilizada nesta área?

4.2 Quais documentos utilizados na gestão e quais são mais uteis? Quem é o responsável por atualizar esses documentos?

5 Encerramento

O grupo de processos de encerramento consiste dos processos executados para finalizar todas as atividades de todos os grupos de processos de gerenciamento do projeto, visando concluir formalmente o projeto.

Perguntas

5.1 Como é realizado o encerramento dos projetos?

- Como ocorre o compartilhamento das lições aprendidas?
- Quem participa do encerramento dos projetos?
- Quais ferramentas são utilizadas?

APÊNDICE C

Exemplos de práticas de gerenciamento de projetos

Quadro C.1 Exemplos de práticas de gerenciamento de projetos

Prática #	Ação	Técnica	Ferramenta
1	Desenvolver plano do projeto	Gráfico de Gantt	*Software* de gestão de projetos
	O plano do projeto é desenvolvido utilizando o Gráfico de Gantt, determinando as tarefas que precisam ser realizadas, a relação de precedência entre elas, quando as tarefas serão iniciadas, sua duração, recursos e previsão de término. A ideia é desmembrar as atividades do projeto em tarefas menores, o que permite visualizar com muito mais detalhes exatamente o que deve ser feito, quando e por quem. O planejamento nesse caso é realizado de forma mais detalhada possível por meio do levantamento de um conjunto completo de requisitos.		
2	Desenvolver plano do projeto	Gráfico de Gantt; *Product Backlog* e *Sprint Backlog*	*Software* de gestão de projetos e quadro branco
	O plano de projeto é desenvolvido em diferentes níveis. Há um cronograma que abrange as entregas macro ao longo do tempo, indicadas por meio do Gantt, um plano interno que considera apenas os produtos principais do projeto a serem entregues (*Product Backlog*), e um plano micro de curto prazo (iteração) referente a uma fração de tempo do projeto (*Sprint Backlog*).		
3	Desenvolver plano do projeto	Kanban	Quadro branco
	O plano segue uma linha Kanban, em que utiliza-se o conceito de "puxar tarefa", ou seja, os requisitos são adicionados à lista de *backlog* e "puxados" pelos membros que liberam suas atividades correntes e se tornam disponíveis para iniciar uma nova tarefa. Os processos são limitados e adequados para cada fluxo do projeto. Em cada coluna existe um número limite de trabalho em andamento que pode estar naquela coluna, equivalente à capacidade do sistema.		

(Continua)

(Continuação)

Prática #	Ação	Técnica	Ferramenta
4	Definir escopo do produto	*Project Charter*	Editor de texto
	Texto que descreve o escopo do produto, possibilitando que a equipe desempenhe um planejamento mais detalhado, direcionando o trabalho durante a execução do projeto. Esse documento pode ter várias revisões e apresentações para um cliente antes de ambas as partes estarem satisfeitas com o acordo de trabalho.		
5	Definir escopo do produto	Visão do produto	Desenhos/esboços
	Utiliza-se uma visão elaborada do produto visando identificar o resultado final esperado e descrever os limites e condições dentre as quais o desenvolvimento deve ocorrer. A descrição do produto final esperado é desenvolvida por meio de artefatos e técnicas visuais com o objetivo de representar o produto final de forma a desafiar e motivar a equipe de projeto, além de nortear a direção que se deve seguir.		
6	Identificar o trabalho necessário para o projeto (produto, entregas etc.)	*Work Breakdown Structure*	Diagrama
	Subdivisão das entregas e do trabalho do projeto em componentes menores e mais facilmente gerenciáveis. É estruturada em árvore exaustiva, hierárquica (da mais geral para mais específica) orientada às entregas que precisam ser feitas para completar um projeto.		
7	Definir as atividades	*User Stories*	*Sticky notes* em um quadro branco
	Breves declarações com objetivo de descrever algo que o sistema precisa fazer/ entregar para alguns usuários. Conforme é comumente utilizado, a *User Story* muitas vezes segue um formato padrão, sendo: Como <função de usuário>, eu posso <atividade> de modo que <valor do negócio>. Com esse formato, o time de projeto aprende a se concentrar tanto no papel do usuário quanto no benefício comercial que a nova funcionalidade irá oferecer, focando na entrega de valor para o cliente.		
8	Controlar cronograma	Análise do valor agregado	*Software* de gestão de projetos
	Consiste em transformar os resultados do projeto até o dado momento em valor monetário, ou seja, determinar o valor que já foi agregado ao projeto ou até a partes dele, e então comparar esse valor com o valor que já deveria ter sido agregado ao projeto. Leva-se em consideração: BCWP – Custo do Trabalho Realizado; ACWP – Custo Real do Trabalho Executado; BCWS – Custo Orçado do Trabalho Agendado. Com isso conseguimos analisar como está o andamento do projeto em relação a tempo, custo e cronograma.		

(Continua)

Apêndice C • EXEMPLOS DE PRÁTICAS DE GERENCIAMENTO DE PROJETOS

(Continuação)

Prática #	Ação	Técnica	Ferramenta
9	Estimar duração das atividades	Planning poker	Quadro branco
	As estimativas se baseiam na complexidade das atividades. Cada membro da equipe recebe um conjunto de cartas, com os valores (pontos de complexidade) de determinada sequência. Em seguida, a cada história de usuário analisada, cada membro da equipe joga uma carta com a face para baixo sobre a mesa, nela estará contido o valor numérico de pontos que o mesmo considera justo para que a história seja concluída. Caso haja grandes diferenças entre as cartas jogadas, os membros que jogaram as cartas de maior e menor valor explicarão suas razões e, então, com base em suas explicações, as cartas são jogadas novamente até que um consenso seja encontrado e uma estimativa seja definida.		
10	Estimar custos	Estimativa análoga	Planilhas/Tabelas
	Uso da estimativa análoga baseia-se em pacotes de trabalho/atividades similares de projetos anteriores para estimar os custos do seu projeto atual.		

O Quadro C.2 apresenta outras possibilidades de ações, técnicas e ferramentas para auxiliar o leitor na definição e descrição de práticas.

Quadro C.2 Lista de ações, técnicas e ferramentas de gestão de projetos

Ações	Técnicas	Ferramentas
Adicionar detalhamento nas estórias de usuários	Planning poker	Apresentação de slides
Solicitar compromisso com a data de entrega	Ajuste de antecipações e esperas	Ata de reunião
Coletar requisitos	Análise de alternativas	Banco de dados
Controlar o plano do projeto	Análise de reservas	Cartão/Recados autoadesivos (sticky notes)
Controlar mudanças de escopo	Árvore de decisão	Cartaz
Termo de abertura do projeto	Business problem definition	Checklist
Identificar o trabalho necessário para o projeto (produto, entregas etc.)	Critical Path Method	Desenho/Esboço
Declarar o problema/Oportunidade	Delphi Technique	Diagrama/Apresentação gráfica/Gráfico
Definir as atividades	Estimar por comparação	Roteiros

(Continua)

(Continuação)

Ações	Técnicas	Ferramentas
Definir escopo do projeto	Experimento	E-mail
Desenvolver o cronograma	Daily Scrum Meeting	Lista
Definir velocidade-alvo/ Estimativa de velocidade	Product Vision Box	Modelos/Protótipos/ Templates
Estimar a duração das atividades	Customer Focus Groups	Planilhas/Tabelas
Estimar os recursos das atividades	Product Backlog	Quadro/Mural

APÊNDICE D

Questionário de Customização de Modelos Híbridos (QCMH)

O questionário a seguir é um modelo de diagnóstico que pode ser aplicado em um projeto da organização a fim de caracterizar o ambiente e as particularidades do projeto. Os resultados auxiliam a equipe de projeto na identificação das condições presentes e, assim, subsidiar a escolha das práticas.

O leitor pode utilizá-lo diretamente, mas também deve se sentir convidado a adaptar e aprimorar conforme as condições específicas da organização ou o tipo de projeto em que atua.

Processo	Subdimensão	Questão	Escala de respostas
Gestão do Escopo	Descrição do escopo do produto	1. O projeto escolhido para análise compreende o desenvolvimento de:	(1-2) Um produto, podendo ou não ser associado a um serviço. (3-4) (5-6) Um *software*, podendo ou não ser associado a um serviço.
		2. Em relação ao resultado do projeto (produto/*software*/serviço), a principal inovação está:	(1-2) Em alguns componentes ou partes do produto, e será novo para a empresa ou para o mercado. (3-4) (5-6) Total, produto ou *software* novo para a empresa ou para o mercado.
	Descrição do escopo do projeto	3. Em relação aos objetivos do projeto em questão:	(1-2) Os objetivos e necessidades do projeto são claros, bem como o caminho para alcançá-los. (3-4) (5-6) Os objetivos do projeto e suas soluções não estão claramente definidos.
		4. Em relação à complexidade do projeto, esta envolve:	(1-2) Vários sistemas e subsistemas que funcionam em conjunto, englobando um grande número de fornecedores e parceiros, e consequentemente um canal de comunicação complexo. (3-4) (5-6) A criação de elementos, componentes e módulos numa única unidade, envolvendo poucos fornecedores, parceiros e canais de comunicação reduzidos.
Gestão do Cronograma	Estrutura do plano do projeto	5. Em relação à forma que os envolvidos estão acostumados a trabalhar:	(1-2) De maneira orientada para tarefas, com foco nos processos e fluxos de trabalho. (3-4) (5-6) De maneira orientada para resultados, enfatizando os objetivos a serem alcançados e os valores da organização.
		6. Qual a duração total (aproximada) do projeto?	(1-2) Projeto de média a longa duração, acima 12 meses. (3-4) (5-6) Projeto de curta duração, até 12 meses.

(Continua)

Apêndice D • QUESTIONÁRIO DE CUSTOMIZAÇÃO DE MODELOS HÍBRIDOS (QCMH)

(Continuação)

Processo	Subdimensão	Questão	Escala de respostas
Gestão do Cronograma	Estrutura do plano do projeto	7. Em relação à urgência para se concluir o projeto, tem-se que:	(1-2) Quanto menor o tempo de conclusão, maior a vantagem competitiva (priorização do *time-to-market*). (3-4) (5-6) O tempo para conclusão é crítico, devendo ser concluído o quanto antes ou atender uma janela de oportunidade.
	Estimativa de duração das atividades	8. Em relação às informações de projetos anteriores semelhantes ao projeto atual:	(1-2) A organização possui dados de duração e estimativa de projetos anteriores semelhantes ao projeto atual, possibilitando estimar um mesmo parâmetro ou medida do projeto atual. (3-4) (5-6) A organização não possui dados de duração e estimativa de projetos anteriores, impossibilitando estimar um mesmo parâmetro ou medida do projeto atual.
	Controle do cronograma	9. Em relação à equipe de projeto:	(1-2) Os membros da equipe possuem baixa ou nenhuma autonomia para tomada de decisão no projeto, a qual depende diretamente do gestor. (3-4) (5-6) Os membros da equipe possuem alta autonomia e poder de decisão sobre ações do projeto.
Gestão de Recursos	Estimativa de recursos	10. Com relação à equipe do projeto, a mesma deverá ser formada por:	(1-2) Profissionais de um mesmo departamento, basicamente com as mesmas competências e experiências. (3-4) (5-6) Profissionais de diferentes departamentos, com diferentes competências e experiências, complementares para a execução do projeto.

(Continua)

179

(Continuação)

Processo	Subdimensão	Questão	Escala de respostas
	Estimativa de recursos	11. Em relação à experiência do gestor do projeto em projetos semelhantes ao considerado aqui:	(1-2) É o primeiro projeto do tipo inovador realizado pelo gestor. (3-4) (5-6) Trata-se do profissional mais experiente em projetos inovadores atuando na empresa.
		12. Em relação à experiência da equipe executora em projetos semelhantes ao considerado aqui:	(1-2) É o primeiro projeto do tipo inovador realizado pela equipe. (3-4) (5-6) Trata-se da equipe de profissionais mais experiente em projetos inovadores atuando na empresa.
		13. Em relação às informações sobre os recursos utilizados em projetos anteriores semelhantes ao projeto atual:	(1-2) A organização possui dados referentes aos recursos de projetos anteriores semelhantes ao projeto atual, possibilitando estimar um mesmo parâmetro ou medida do projeto atual. (3-4) (5-6) A organização não possui dados dos recursos de projetos anteriores, impossibilitando estimar um mesmo parâmetro ou medida do projeto atual.
Gestão de Recursos	Controle dos recursos	14. Assinale a opção que melhor representa a realidade no projeto em relação à localização da equipe do projeto (gestor + membros responsáveis pela execução):	(1-2) A equipe está situada em países diferentes, ou distantes geograficamente. (3-4) (5-6) A equipe está situada no mesmo espaço (sala, andar, edifício), ou bem próximos geograficamente.
		15. As competências nas tecnologias necessárias para desenvolver o produto/software ou serviço:	(1-2) São de domínio da equipe executora do projeto (3-4) (5-6) São totalmente desconhecidas da equipe executora do projeto. Há uma ou mais lacuna em uma das tecnologias.

(Continua)

Apêndice D • QUESTIONÁRIO DE CUSTOMIZAÇÃO DE MODELOS HÍBRIDOS (QCMH)

(Continuação)

Processo	Subdimensão	Questão	Escala de respostas
Gestão da Qualidade	Gerenciamento da qualidade	16. Em relação à estrutura organizacional que o projeto está inserido:	(1-2) Trata-se de uma organização centralizada, hierarquizada e com um alto nível de formalização. A maioria das decisões são tomadas pelos profissionais posicionados em seus níveis hierárquicos superiores. (3-4) (5-6) Trata-se de uma organização descentralizada, contendo poucos níveis de autoridade. As decisões são tomadas o mais próximo possível de quem tem conhecimento no assunto abordado.
		17. Em relação aos padrões e diretrizes específicos da área de aplicação do projeto:	(1-2) Apresentam uma série de normas, diretrizes, recomendações e especificações técnicas, de diferentes partes interessadas para alcançar a conformidade das entregas e aceitação do cliente. (3-4) (5-6) Não há um conjunto de normas ou diretrizes específicas a serem seguidas no âmbito do projeto. Há um consentimento livre e claro estabelecido entre as partes do que precisa ser realizado.
	Controle da qualidade	18. Em relação à disponibilidade e comprometimento do cliente/ representante do mercado, para participar e se envolver no desenvolvimento do projeto:	(1-2) O cliente não irá participar de forma efetiva no desenvolvimento do projeto. Suas responsabilidades envolvem fornecer os requisitos no início do projeto e participar de reuniões preestabelecidas, até o fim do projeto. (3-4) (5-6) Espera-se que o cliente participe efetivamente do projeto, estando sempre disponível e comprometido em participar ativamente no desenvolvimento.
		19. Com relação ao conteúdo técnico do projeto:	(1-2) É de natureza tal que dificulta a apresentação de resultados parciais ao cliente (demanda muito esforço ou exige conhecimentos que o cliente não tem). (3-4) (5-6) É de natureza tal que pode ser facilmente verificado pelo cliente (pode ser rapidamente validado pelo cliente e demanda conhecimento que é dominado pelo cliente).

(Continua)

(Continuação)

Processo	Subdimensão	Questão	Escala de respostas
Gestão de Custos	Estimativa de custos	20. Em relação às condições do mercado em que o projeto está inserido:	(1-2) As condições descrevem quais produtos, serviços e resultados estão disponíveis no mercado, auxiliando a coleta de informações sobre oferta e demanda regionais e/ou globais. (3-4) (5-6) As condições do mercado são incertas, com poucas informações a respeito de produtos, serviços e resultados, dificultando a coleta de informações sobre oferta e demanda regionais e/ou globais.
		21. Em relação à disponibilidade de informações comerciais:	(1-2) As informações sobre custos de recursos e preços de aquisição estão quase sempre disponíveis em bancos de dados comerciais, fornecendo valores sobre materiais e equipamentos. (3-4) (5-6) Faltam informações sobre taxas de custos de recursos e preços de aquisição, dificultando o acesso aos valores para grande parte dos materiais e equipamentos.
		22. Em relação a projetos anteriores semelhantes ao projeto atual:	(1-2) A organização possui dados de projetos anteriores semelhantes ao projeto atual, contendo informações de escopo, custo, orçamento, duração e outras variáveis pertinentes, possibilitando estimar um mesmo parâmetro ou medida do projeto atual. (3-4) (5-6) A organização não possui dados registrados de projetos anteriores semelhantes ao projeto atual, impossibilitando estimar um mesmo parâmetro ou medida do projeto atual.
	Controle dos custos	23. Em relação às taxas de câmbio e inflação:	(1-2) A tendência é de que flutuações de câmbio e a inflação afetem diretamente o projeto, devendo ser compreendidas e incorporadas no processo. (3-4) (5-6) Flutuações de câmbio e inflação não devem afetar diretamente o desenvolvimento do projeto.

(Continua)

Apêndice D • QUESTIONÁRIO DE CUSTOMIZAÇÃO DE MODELOS HÍBRIDOS (QCMH)

(Continuação)

Processo	Subdimensão	Questão	Escala de respostas
Gestão de Riscos	Análise de riscos	24. Em relação à variabilidade do projeto:	(1-2) Existe incerteza sobre algumas características de um evento, atividade ou decisão planejada (ex.: produtividade acima ou abaixo do planejado, número de erros maior ou menor do que o esperado etc.). (3-4) (5-6) Existem incertezas sobre grande parte do projeto, bem como eventos, atividades ou decisões planejadas.
		25. Em relação à ambiguidade do projeto:	(1-2) Existe pouca incerteza sobre o que pode acontecer no futuro, permitindo um planejamento capaz de minimizar problemas que podem afetar os objetivos do projeto. (3-4) (5-6) Existe uma alta incerteza sobre o que pode acontecer no futuro, podendo afetar a capacidade do projeto de alcançar os seus objetivos. Ex.: requisitos ou solução técnica, estruturas regulatórias, complexidade do projeto etc.
	Monitoramento dos riscos	26. Em relação à tolerância ao risco na organização:	(1-2) A organização possui baixa tolerância aos riscos, de forma a evitar a exposição e assumindo poucos riscos. (3-4) (5-6) A organização se expõe a riscos significativos com maior frequência visando potenciais ganhos em seus projetos.

APÊNDICE E

Aplicação do Questionário de Customização de Modelos Híbridos (QCMH) para o caso exemplo do projeto do drone

Este apêndice apresenta um exemplo preenchido do questionário de diagnóstico para construção de modelos híbridos apresentado no Apêndice D.

O objetivo é didático: auxiliar o leitor na compreensão da proposta. O projeto utilizado como objeto de análise é o caso do projeto de um drone VANT descrito no Capítulo 6. Leia com atenção os Capítulos 5 e 6 e o Apêndice D, como preparação para a compreensão deste apêndice.

Processo	Subdimensão	Questão	Escala de respostas	Resposta	Pontuação máxima possível dessa subdimensão	Pontuação total normalizada (Somatória total / Pontuação máxima possível)
	Descrição do escopo do produto	1. O projeto escolhido para análise compreende o desenvolvimento de:	(1-2) Um produto, podendo ou não ser associado a um serviço. (3-4) (5-6) Um software, podendo ou não ser associado a um serviço.	4	12	0,7
		2. Em relação ao resultado do projeto (produto/software/serviço), a principal inovação está:	(1-2) Em alguns componentes ou partes do produto, e será novo para a empresa ou para o mercado. (3-4) (5-6) Total, produto ou software novo para a empresa ou para o mercado.	4		
Gestão do Escopo		3. Em relação aos objetivos do projeto em questão:	(1-2) Os objetivos e necessidades do projeto são claros, bem como o caminho para alcançá-los. (3-4) (5-6) Os objetivos do projeto e suas soluções não estão claramente definidos.	4	12	0,4
	Descrição do escopo do projeto	4. Em relação à complexidade do projeto, esta envolve:	(1-2) Vários sistemas e subsistemas que funcionam em conjunto, englobando um grande número de fornecedores e parceiros, e consequentemente um canal de comunicação complexo. (3-4) (5-6) A criação de elementos, componentes e módulos numa única unidade, envolvendo poucos fornecedores, parceiros e canais de comunicação reduzidos.	1		
Gestão do Cronograma	Estrutura do plano do projeto	5. Em relação à forma que os envolvidos estão acostumados a trabalhar:	(1-2) De maneira orientada para tarefas, com foco nos processos e fluxos de trabalho. (3-4) (5-6) De maneira orientada para resultados, enfatizando os objetivos a serem alcançados e os valores da organização.	2		

(Continua)

Apêndice E • APLICAÇÃO DO QUESTIONÁRIO DE CUSTOMIZAÇÃO DE MODELOS HÍBRIDOS

(Continuação)

Processo	Subdimensão	Questão	Escala de respostas	Resposta	Pontuação máxima possível dessa subdimensão	Pontuação total normalizada (Somatória total / Pontuação máxima possível)
	Estrutura do plano do projeto	6. Qual a duração total (aproximada) do projeto?	(1-2) Projeto de média a longa duração, acima 12 meses. (3-4) (5-6) Projeto de curta duração, até 12 meses.	2		
		7. Em relação à urgência para se concluir o projeto, tem-se que:	(1-2) Quanto menor o tempo de conclusão, maior a vantagem competitiva (priorização do *time-to-market*). (3-4) (5-6) O tempo para conclusão é crítico, devendo ser concluído o quanto antes ou atender uma janela de oportunidade.	6	18	0,6
Gestão do Cronograma	Estimativa de duração das atividades	8. Em relação às informações de projetos anteriores semelhantes ao projeto atual:	(1-2) A organização possui dados de duração e estimativa de projetos anteriores semelhantes ao projeto atual, possibilitando estimar um mesmo parâmetro ou medida do projeto atual. (3-4) (5-6) A organização não possui dados de duração e estimativa de projetos anteriores, impossibilitando estimar um mesmo parâmetro ou medida do projeto atual.	4	6	0,7
	Controle do cronograma	9. Em relação à equipe de projeto:	(1-2) Os membros da equipe possuem baixa ou nenhuma autonomia para tomada de decisão no projeto, a qual depende diretamente do gestor. (3-4) (5-6) Os membros da equipe possuem uma alta autonomia e poder de decisão sobre ações do projeto.	4	6	0,7
Gestão de Recursos	Estimativa de recursos	10. Com relação à equipe do projeto, a mesma deverá ser formada por:	(1-2) Profissionais de um mesmo departamento, basicamente com as mesmas competências e experiências. (3-4) (5-6) Profissionais de diferentes departamentos, com diferentes competências e experiências, complementares para a execução do projeto.	6		

(Continua)

(Continuação)

Processo	Subdimensão	Questão	Escala de respostas	Resposta	Pontuação máxima possível dessa subdimensão	Pontuação total normalizada (Somatória total / Pontuação máxima possível)
	Estimativa de recursos	11. Em relação à experiência do gestor do projeto em projetos semelhantes ao considerado aqui:	(1-2) É o primeiro projeto do tipo inovador realizado pelo gestor. (3-4) (5-6) Trata-se do profissional mais experiente em projetos inovadores atuando na empresa.	4	24	0,8
		12. Em relação à experiência da equipe executora em projetos semelhantes ao considerado aqui:	(1-2) É o primeiro projeto do tipo inovador realizado pela equipe. (3-4) (5-6) Trata-se da equipe de profissionais mais experiente em projetos inovadores atuando na empresa.	4		
		13. Em relação às informações sobre os recursos utilizados em projetos anteriores semelhantes ao projeto atual:	(1-2) A organização possui dados referentes aos recursos de projetos anteriores semelhantes ao projeto atual, possibilitando estimar um mesmo parâmetro ou medida do projeto atual. (3-4) (5-6) A organização não possui dados dos recursos de projetos anteriores, impossibilitando estimar um mesmo parâmetro ou medida do projeto atual.	6		
Gestão de Recursos	Controle dos recursos	14. Assinale a opção que melhor representa a realidade no projeto em relação à localização da equipe do projeto (gestor + membros responsáveis pela execução):	(1-2) A equipe está situada em países diferentes, ou distantes geograficamente. (3-4) (5-6) A equipe está situada no mesmo espaço (sala, andar, edifício), ou bem próximos geograficamente.	6	12	0,7
		15. As competências nas tecnologias necessárias para desenvolver o produto/software ou serviço:	(1-2) São de domínio da equipe executora do projeto. (3-4) (5-6) São totalmente desconhecidas da equipe executora do projeto. Há uma ou mais lacunas em uma das tecnologias.	2		

(Continua)

Apêndice E • APLICAÇÃO DO QUESTIONÁRIO DE CUSTOMIZAÇÃO DE MODELOS HÍBRIDOS

(Continuação)

Processo	Subdimensão	Questão	Escala de respostas	Resposta	Pontuação máxima possível dessa subdimensão	Pontuação total normalizada (Somatória total / Pontuação máxima possível)
	Gerenciamento da qualidade	16. Em relação à estrutura organizacional que o projeto está inserido:	(1-2) Trata-se de uma organização centralizada, hierarquizada e com um alto nível de formalização. A maioria das decisões são tomadas pelos profissionais posicionados em seus níveis hierárquicos superiores. (3-4) (5-6) Trata-se de uma organização descentralizada, contendo poucos níveis de autoridade. As decisões são tomadas o mais próximo possível de quem tem conhecimento no assunto abordado.	4	12	0,7
		17. Em relação aos padrões e diretrizes específicos da área de aplicação do projeto:	(1-2) Apresentam uma série de normas, diretrizes, recomendações e especificações técnicas, de diferentes partes interessadas para alcançar a conformidade das entregas e aceitação do cliente. (3-4) (5-6) Não há um conjunto de normas ou diretrizes específicas a serem seguidas no âmbito do projeto. Há um consentimento livre e claro estabelecido entre as partes do que precisa ser realizado.	4		
Gestão da Qualidade	Controle da qualidade	18. Em relação à disponibilidade e comprometimento do cliente/representante do mercado, para participar e se envolver no desenvolvimento do projeto:	(1-2) O cliente não irá participar de forma efetiva no desenvolvimento do projeto. Suas responsabilidades envolvem fornecer os requisitos no início do projeto e participar de reuniões preestabelecidas, até o fim do projeto. (3-4) (5-6) Espera-se que o cliente participe efetivamente do projeto, estando sempre disponível e comprometido em participar ativamente no desenvolvimento.	2	12	0,3
		19. Com relação ao conteúdo técnico do projeto:	(1-2) É de natureza tal que dificulta a apresentação de resultados parciais ao cliente (demanda muito esforço ou exige conhecimentos que o cliente não tem). (3-4) (5-6) É de natureza tal que pode ser facilmente verificado pelo cliente (pode ser rapidamente validado pelo cliente e demanda conhecimento que é dominado pelo cliente).	2		

(Continua)

(Continuação)

Processo	Subdimensão	Questão	Escala de respostas	Resposta	Pontuação máxima possível dessa subdimensão	Pontuação total normalizada (Somatória total / Pontuação máxima possível)
Gestão de Riscos	Análise de riscos	20. Em relação à variabilidade do projeto:	(1-2) Existe incerteza sobre algumas características de um evento, atividade ou decisão planejada (ex: produtividade acima ou abaixo do planejado, número de erros maior ou menor do que o esperado etc.). (3-4) (5-6) Existem incertezas sobre grande parte do projeto, bem como eventos, atividades ou decisões planejadas.	4	12	0,7
	Análise de riscos	21. Em relação à ambiguidade do projeto:	(1-2) Existe pouca incerteza sobre o que pode acontecer no futuro, permitindo um planejamento capaz de minimizar problemas que podem afetar os objetivos do projeto. (3-4) (5-6) Existe uma alta incerteza sobre o que pode acontecer no futuro, podendo afetar a capacidade do projeto de alcançar os seus objetivos. Ex: requisitos ou solução técnica, estruturas regulatórias, complexidade do projeto etc.	4		
	Análise de riscos	22. Em relação à tolerância ao risco na organização:	(1-2) A organização possui baixa tolerância aos riscos, de forma a evitar a exposição e assumindo poucos riscos. (3-4) (5-6) A organização se expõe a riscos significativos com maior frequência visando potenciais ganhos em seus projetos.	2	6	0,3
Gestão de Custos	Estimativa de custos	23. Em relação às condições do mercado em que o projeto está inserido:	(1-2) As condições descrevem quais produtos, serviços e resultados estão disponíveis no mercado, auxiliando a coleta de informações sobre oferta e demanda regionais e/ou globais. (3-4) (5-6) As condições do mercado são incertas, com poucas informações a respeito de produtos, serviços e resultados, dificultando a coleta de informações sobre oferta e demanda regionais e/ou globais.	4		

(Continua)

Apêndice E • APLICAÇÃO DO QUESTIONÁRIO DE CUSTOMIZAÇÃO DE MODELOS HÍBRIDOS

(Continuação)

Processo	Subdimensão	Questão	Escala de respostas	Resposta	Pontuação máxima possível dessa subdimensão	Pontuação total normalizada (Somatória total / Pontuação máxima possível)
Gestão de Custos	Estimativa de custos	24. Em relação à disponibilidade de informações comerciais:	(1-2) As informações sobre custos de recursos e preços de aquisição estão quase sempre disponíveis em bancos de dados comerciais, fornecendo valores sobre materiais e equipamentos. (3-4) (5-6) Faltam informações sobre taxas de custos de recursos e preços de aquisição, dificultando o acesso aos valores para grande parte dos materiais e equipamentos.	4	18	0,8
		25. Em relação a projetos anteriores semelhantes ao projeto atual:	(1-2) A organização possui dados de projetos anteriores semelhantes ao projeto atual, contendo informações de escopo, custo, orçamento, duração e outras variáveis pertinentes, possibilitando estimar um mesmo parâmetro ou medida do projeto atual. (3-4) (5-6) A organização não possui dados registrados de projetos anteriores semelhantes ao projeto atual, impossibilitando estimar um mesmo parâmetro ou medida do projeto atual.	6		
	Controle dos custos	26. Em relação às taxas de câmbio e inflação:	(1-2) A tendência é de que flutuações de câmbio e a inflação afetem diretamente o projeto, devendo ser compreendidas e incorporadas no processo. (3-4) (5-6) Flutuações de câmbio e inflação não devem afetar diretamente o desenvolvimento do projeto.	4	6	0,7

Referências

ACCENTURE BRASIL. *Business Agility Transformation* – uma perspectiva das empresas brasileiras, 2022. Estudo conduzido pelo International Data Corporation (IDC). Disponível em: https://www.accenture.com/_acnmedia/PDF-181/Accenture-Pesquisa-IDC-Business-Agility.pdf#zoom=40. Acesso em: 17 jan. 2023.

AMARAL, D. C.; CONFORTO, E. D.; BENASSI, J.; ARAUJO, C. *Gerenciamento ágil de projetos:* aplicações em projetos de produtos inovadores. São Paulo: Saraiva, 2011.

AHMAD, G.; SOOMRO, T.; BROHI, M. XSR: Novel Hybrid Software Development Model (Integrating XP, Scrum & RUP). *International Journal of Soft Computing and Engineering*, n. 3, p. 126-130, 2014.

ALMEIDA, L.; CONFORTO, E.; SILVA, S.; AMARAL, D. Fatores críticos da agilidade no gerenciamento de projetos de desenvolvimento de novos produtos. *Produto & Produção*, v. 13, p. 93-113, 2012. Disponível em: http://seer.ufrgs.br/ProdutoProducao/article/view/24824. Acesso em: 17 jan. 2023.

ALMEIDA, Luís Fernando Magnanini de *et al*. Evaluating agility performance in innovative project management. *Production*, v. 26, p. 757-770, 2015.

AMBLER, S. W. Going beyond Scrum: Disciplined Agile Delivery. *Disciplined Agile Consortium*, White Paper Series, p. 1-16, 2013.

ANTHONY, E. M. Approach, method and technique. *English Language Teaching*, v. 17, n. 2, p. 63-67, 1963.

BÄCKLANDER, G. Doing complexity leadership theory: how agile coaches at Spotify practise enabling leadership. *Creativity and Innovation Management*, v. 28, n. 1, p. 42-60, 2019. Disponível em: https://doi.org/10.1111/caim.12303. Acesso em: 17 jan. 2023.

BARLOW, J. B.; GIBONEY, J. S.; KEITH, M. J.; WILSON, D. W.; SCHUETZLER, R. M.; LOWRY, P. B.; VANCE, A. Overview and guidance on agile development in large organizations. *Communications of the Association for Information Systems*, v. 29, p. 25-44, July 2011.

BATRA, D.; XIA, W.; VAN DER MEER, D.; DUTTA, K. Balancing agile and structured development approaches to successfully manage large distributed software projects: a case study from the cruise line industry. *Communications of the Association for Information Systems*, v. 27, n. 1, p. 379-394, 2010.

BIANCHI, M.; CAPALDO, D. A systematic review of association rules in project management: opportunities for hybrid models. *Product: Management and Development*, v. 18, p. 136-144, Dec. 2020.

BIANCHI, M. J. *Ferramenta para configuração de modelos híbridos de gerenciamento de projetos.* Universidade de São Paulo, 2017.

BIANCHI, M. J. *Recomendação de práticas de gestão de projetos baseadas em algoritmos e evidência científica*: contribuições para proposição de modelos híbridos e *tailoring*. Tese de Doutorado. Universidade de São Paulo, 2022.

BIANCHI, M. J.; AMARAL, D. C. A method to create hybrid models using a morphological matrix. *Journal of Modern Project Management*, v. 9, n. 1, p. 49-63, 2021. Disponível em: https://journalmodernpm.com/article-view/?id=432. Acesso em: 17 jan. 2023.

BIANCHI, M.; AMARAL, D. C.; CONFORTO, E. C. Diagnostic techniques in project management. *In*: *Transdisciplinary Engineering: Crossing Boundaries*. IOS Press, 2016. p. 749-757.

BIANCHI, M. J.; CONFORTO, E. C.; AMARAL, D. C. Beyond the agile methods: a diagnostic tool to support the development of hybrid models. *International Journal of Managing Projects in Business*, v. 14, n. 5, p. 1219-1244, 2021.

BIANCHI, M. J.; CONFORTO, E. C.; REBENTISCH, E.; AMARAL, D. C.; REZENDE, S. O.; DE PÁDUA, R. Recommendation of Project Management Practices: a contribution to Hybrid Models. *IEEE Transactions on Engineering Management*, 2021.

BINDER, J.; AILLAUD, L. I.; SCHILLI, L. The Project Management Cocktail Model: an approach for Balancing Agile and ISO 21500. *Procedia – Social and Behavioral Sciences*, v. 119, n. 119, p. 182-191, 2014.

BODWELL, W.; CHERMACK, T. J. Organizational ambidexterity: Integrating deliberate and emergent strategy with scenario planning. *Technological Forecasting and Social Change*, v. 77, n. 2, p. 193-202, 2010.

BOEHM, B. Get ready for agile methods, with care. *Computer*, v. 35, n. 1, p. 64-69, 2002.

BOEHM, B.; TURNER, R. Using risk to balance agile and plan-driven methods. *Computer*, v. 36, n. 6, p. 57-66, 2003.

BOEHM, B.; TURNER, R. Management challenges to implementing agile processes in traditional development organizations. *IEEE software*, v. 22, n. 5, p. 30-39, 2005.

CASCIO, Jamais. Facing the age of chaos. *Medium*, 29 abr. 2020. Disponível em: https://medium.com/@cascio/facing-the-age-of-chaos-b00687b1f51d. Acesso em: 12 dez. 2022.

REFERÊNCIAS

CHIN, G. *Agile Project Management*: how to succeed in the face of changing project requirements. AMACOM/American Management Association, 2004.

CHO, J. A hybrid software development method for large-scale projects: rational unified process with Scrum. *Issues in Information Systems*, v. 10, n. 2, p. 340-348, 2009.

COBB, C. G. *Making sense of agile project management*: balancing control and agility. John Wiley & Sons, 2011.

COCKBURN, A.; HIGHSMITH, J. Agile software development, the people factor. *Computer*, v. 34, n. 11, p. 131-133, 2001.

CONFORTO, E. C.; BARRETO, F.; AMARAL, D.; REBENTISCH, E. Modelos híbridos unindo complexidade, agilidade e inovação. *Revista Mundo PM*, v. 64, p. 10-17, 2015.

CONFORTO, E.; AMARAL, D. C. Evaluating an agile method for planning and controlling innovative projects. *Project Management Journal*, v. 41, n. 2, p. 73-80, 2010.

CONFORTO, E. C.; AMARAL, D. C. Agile project management and stage-gate model: a hybrid framework for technology-based companies. *Journal of Engineering and Technology Management*, v. 40, p. 1-14, 2016. Disponível em: https://doi.org/10.1016/j.jengtecman.2016.02.003. Acesso em: 17 jan. 2023.

CONFORTO, E. C.; AMARAL, D. C.; DA SILVA, S. L.; DI FELIPPO, A.; KAMIKAWACHI, D. S. L. The agility construct on project management theory. *International Journal of Project Management*, v. 34, n. 4, p. 660-674, 2016. Disponível em: https://doi.org/10.1016/j.ijproman.2016.01.007. Acesso em: 17 jan. 2023.

CONFORTO, E. C.; REBENTISCH, E.; AMARAL, D. C. the building blocks of agility as a team's competence. *Project Management Agility Global Survey*, 2014.

CONFORTO, E. C.; REBENTISCH, E.; AMARAL, D. Learning the art of business improvisation. *MIT Sloan Management Review*, v. 57, n. 3, p. 8, 2016.

COOPER, R. G. Stage-Gate systems: a new tool for managing new products. *Business Horizons*, v. 33, n. 3, p. 44-54, 1990.

COOPER, R. G. What's next?: after Stage-Gate. *Research-Technology Management*, v. 57, n. 1, p. 20-31, 2014. Disponível em: https://doi.org/10.5437/08956308X5606963. Acesso em: 17 jan. 2023.

COOPER, R. G.; SOMMER, A. F. The Agile-Stage-Gate Hybrid Model: a promising new approach and a new research opportunity. *Journal of Product Innovation Management*, v. 33, n. 5, p. 513-526, 2016. Disponível em: https://doi.org/10.1111/jpim.12314. Acesso em: 17 jan. 2023.

CUNHA, M. P.; CUNHA, J. V.; KAMOCHE, K. Organizational improvisation: what, when, how, and why. *International Journal of Management Reviews*, v. 1, n. 3, p. 299-341, 1999.

CHRISTENSEN, C. M. *The innovator's dilemma*: when new technologies cause great firms to fail. Harvard Business Review Press, 2013.

CLOSING the gap – designing and delivering a strategy that works. *The Economist Intelligence Unit*, Brightline Initiative Special Report, 2017.

CROSS, R.; CARBONI, I. When collaboration fails and how to fix it. *MIT Sloan Management Review*, v. 62, n. 2, p. 24-34, 2021.

DÖNMEZ, D.; GROTE, G. Two sides of the same coin-how agile software development teams approach uncertainty as threats and opportunities. *Information and Software Technology*, v. 93, p. 94-111, 2018.

DUARTE, N. As pedagogias do aprender a aprender e algumas ilusões da assim chamada sociedade do conhecimento. *Revista Brasileira de Educação*, p. 35-40, 2001.

EDER, S. *Práticas de gerenciamento de projetos de escopo e tempo nas perspectivas das abordagens ágil e tradicional*. Dissertação (Mestrado) – Escola de Engenharia de São Carlos, Universidade de São Paulo, 2012.

EDER, S.; CONFORTO, E. C.; AMARAL, D. C.; SILVA, S. L. D. Diferenciando as abordagens tradicional e ágil de gerenciamento de projetos. *Production Journal*, v. 25, n. 3, p. 482-497, 2014.

FERNANDEZ, D. J.; FERNANDEZ, J. D. Agile project management: agilism versus traditional approaches. *Journal of Computer Information Systems*, v. 49, n. 2, p. 10-17, 2008.

FERREIRA, V. C. P. *et al. Modelos de gestão*. 3. ed. [s. l.]: Editora FGV, 2009.

FITZGERALD, B. *et al.* Scaling agile methods to regulated environments: an industry case study. *In: 2013 35th International Conference on Software Engineering (ICSE)*. IEEE, p. 863-872, 2013.

GALAL-EDEEN, G. H.; RIAD, A. M.; SEYAM, M. S. Agility versus discipline: is reconciliation possible? *In: ICCES'07 – 2007 International Conference on Computer Engineering and Systems*. IEEE, p. 331-337, 2007. Disponível em: https://doi.org/10.1109/ICCES.2007.4447068. Acesso em: 17 jan. 2023.

GANDOMANI, Taghi Javdani *et al*. The impact of inadequate and dysfunctional training on Agile transformation process: a grounded theory study. *Information and Software Technology*, v. 57, p. 295-309, 2015.

GEMINO, A.; HORNER REICH, B.; SERRADOR, P. M. Agile, traditional, and hybrid approaches to project success: is hybrid a poor second choice? *Project Management Journal*, v. 52, n. 2, p. 161-175, 2021.

GOLEMAN, D. *Emotional intelligence*: why it can matter more than IQ. New York: Bantam Books, 1995.

HARTMANN, D.; DYMOND, R. Appropriate agile measurement: using metrics and diagnostics to deliver business value. *In: AGILE 2006 (AGILE'06)*. IEEE, p. 5-134, 2006.

REFERÊNCIAS

HAMEL, G.; ZANINI, M. The end of bureaucracy. *Harvard Business Review*, v. 96, n. 6, p. 50-59, 2018.

HE, Z.-L.; WONG, P.-K. Exploration vs. exploitation: an empirical test of the ambidexterity hypothesis. *Organization Science*, v. 15, n. 4, p. 481-494, 2004.

HODA, R.; NOBLE, J.; MARSHALL, S. Developing a grounded theory to explain the practices of self-organizing Agile teams. *Empirical Software Engineering*, v. 17, n. 6, p. 609-639, 2012.

HODA, R.; NOBLE, J.; MARSHALL, S. Self-organizing roles on agile software development teams. *IEEE Transactions on Software Engineering*, v. 39, n. 3, p. 422-444, 2012.

HODA, R.; MURUGESAN, L. K. Multilevel agile project management challenges: a self-organizing team perspective. *Journal of Systems and Software*, v. 117, p. 245-257, 2016.

HONDA, Akio et al. Effects of head movement and proprioceptive feedback in training of sound localization. *i-Perception*, v. 4, n. 4, p. 253-264, 2013.

HOSSAIN, E.; BABAR, M. A.; PAIK, H.-Y. Using Scrum in global software development: a systematic literature review. In: *2009 Fourth IEEE International Conference on Global Software Engineering*. Ieee, p. 175-184, 2009.

IACOCCA INSTITUTE. *21st Century Manufacturing Enterprise Strategy – an industry-led view*. Iacocca Institute, Lehigh University, 1991. v. 1.

KARLSTROM, D.; RUNESON, P. Combining agile methods with Stage-Gate Project management. *IEEE software*, v. 22, n. 3, p. 43-49, 2005.

KERZNER, H. *Project management metrics, KPIs, and dashboards*: a guide to measuring and monitoring project performance. John Wiley & Sons, 2017.

KERZNER, H. *Project management best practices*: achieving global excellence. John Wiley & Sons, 2018.

KIM, J.; WILEMON, D. Sources and assessment of complexity in NPD projects. *R&d Management*, v. 33, n. 1, p. 15-30, 2003.

KUPIAINEN, E.; MÄNTYLÄ, M. V.; ITKONEN, J. Using metrics in Agile and Lean Software Development: a systematic literature review of industrial studies. *Information and Software Technology*, v. 62, p. 143-163, 2015.

LEE, G.; DELONE, W.; ESPINOSA, J. A. Ambidextrous coping strategies in globally distributed software development projects. *Communications of the ACM*, v. 49, n. 10, p. 35-40, 2006.

LEYBOURNE, S.; SADLER-SMITH, E. The role of intuition and improvisation in project management. *International journal of project management*, v. 24, n. 6, p. 483-492, 2006.

MINER, Anne S.; BASSOF, Paula; MOORMAN, Christine. Organizational improvisation and learning: a field study. *Administrative Science Quarterly*, v. 46, n. 2, p. 304-337, 2001.

MOE, N. B.; DINGSØYR, T.; DYBÅ, T. A teamwork model for understanding an agile team: a case study of a Scrum project. *Information and software technology*, v. 52, n. 5, p. 480-491, 2010.

MORGAN JR., B. B. et al. *Measurement of team behaviors in a Navy environment*. Battelle Columbus Labs Research Triangle Park Nc, 1986.

MOORMAN, C.; MINER, A. S. Organizational improvisation and organizational memory. *Academy of Management Review*, v. 23, n. 4, p. 698-723, 1998.

NAGEL, R. N.; DOVE, R. *21st Century Manufacturing Enterprise Strategy*: an industry-led view. Diane Publishing, 1991.

NAPPI, V. *Framework para desenvolver um sistema de medição de desempenho para plm (product lifecycle management) com indicadores de sustentabilidade*. 2014. Tese de Doutorado, Universidade de São Paulo.

NAWROCKI, J.; OLEK, L.; JASINSKI, M.; PALIŚWIAT, B.; WALTER, B.; PIETRZAK, B.; GODEK, P. Balancing agility and discipline with XPrince. *Lecture Notes in Computer Science*, p. 266-277, 2006. Disponível em: https://doi.org/10.1007/11751113_19. Acesso em: 17 jan. 2023.

NEELY, A.; GREGORY, M.; PLATTS, K. Performance measurement system design: a literature review and research agenda. *International journal of operations & production management*, v. 15, n. 4, p. 80-117, 1995.

NERUR, S.; MAHAPATRA, R.; MANGALARAJ, G. Challenges of migrating to agile methodologies. *Communications of the ACM*, v. 48, n. 5, p. 72-78, 2005.

NERUR, S.; BALIJEPALLY, V. Theoretical reflections on agile development methodologies. *Communications of the ACM*, v. 50, n. 3, p. 79-83, 2007.

ÖLVANDER, J.; LUNDÉN, B.; GAVEL, H. A computerized optimization framework for the morphological matrix applied to aircraft conceptual design. *Computer-Aided Design*, v. 41, n. 3, p. 187-196, 2009.

O'REILLY, C. A.; TUSHMAN, M. L. The ambidextrous organization. *Harvard business review*, v. 82, n. 4, p. 74-83, 2004.

O'REILLY III, Charles A.; TUSHMAN, Michael L. Organizational ambidexterity: past, present, and future. *Academy of management Perspectives*, v. 27, n. 4, p. 324-338, 2013.

PAHL, G. et al. Product development process. *In: Engineering Design*. London: Springer, 2007. p. 125-143.

PIECZKO, S. Agile? Waterfall? How about WetAgile. *Agile Jornal*, 2010.

PIKKARAINEN, Minna et al. The impact of agile practices on communication in software development. *Empirical Software Engineering*, v. 13, n. 3, p. 303-337, 2008.

PROJECT MANAGEMENT INSTITUTE. *PMBOK Guide*: a guide to the Project Management Body of Knowledge. 5. ed. Pennsylvania: PMI, 2013.

REFERÊNCIAS

PROJECT MANAGEMENT INSTITUTE. Capturing the value of project management through organizational agility. *PMI's Pulse of the Profession*, PMI, USA, set. 2015. p. 7; p. 11.

PROJECT MANAGEMENT INSTITUTE. Success rates rise: transforming the high cost of low performance. *PMI's Pulse of the Profession*, n. 9th Global Project Management Survey, 2017. p. 32. Disponível em: http://www.pmi.org/-/media/pmi/documents/public/pdf/learning/thought-leadership/pulse/pulse-of-the-profession-2017.pdf. Acesso em: 17 jan. 2023.

PROJECT MANAGEMENT INSTITUTE. Success in disruptive times: expanding the value delivery landscape to adress the high cost of low performance. *PMI's Pulse of the Profession*, n. 10th Global Project Management Survey, 2018. p. 36.

PORT, D.; BUI, T. Simulating mixed agile and plan-based requirements prioritization strategies: proof-of-concept and practical implications. *European Journal of Information Systems*, v. 18, n. 4, p. 317-331, 2009.

RAHIMIAN, V.; RAMSIN, R. Designing an agile methodology for mobile software development: a hybrid method engineering approach. *Research Challenges in Information Science*, 2008. Disponível em: https://doi.org/10.1109/RCIS.2008.4632123. Acesso em: 17 jan. 2023.

RAMESH, B. *et al.* Can distributed software development be agile? *Communications of the ACM*, v. 49, n. 10, p. 41-46, 2006.

RAMESH, B.; MOHAN, K.; CAO, L. Ambidexterity in agile distributed development: an empirical investigation. *Information Systems Research*, v. 23, n. 2, p. 323-339, 2012.

REIGADO, C. R. Estratégias e hábitos para adaptar o plano em times ágeis: uma perspectiva da improvisação e grounded theory. Dissertação de mestrado, Departamento de Engenharia de Produção, Universidade de São Paulo, São Carlos, 2018.

REYNOLDS, E. B.; SCHNEIDER, B. R.; ZYLBERBERG, E. (eds.). *Innovation in Brazil*: advancing development in the 21st century. Routledge, 2019.

ROBINSON, H.; SHARP, Hn. The characteristics of XP teams. *In: International Conference on Extreme Programming and Agile Processes in Software Engineering*. Springer, Berlin, Heidelberg, p. 139-147, 2004.

ROBERTSON, B. J.; ANNA, C. S. *Holacracia*: o novo sistema de gestão que propõe o fim da hierarquia. São Paulo: Saraiva Educação, 2016.

RONSON, S.; AMARAL, D. C. Avaliando o potencial de aplicação do conceito de agilidade na gestão de tecnologia em ICTS: o caso Embrapii, 12º Congresso Brasileiro de Inovação e Gestão de Desenvolvimento de Produto, Blucher Engineering Proceedings, v. 2, p. 112-126, 2019.

ROZENFELD, H.; FORCELLINI, F.; AMARAL, D.; TOLEDO, J.; SILVA, S.; ALLIPRANDINI, D.; SCALICE, R. *Gestão de desenvolvimento de produtos*: uma referência para a melhoria do processo. São Paulo: Saraiva, 2006.

SALOVEY, P.; MAYER, J. D. Emotional intelligence. *Imagination, cognition and personality*, v. 9, n. 3, p. 185-211, 1990.

SÁNCHEZ, N. et al. 5G-cognitive drone system for preventive maintenance in energy infrastructures. In: *Proceedings of the European Conference on Networks and Communications (EuCNC)*, 2018.

SCHWER, K.; HITZ, C. Designing organizational structure in the age of digitization. *Journal of Eastern European and Central Asian Research (JEECAR)*, v. 5, n. 1, p. 11-11, 2018.

SEYAM, M. S.; GALAL-EDEEN, G. H. Traditional versus Agile: the Tragile Framework for Information Systems Development. *International Journal of Software Engineering (IJSE)*, v. 4, n. 1, p. 63-93, 2011.

SILVA, F. B. *Proposta e avaliação de um procedimento de planejamento de tempo combinado ágil e tradicional.* Dissertação (Mestrado) – Escola de Engenharia de São Carlos, Universidade de São Paulo, 2015.

SILVA, F. B.; BIANCHI, M. J.; AMARAL, D. C. Evaluating combined project management models: strategies for agile and plan-driven integration. *Product Management & Development*, v. 17, n. 1, p. 15-30, 2019. Disponível em: https://doi.org/10.4322/pmd.2019.003. Acesso em: 17 jan. 2023.

SOMMER, A. F.; HEDEGAARD, C.; DUKOVSKA-POPOVSKA, I.; STEGER-JENSEN, K. Improved product development performance through Agile/Stage-Gate hybrids: the next-generation Stage-Gate Process? *Research Technology Management*, v. 58, n. 1, p. 34-44, 2015. Disponível em: https://doi.org/10.5437/08956308X5801236. Acesso em: 17 jan. 2023.

ŠPUNDAK, M. Mixed agile/traditional project management methodology – reality or illusion? *Procedia-Social and Behavioral Sciences*, v. 119, p. 939-948, 2014.

STACEY, R. D. *Strategic management and organisational dynamics*: the challenge of complexity to ways of thinking about organisations. Pearson Education, 2007.

TUCKMAN, B. W.; JENSEN, M. A. C. Stages of small-group development revisited. *Group & organization studies*, v. 2, n. 4, p. 419-427, 1977.

TURNER, N.; SWART, J.; MAYLOR, H. Mechanisms for managing ambidexterity: a review and research agenda. *International Journal of Management Reviews*, v. 15, n. 3, p. 317-332, 2013.

UHL-BIEN, M.; MARION, R.; MCKELVEY, B. Complexity leadership theory: shifting leadership from the industrial age to the knowledge era. *The leadership quarterly*, v. 18, n. 4, p. 298-318, 2007.

UHL-BIEN, M.; ARENA, M. Complexity leadership: enabling people and organizations for adaptability. *Organizational Dynamics*, 2017.

VALAVANIS, K. P.; VACHTSEVANOS, G. J. (ed.). *Handbook of unmanned aerial vehicles*. Dordrecht: Springer Netherlands, 2015.

REFERÊNCIAS

VERSIONONE. State of Agile Survey. *VersionOne Inc*, 2017.

VINEKAR, V.; SLINKMAN, C. W.; NERUR, S. Can Agile and traditional systems development approaches coexist? An ambidextrous view. *Information Systems Management*, v. 23, n. 3, p. 31-42, 2006. Disponível em: https://doi.org/10.1201/1078.10580530/46108.23.3.20060601/93705.4. Acesso em: 17 jan. 2023.

VERA, D.; CROSSAN, M. Improvisation and innovative performance in teams. *Organization Science*, v. 16, n. 3, p. 203-224, 2005.

WHITWORTH, E. Experience report: the social nature of agile teams. *In: Agile 2008 Conference*. IEEE, p. 429-435, 2008.

WHITWORTH, E.; BIDDLE, R. The social nature of agile teams. *In: Agile 2007 (AGILE 2007)*. IEEE, p. 26-36, 2007.

YADAV, V. *et al*. Flexible global software development (GSD): antecedents of success in requirements analysis. *Journal of Global Information Management (JGIM)*, v. 17, n. 1, p. 1-31, 2009.

ZAKI, K. M.; MOAWAD, R. A hybrid disciplined agile software process model. *The 7th International Conference on Informatics and Systems (INFOS)*, 2010.

ZWICKY, F. The morphological approach to discovery, invention, research and construction. *In: New methods of thought and procedure*. Springer, Berlin, Heidelberg, p. 273-297.